贵州财经大学经济学研究文库

一般利润率下降规律：
理论、实证与应用

鲁保林 / 著

中国社会科学出版社

图书在版编目（CIP）数据

一般利润率下降规律：理论、实证与应用／鲁保林著 . —北京：中国社会科学出版社，2016.2
ISBN 978 – 7 – 5161 – 7717 – 4

（贵州财经大学经济学研究文库）

Ⅰ.①一⋯ Ⅱ.①鲁⋯ Ⅲ.①利润率下降趋势的规律—理论研究 Ⅳ.①F014.39

中国版本图书馆 CIP 数据核字（2016）第 041263 号

出 版 人	赵剑英
责任编辑	卢小生
特约编辑	林　木
责任校对	周晓东
责任印制	王　超
出　　版	中国社会科学出版社
社　　址	北京鼓楼西大街甲 158 号
邮　　编	100720
网　　址	http://www.csspw.cn
发 行 部	010 – 84083685
门 市 部	010 – 84029450
经　　销	新华书店及其他书店
印　　刷	北京君升印刷有限公司
装　　订	廊坊市广阳区广增装订厂
版　　次	2016 年 2 月第 1 版
印　　次	2016 年 2 月第 1 次印刷
开　　本	710×1000　1/16
印　　张	16.25
插　　页	2
字　　数	276 千字
定　　价	60.00 元

凡购买中国社会科学出版社图书，如有质量问题请与本社营销中心联系调换
电话：010 – 84083683
版权所有　侵权必究

内容简介

马克思立足于英国早期的资本主义商品经济，以辩证唯物主义和历史唯物主义审视资本主义经济制度以及这一制度包含的矛盾冲突，在批判性地继承古典经济学家就利润率下降问题有关论点基础上提出了一般利润率下降规律。一般利润率下降规律是"现代政治经济学最重要的规律"，反映了资本主义生产方式自我否定趋势。在长期理论和实践中，学界特别关注甚至唯一关注资本主义经济利润率的演变趋势以及影响，社会主义市场经济利润率的波动与趋势变化问题长期被忽视。不少学者习惯性认为，一般利润率下降趋势是从属于资本主义生产方式所特有的经济现象，因此，绝大多数理论和实证研究也都是针对发达资本主义国家展开分析。

1978年以来，中国经济体制从封闭僵化的计划经济向市场经济转变。在社会主义市场经济条件下，中国经济高速运行了30多年，取得了令世人瞩目的伟大成就。不过，随着中国经济融入资本主义世界体系，体系积累的矛盾必然反作用于中国经济。20世纪90年代中期，一些学者根据社会主义经济的实际情况，提出一般利润率下降在社会主义国家也可能存在的论断，但缺乏实际统计资料的验证。对于社会主义国家，尤其是像中国这样仍然处于社会主义初级阶段，多种所有制经济共同发展，采取市场经济体制的国家，是否存在利润率的长期下降趋势，并没有得到确定性验证和令人信服的解释。

从微观层面来看，利润率表示资本的增值程度。利润率水平的高低是反映企业经营状况好坏和评价企业经济效益高低的重要指标。从宏观层面来看，利润率是资本积累的条件、刺激与动力，而资本积累又是影响经济增长与波动的关键变量。一般来说，利润率上升的时候，投资增长率也比较高；资本积累和经济增长加快，带动就业和消费水平提升。利润率下降或低迷时期，投资增长率会下滑；投资主体预期比较悲观，资本积累和经济增长迟缓，就业压力增大。因此，详尽考察改革开放以来中国经济转型时期实体经济利润率的波动、趋势及其背后的深层原因，对于理解我国经济形势的发展与演变，评判相关政策措施利弊得失，以及进一步认识和把握市场经济健康发展的内在要求和运行特点都具有典型意义。

20世纪80年代以来，经济全球化趋势不断加深，外部因素对中国经济的影响也日渐显现。研究一般利润率下降规律，运用它分析中国经济转型升级面临的一系列重大现实问题，对于更好地认识和把握中国经济发展的规律和走向，提高经济治理能力，无疑具有特别重要的意义。本书基于马克思一般利润率下降规律理论要点，适当借鉴西方马克思主义经济学的分析框架和研究方法，利用1981—2009年统计数据，对改革开放以来中国实体经济的利润率进行初步测算。在对实体经济利润率的现实水平和历史轨迹进行深入分析基础上，探讨实体经济利润率的演变趋势，进而检验一般利润率下降趋势在社会主义市场经济中是否存在。实证研究表明：如果剔除各年的不规则变动和较短时期的周期变动，改革开放以来我国实体经济利润率的变动轨迹是：1981—1990年，利润率趋于下降；1991—1998年，利润率缓慢回升；1999—2009年，利润率再度趋于下滑。整体来看，在将近30年时间里，我国实体经济利润率基本呈下降态势。考虑我国尚未完成工业化，工业部门仍然是国民经济最重要的物质生产部门之一，我们还单独考察了工业部门利润率的变动趋势。经验分析显示，1981年至今，资本有机构成的上升推动工业部门利润率在波动中趋于下降。因此，改革开放以来，我国实体经济以及工业部门的利润率变化趋势与马克思的预测完全一致。

为了进一步透视中国实体经济利润率，还借助西蒙·莫恩的分析框架，剖析了影响实体经济和工业部门一般利润率和净利润率波动的直接因素和间接因素。然后，使用同样的方法测算了美国非金融公司部门1966—2009年的利润率。在此基础上，本书比较了中美两国利润率演进的异同，对影响利润率波动的制度背景和政策因素进行了初步探讨。实证研究表明，两国实体经济一般利润率和净利润率长期下降的原因相同，导致利润率下降的主要因素都是产出资本比。即使在短期内，一般利润率波动的原因也基本相同。而净利润率的变化稍有不同，由于非生产性支出波动的幅度较大，利润份额的变化成为短期内净利润率波动的主要原因。就中国来说，这些变量的变动与市场化改革、收入分配制度的演进等有关。对美国来说，新自由主义思潮的兴起及与之相关的政策安排对该国的非生产性支出结构，进而对其净利润率趋势的变化产生了很大影响。

在对我国实体经济利润率波动及其原因作出比较符合实际的理论分析基础上，本书还探讨了利润率下降与中国经济增长动力结构失衡之间的联系。运用一般利润率下降规律初步判断中国投资结构失衡、消费需求不足以及出口依存度攀升形成的具体根源。我们认为，由于实体经济利润率持续走低，资本开始寻找其他回报率更高的投资领域。与此同时，财富往少数群体的集中与市场化的全面铺开，使得有效需求不足成为常态，实体经济的产能过剩状况更为加剧。21世纪初，中国加入世界贸易组织，产能过剩重压得到一定缓解。得益于宽松的金融环境（长期的低利率政策）和快速的城镇化，再加上地方政府的推波助澜，从20世纪90年代末开始，我国虚拟经济，尤其是以房地产为核心的虚拟经济呈现井喷式增长。利润率下降和消费需求不足的联系则较为复杂，二者往往相互影响、相互恶化。一般利润率下降使得我国居民收入差距不断增大，收入差距的扩大直接降低了居民的消费需求。反过来，消费需求的萎缩又进一步加剧了利润率的下降。我国目前所处的产业分工层次以及"世界工厂"地位的形成与一般利润率下降规律在全球层面发挥作用是截然不分的。20世纪70年代，随着生产成本上升，全球竞争加剧，以及国内市场需求萎缩，英美等国实体经济的利润边际不断下滑。为了缓和不断下降的利润率的压力，发达资本主义国家的资本进一步向外输出，跨国资本力求将先进的技术与发展中国家的廉价劳动力结合起来，提高盈利能力。伴随全球化浪潮的兴起，通信和交通成本的降低，贸易自由化的推进，跨国公司纷纷把劳动密集型制造业投资转向亚洲和拉丁美洲一些劳动力成本低廉的发展中国家和地区。据统计，对外开放政策实施以来，我国引进的外资中有将近70%的资本投在制造业方面。通过承接国际产业转移，我国制造业的生产和出口能力大幅提高，迅速成长为一个出口导向型发展中大国。到21世纪初，我国就已经成为"世界工厂"。

在对上述问题进行深入分析和总结基础上，着重指出了当前经济增长动力结构失衡所蕴含的风险。这种风险主要表现在宏观投资效率下降，结构性产能过剩日益凸显，脱实向虚压力增大，外贸依存度过高四个方面。我们认为，目前这种拉动经济增长的动力结构不仅危机四伏，而且难以为继。一方面，在利润率下降趋势规律作用下，我国实体经济发展动力不断减弱，实体经济中大量资本析出进入房地产领域，形成对生产性投资的挤出，导致资源配置扭曲。如果不遏制投机性资金在房地产领域的获利空间，虚拟经济自我推动、自我实现预期的泡沫经济循环就会掏空实体经济，削弱经济发展支柱，当实体经济不足以支撑虚胖的虚拟经济时，就会引发巨大的金融风险。另一方面，在欧美经济形势仍然低迷多变，外部环境充满诸多不确定性，世界经济尚未整体走出经济危机背景下，过度膨胀的房地产泡沫与萎缩的消费需求相互恶化甚至可能引发局部性的金融危机。

为了使中国经济真正步入稳定、协调、高效和可持续发展轨道，必须加快转变和提升目前的经济增长动力结构。把经济增长动力从扩大投资与出口转移到扩大消费，尤其是居民消费需求上来。坚决抑制房地投机炒作行为，促进房价回归到合理水平，以渐进的方式挤出房地产泡沫，防止虚拟经济过度自我循环和膨胀。实体经济是经济增长的发动机，要牢牢把握发展实体经济这一坚实基础，引导资本流向实体经济。如果实体经济根基不牢固，虚拟经济就如同无源之水、无本之木。基于对一般利润率下降规律的理解以及对中国经济增长动力结构的认识与剖析，我们提出扩大消费需求和推进自主创新两条思路，以防范产能过剩和培育经济可持续发展的原创性动力，寻找新的经济增长点，减缓实体经济利润率下滑压力。这样，利润率的波动对经济增长所产生的负面作用也会大大降低。

目　录

第一章　导论 ·· 1

　　第一节　研究目的和意义 ··· 1
　　第二节　主要研究内容及研究方法 ·· 5
　　第三节　可能的创新点与不足之处 ·· 8

第二章　文献综述 ·· 10

　　第一节　国内外学者围绕利润率下降规律的争论 ····················· 11
　　第二节　一般利润率下降的原因 ··· 28
　　第三节　利润率下降与经济危机发生机制 ······························· 39
　　第四节　利润率下降规律的实证研究 ······································ 47

第三章　马克思利润率下降规律理论体系 ···································· 61

　　第一节　马克思对古典经济学家有关论点的批判 ····················· 62
　　第二节　利润来源 ··· 65
　　第三节　一般利润率的形成 ·· 67
　　第四节　一般利润率下降规律含义 ·· 72
　　第五节　一般利润率下降的内在动力 ······································ 74
　　第六节　利润率下降的反作用因素 ·· 75
　　第七节　规律内部矛盾的展开 ·· 79
　　第八节　资本主义生产的悖论和局限性 ··································· 83

第四章　中国实体经济利润率：基于经典马克思主义的分析方法 ······ 85

　　第一节　利润率计算方法 ··· 85
　　第二节　变量选取和数据处理 ·· 90

第三节　改革开放以来实体经济利润率长期走势及原因分析 …… 97
第四节　改革开放以来实体经济利润率短期波动研究 …………… 101
第五节　中国工业利润率的长期趋势与短期波动 ………………… 106
第六节　对利润率长期走势和短期变动的小结 …………………… 119

第五章　对中国实体经济利润率的另一种透视：基于莫恩的方法 …… 121

第一节　利润率的分解 ………………………………………………… 121
第二节　实体经济和工业部门利润率的初步分析 ………………… 124
第三节　利润份额的变化趋势及其决定因素 ……………………… 129
第四节　产出资本比的变动趋势及其决定因素 …………………… 138

第六章　中美实体经济利润率比较分析 …………………………… 147

第一节　1966 年以来美国实体经济利润率演变轨迹 …………… 147
第二节　中美实体经济利润率比较分析 …………………………… 170

第七章　利润率与中国经济增长动力结构分析 …………………… 179

第一节　利润率下降与投资结构失衡 ……………………………… 180
第二节　利润率下降与消费需求不足 ……………………………… 184
第三节　利润率下降与出口依存度攀升 …………………………… 202
第四节　中国经济增长动力结构失衡蕴含的风险 ………………… 204

第八章　中国经济发展困境与动力转换 …………………………… 215

第一节　实体经济的现实困境与发展出路 ………………………… 215
第二节　扩大消费需求，防范产能过剩 …………………………… 219
第三节　推进自主创新，增强经济增长内生动力 ………………… 226

参考文献 ……………………………………………………………… 234

后　记 ………………………………………………………………… 250

第一章 导论

一般利润率下降规律是"现代政治经济学最重要的规律",研究一般利润率下降规律理论,运用它分析中国经济转型升级面临的一系列重大现实问题,对于更好地认识和把握中国经济发展的规律和走向,提高经济治理能力具有重要意义。

第一节 研究目的和意义

马克思立足于英国早期的资本主义商品经济,以辩证唯物主义和历史唯物主义审视资本主义经济制度以及这一制度包含的矛盾冲突,在批判继承古典经济学家就利润率下降问题有关论点基础上提出了一般利润率下降规律。关于这一规律的重要性,马克思指出,这个规律是现代政治经济学的最重要的规律,是理解最困难的关系的最本质的规律。从历史的观点来看,这是最重要的规律。[①] 著名的马克思主义学者鲁品越指出,在整个马克思主义经济学中,一般利润率下降规律具有根本性意义。因为它反映了资本主义生产方式自我否定的趋势,对它的否定必然会导致对马克思主义经济学理论体系的根本性否定。[②] 马克思提出一般利润率下降规律至今已有一百多年的历史,国内外学者围绕这个规律的理论前提和理论假设进行了广泛争鸣,各种学术观点激烈交锋。目前,尽管学术界在一般利润率下降趋势形成的具体原因,一般利润率下降与经济周期的发生机制等问题上仍然存在诸多分歧,但是,随着学者们对利润率下降规律的研究走向深入、具体、系统,在某些方面已经取得了比较广泛的共识,具体来说:第

---

① 《马克思恩格斯全集》第46卷(下),人民出版社1980年版,第267页。
② 鲁品越:《利润率下降规律下的资本高积累:〈资本论〉与〈21世纪资本论〉的矛盾及其统一》,《财经研究》2015年第1期。

一，利润率下降趋势在美英等发达资本主义国家得到广泛的验证。第二，大多数分析都从理论上和经验上证实，利润率下降趋势会导致结构性危机。[①] 利润率的长期下降和周期波动直接引发了20世纪以来最严重的三次经济危机，即1929年的大萧条，20世纪70年代的"滞胀"危机，以及最近一次由美国次贷危机引发的国际金融危机。马克思主义学者运用一般利润率下降规律去解释资本主义经济危机的根源和发生机制，相对于西方主流经济学的分析方法，更具说服力，更令人信服。[②]

在长期理论和实践中，学界特别关注甚至是唯一关注资本主义经济利润率的演变以及影响，而社会主义市场经济利润率的波动与趋势变化问题长期被忽视。不少学者习惯性地认为，一般利润率下降趋势是从属于资本主义生产方式所特有的经济现象，因此，绝大多数的理论和实证研究也都是针对发达资本主义国家展开分析。对于社会主义国家，尤其是像中国这样仍然处于社会主义初级阶段，多种所有制经济共同发展，采取市场经济体制的国家，是否存在着利润率的长期下降趋势，并没有得到确定性的验证和令人信服的解释。直到20世纪90年代，关于社会主义经济的利润率下降趋势问题才被国外学者首先提出来。伊莱亚斯·L. 哈利勒（Elias L. Khalil）在1994年提出：一般利润率下降规律不仅适用于资本主义生产方式，同时也适用于当今的社会主义生产方式。他强调，社会主义经济同样会受这个规律困扰。西奥多·P. 利亚诺斯（Theodore P. Lianos，1995）虽然承认这个规律在社会主义经济存在，但是，他认为在资本主义社会，一般利润率下降是危机将要爆发的信号，在社会主义经济它却是一个社会财富正在增长的标志。在国内，武汉大学陈恕祥教授率先指出了研究这一问题的必要性，并强调，在社会主义条件下，一般利润率是否具有成为规律的下降趋势是"一个要专门研究的问题"，而且"社会主义和资本主义经济中利润率变动引起的社会经济后果肯定是有很大不同的"。[③] 尹莲英在20世纪末指出，由于在社会主义经济增长过程中，同样要加速积累、

---

① 塞尔吉奥·卡玛拉·伊斯基耶多：《美国的商业周期与短期利润率波动：1947—2010》，《当代经济研究》2011年第12期。

② Gérard Duménil, Dominique Lévy, "Costs and Denefits of Neoliberalism. A Class Analysis", *Review of International Political Economy*, Vol. 4, No. 8, 2001, pp. 578—607; Thanasis Maniatis, "Marxist Theories of Crisis and the Current Economic Crisis", *Forum for Social Economics*, Vol. 41, No. 1, 2012, pp. 6–29.

③ 陈恕祥：《论一般利润率下降规律》，武汉大学出版社1995年版，第186页。

增大总资本；同样要促进技术进步，提高资本有机构成；社会主义企业作为市场主体，同样要以市场利润作为追求目的，因此一般利润率下降规律仍然会在社会主义条件下客观存在并发挥其作用。① 很显然，由于社会主义和资本主义在经济基础和上层建筑上存在根本性的区别，在社会主义制度下，由于存在社会主义这个"普照的光"，一般利润率下降规律存在和运行的条件必然不同于资本主义经济，其发挥作用的方式也必然会发生相应改变。

虽然上述学者对一般利润率下降规律在社会主义经济存在的客观条件给予了初步的理论解释，但是他们并未使用实际统计资料对其进行验证，因此这个问题留给了后来的研究者。可惜的是，这个问题并没有引起国内研究者的重视，就笔者搜集到的资料来看，国内学者使用马克思主义经济学的分析方法对中国经济的资本有机构成、剩余价值率和一般利润率趋势等变量进行经验验证的文献仅有四篇。②③ 这四篇文献虽然对中国经济利润率进行了初步测算与分析，但是，它们的研究方法仍然有待进一步完善，研究的深度和广度仍需进一步拓展。因此，利用实体经济部门的数据，检验一般利润率下降趋势在社会主义市场经济中是否存在，具有非常重要的理论价值。如果在经验层面证明中国经济的确存在利润率下降趋势，就可以说：一般利润率下降规律本身不具有任何社会的制度性色彩，它并非资本主义生产方式的专利产品，而具有市场经济的共性，是商品经济发展到一定程度的必然伴生物。当然，由于社会主义市场经济与资本主义市场经济在所有制结构和分配方式上存在很大的差别，所以这个规律的表现形式和"引起的社会经济后果"肯定会呈现出鲜明的个性特点。

20世纪80年代以来，随着中国经济融入资本主义世界体系，体系积

---

① 尹莲英：《〈资本论〉中的经济效益思想初探》，《东南大学学报》（社会科学版）1999年第1期。

② 高伟：《中国国民收入和利润率的再估算》，中国人民大学出版社2009年版；Zhangyu and Zhaofeng, "The Rate of Surplus Value, the Composition of Capital, and the Rate of Profit in the Chinese Manufacturing Industry: 1978-2005", paper presented at the second annual conference of the international forum on the comparative political economy of globalization；李亚平：《中国制造业利润率变动趋势的实证分析》，《经济纵横》2008年第12期；赵峰、姬旭辉、冯志轩：《国民收入核算的政治经济学方法及其在中国的应用》，《马克思主义研究》2012年第8期。

③ 在写本博士学位论文时，赵峰等（2012）的文章尚未发表。

累的矛盾必然反作用于中国经济，外部因素对中国经济的影响也日渐显现。一般利润率下降规律也给研究中国经济问题提供了一种新的研究思路和独特的分析视角。一般利润率下降规律的丰富内涵为研究中国经济增长动力转换、发展方式转变等重大现实问题提供了重要的理论视角，由其引申出来的政策含义和制度安排将为相关部门决策提供科学依据。

第一，一般利润率的变化趋势是考察经济形势以及分析经济增长的动力与前景的重要指标。从微观层面来看，利润率表示资本的增值程度，利润率水平的高低是反映企业经营状况好坏和评价企业经济效益高低的重要指标。从宏观层面来看，利润率是资本积累的条件、刺激与动力，而资本积累又是影响经济增长与波动的关键变量。在马克思主义经济学分析框架中，利润率、投资率和经济增长之间存在互为因果的辩证关系。通常情况下，当利润率处于上升时期时，较好的利润预期推动投资较快增长，企业开工率较高，失业率较低，居民生活水平一般也会上升；当利润率处于下行时期时，投资比较低迷，企业开工不足，经济周期由繁荣转向停滞和萧条，失业率上升，居民的生活水平下降。

第二，一般利润率下降规律为研究经济结构调整和增长动力转换提供了新的理论视角，蕴含着重要政策含义。在资本主义市场经济条件下，由于生产力和生产关系存在不可调和的矛盾，一般利润率下降所引发的各种矛盾，以及这些矛盾的不断激化，发展到一定程度后，必然会把资本主义经济引向衰退和危机的边缘。在社会主义市场经济条件下，尽管生产力和生产关系之间仍然存在一定的不协调，但并不存在根本的对抗性矛盾。因而在有利的制度优势下，如果能够正确认识和运用马克思一般利润率下降规律，就可以寻找更具针对性，也更具可操作性的政策措施，尽快实现结构调整和动力转换，寻找新的经济增长点，减缓利润率下滑的步伐和压力，从而"使它只有趋势的性质"。① 这样一来，利润率的波动和下降趋势对就业、投资和经济增长等所产生的负面作用就会大大降低。实际上，只要处理好了尊重客观规律和发挥主观能动性之间的关系，我们就能缩短和减轻一般利润率趋于下降产生的压力和"阵痛"，从而制定出的政策、策略和方针就会越来越符合市场经济的发展规律，国民经济的平稳快速发展也会得到保障。

---

① 《资本论》第三卷，人民出版社1975年版，第258页。

第二节 主要研究内容及研究方法

马克思主义基本原理与社会主义市场经济实践紧密结合是我们研究问题的根本出发点。本书不仅要追溯马克思一般利润率下降规律的理论渊源及形成过程，还要系统地比较、分析西方马克思主义经济学不同学派的视点，并结合经济转型期中国市场经济的实际状况，深入探讨一般利润率下降规律有关范畴、原理的科学性与现实解释力。在此基础上，运用长期统计资料检验剩余价值率、资本有机构成和一般利润率的长期趋势。然后，对我国改革开放后不同时期的资本有机构成、剩余价值率等各种影响利润率波动的各种因素进行鉴别和比较，以期对这个问题展开进一步的探索。最后，从利润率下降的视角出发，对改革开放以来中国投资和出口驱动型增长模式形成的历史进程进行再思考，讨论当前经济增长动力结构转变的方向与对策，并提出具有针对性的政策建议。依据这一逻辑思路，本书共分八章。

第一章论述研究一般利润率下降规律的目的和意义、确定本书的研究内容和研究方法，介绍本书的逻辑结构、可能的创新点、不足之处和进一步的研究方向等。

第二章梳理国内外学者关于一般利润率下降规律研究的理论和经验文献，对一些有争议的问题进行回答和评析，指出中国经济利润率实证研究存在的不足之处，以此作为本书经验研究的出发点。

第三章阐述马克思一般利润率下降规律的基本内涵。如果把马克思为揭露资本主义经济制度的历史局限性而提出的一般利润率下降规律的理论成分进行必要的整合不难发现，马克思一般利润率下降规律理论是完整而自成系统的，一个完备的利润率下降规律理论至少应该包括：马克思对古典经济学家关于利润率下降问题有关论点的批判，利润的来源，一般利润率的形成，利润率下降规律的含义，利润率下降的动力机制，反作用因素，以及规律内部矛盾的展开。这些理论成分构成一个完整的理论体系，具有深刻的洞察力和敏锐的分析力。

第四章基于马克思的利润率公式 $p = \dfrac{s}{c+v} = \dfrac{s/v}{c/v+1}$，利用1981—2009

年的统计数据对改革开放以来中国实体经济部门资本有机构成、剩余价值率和平均利润率进行初步测算，检验它们的变化趋势与马克思所揭示的这三个变量之间的动态关系是否一致。在此基础上，进一步探讨影响实体经济利润率长期走向和短期波动的具体根源。考虑工业部门仍是我国国民经济最重要的物质生产部门之一，还单独考察了我国工业部门资本有机构成、剩余价值率和平均利润率的变动趋势。

第五章借助西蒙·莫恩分析框架，运用另外一种方法透视中国实体经济和工业部门利润率的历史轨迹。我们不仅讨论影响利润率波动的直接因素，而且分离和比较影响这些直接因素的各类变量，揭示这些因素影响利润率波动的具体机制，从而追溯和把握利润率波动的深层次原因。

第六章测算和分解1966—2009年美国非金融公司部门的一般利润率和净利润率。借助西蒙·莫恩的分析方法，着重探讨导致利润率长期下降和短期波动的直接因素和间接因素。在此基础上，对中美两国利润率的演进进行横向比较。一方面，可以借此进一步检验马克思一般利润率下降规律。另一方面，可以从中透视美国经济的周期波动和兴衰变迁，并通过比较中美两国利润率演进的异同，进一步探讨利润率波动背后的制度背景和政策因素，从而更加深刻地认识和理解中国经济的特征。

第七章以第四、第五章的实证分析为基础，致力于探讨利润率下降与中国经济增长动力结构失衡之间的联系。运用一般利润率下降规律去初步判断中国投资结构失衡、消费需求不足以及出口依存度攀升形成的具体根源。在对这些问题进行深入分析和总结的基础上，着重指出当前经济增长动力结构所蕴含的风险。这种风险主要表现在宏观投资效率下降、结构性产能过剩日益凸显、脱实向虚的压力增大、外贸依存度过高四个方面。

第八章主要是将研究主旨落回实处。本章主要是应用性的分析。根据前面的经验研究结论，进一步讨论中国经济增长动力转变的方向与对策。本书指出，中国经济增长动力结构难以为继。为了让中国经济真正步入稳定、协调、高效和可持续发展轨道，必须加快转变和提升经济增长动力结构。把经济增长的动力从扩大投资与出口转移到扩大消费，尤其是居民的消费需求上来。坚决抑制房地投机炒作行为，促进房价回归到合理水平，挤出房地产泡沫，防止虚拟经济过度自我循环和膨胀。要发展实体经济，引导资本流向实体经济。基于对一般利润率下降规律的理解以及对中国经济增长动力结构的认识与剖析，提出扩大消费需求和推进自主创新两条思路，以防范产能过剩和培育经济可持续发展的原创性动力，减缓利润率下滑的步伐，从而"使它只有趋势的性质"。① 这样一来，它的波动对经济增长所产生的负面作用也会大大降低。

本书基本逻辑结构如图1-1所示。

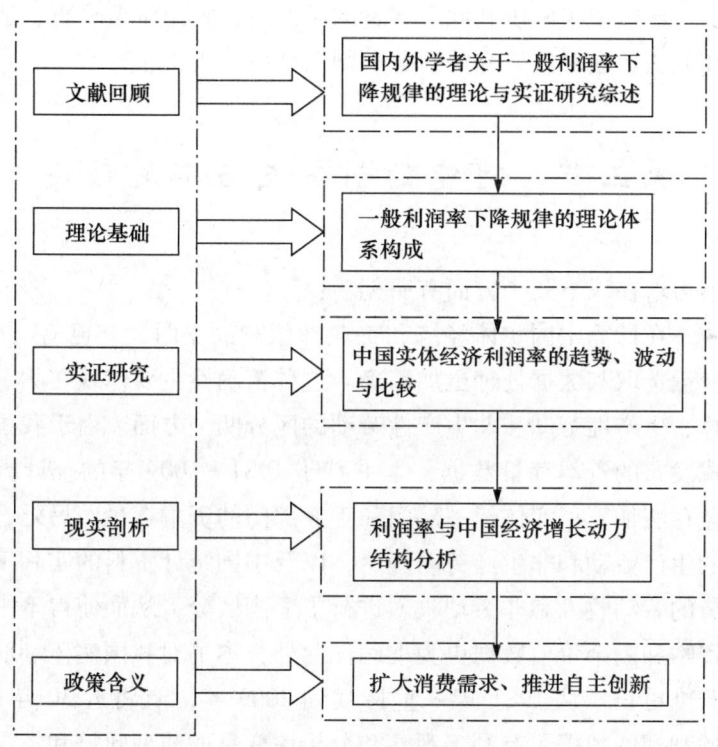

图1-1 本书逻辑结构

本书综合运用了以下研究方法：

本书采用定性分析和定量分析相结合，规范分析和实证分析相结合的方法，并注意不同研究方法的协调性，从而更好地发现现象与本质、理论与实践、历史与现实之间的内在联系。在此基础上，对社会主义市场经济的一般利润率下降趋势进行深入探讨和系统分析，力求将研究建立在严谨的理论分析和坚实的经验研究基础之上。

定量分析和定性分析都是现代经济分析不可或缺的两种重要研究方法。在本书研究过程中，定量分析和定性分析都有不可替代的作用，二者

---

① 《资本论》第三卷，人民出版社1975年版，第258页。

互为补充、缺一不可。在研究中国实体经济的利润率变动趋势时，以定量分析和实证分析为主，一方面着力勾勒出中国实体经济利润率的演变轨迹，另一方面揭示影响利润率波动的具体根源；在研究利润率下降与房地产泡沫膨胀、利润率下降与消费需求不足等问题时，定量分析和定性分析相结合；在比较中美两国利润率演进的异同时，突出定量分析，适当借鉴比较研究方法；在对策研究等问题上则以规范分析为主。

第三节　可能的创新点与不足之处

本书力求在以下几个方面有所创新：

第一，在计算中国实体经济和工业部门利润率时，与已有文献相比，本书的变量选取和数据处理更加精确。这种精确性主要体现在固定资本存量的测算、生产性劳动和非生产性劳动的区分两个方面。由于我国还没有官方正式发布的资本存量数据，本书基于1981—2009年的统计数据，利用永续盘存法估算了实体经济部门和工业部门的资本存量。另外，还根据马克思的生产劳动和非生产劳动理论，以及中国统计资料的实际情况，对管理人员的劳动收入和非劳动收入进行了适当区分，从而使得本书所估算的可变资本和剩余价值数据更为准确。此外，本书对我国实体利润率的考察时间跨度更长。从1981年一直持续到2009年，有将近30年的时间，长时段的利润率数据更有利于观察和分析该变量的演变轨迹和发展趋势。

第二，借助西蒙·莫恩的分析框架，本书剖析了影响中美两国一般利润率和净利润率波动的直接因素和间接因素。在此基础上，本书进一步比较了中美两国利润率演进的异同，对影响利润率波动的制度背景和政策因素作了一些初步讨论。我们的实证研究表明：两国实体经济一般利润率和净利润率长期下降的原因相同，导致利润率下降的主要因素为产出资本比。在短期内，一般利润率波动的原因也基本相同，但净利润率波动的原因存在明显差别。由于非生产性支出波动的幅度较大，在短期内，利润份额成为净利润率波动的主要原因。关于非生产性支出，主要考察了税收、利息支出和管理人员非劳动收入的变化情况。就中国来说，这些变量的变动与市场化改革，收入分配制度的演进等有关。对美国来说，新自由主义思潮的兴起及与之相关的政策安排对该国的非生产性支出结构，进而对其净利润率趋势的变化产生了很大的影响。

第三，基于一般利润率下降规律视角对中国经济增长动力结构失衡的原因展开分析，为制定和完善相关的政策措施提供参考和理论依据。其一，本书讨论了实体经济利润率下滑与以房地产为核心的虚拟经济快速扩张的关系。我们认为，在一般利润率下降趋势规律的制约下，实体经济的利润率持续走低，资本就开始寻找其他回报率更高的投资领域。与此同时，随着所有制结构和分配制度的不断调整以及工资形成机制的变革，我国社会阶层出现明显分化，财富向少数群体的集中与市场化的全面铺开使得有效需求不足成为常态，实体经济的产能过剩状况更为加剧。21世纪初，中国加入世界贸易组织，产能过剩的重压得到一定缓解。得益于宽松的金融环境（长期的低利率政策）和快速的城镇化，再加上地方政府的推波助澜，房地产业持续超常繁荣，房地产业的利润增长远远高于传统工业部门，房地产业的投资增速远远快于同期的固定资产投资。从20世纪90年代末开始，我国的虚拟经济，尤其是以房地产为核心的虚拟经济呈现井喷式增长。其二，本书探讨了实体经济利润率下降影响居民消费需求增长的传导路径。利润率下降和消费需求不足的联系较为复杂。我们认为，一般利润率下降使得我国的居民收入差距不断增大，收入差距的扩大则直接降低了居民的消费需求。

本书不足之处和值得进一步研究方向如下：

一是对某些指标的处理有待完善。由于在某些指标时间序列数据可获得性上存在困难，本书对平均利润率进行定量研究时，不可避免地需要对某些数据采取整理、猜测甚至假设的方法加以处理。例如，由于统计年鉴没有披露管理人员真实收入数据，管理人员和普通生产工人平均工资水平之比便不能直接计算，我们使用高收入户和低收入户城镇家庭平均每人全年实际收入水平之比进行替代，弥补这一缺陷有待官方披露相关的统计数据或者使用其他更为科学的估算方法。

二是在分析实体经济利润率的演变轨迹时，理论和现实的结合仍然不够紧密。

三是由于时间和数据的限制，我们仅仅比较了中美两国利润率演进的异同。如果能够获取更多国家的基础数据，包括一些与中国处于同一发展阶段的国家的数据，然后比较我国与这些国家利润率趋势的差别，就能更加全面运用一般利润率下降规律理论分析问题和解决问题。

第二章 文献综述

马克思认为，一般利润率下降规律是现代政治经济学最重要的规律，是理解最困难的关系的最本质的规律。但是，国内外学者对这个规律本身一直存在异议甚至斥责。一百多年来，国内外学者围绕资本有机构成是否提高，一般利润率是否趋于下降等问题，展开了深入而持久的争论，各种学术观点激烈交锋，不同的观点、方法和结论众说纷纭，莫衷一是。即便是在马克思主义经济学不同流派之间，也存在长期分歧，甚至一度形成了针锋相对、不可调和的局面。之所以会产生这种现象，原因可能在于：第一，马克思的著作本身比较庞大，而且有些著作的章节比较晦涩难懂。不同的学者，由于知识背景存在差异或者研究偏好不同，对于同一问题的理解难免会出现差别，有时甚至还会出现误解。第二，马克思不仅在《资本论》第三卷第三篇中对利润率下降规律进行了系统的阐述，而且在《经济学手稿（1857—1858）》、《剩余价值理论》中对这个问题也有所涉及，且不乏点睛之笔。有的学者可能在还没有全面、深刻理解马克思一般利润率下降规律情况下，就攻其一点不及其余，甚至断然否定它的科学性和解释力。第三，随着资本主义由竞争进入垄断、国家垄断以及当今的国际金融垄断资本主义阶段，并且随着第三次科技革命的发展、知识经济的兴起以及经济虚拟化成分日益增加，新问题、新现象层出不穷且错综复杂，学者们在试图解释这些新问题时自然会创造新的理论。有的理论观点由于受新古典经济学的错误影响，偏离或背弃了马克思主义的基本原理，因此新的理论观点必然会在不同学派、不同学者之间产生激烈争论。在一般利润率下降规律问题研究上，国内外学者主要聚焦于以下方面。

第一节　国内外学者围绕利润率下降规律的争论

无论理论层面还是经验层面上，一般利润率下降规律始终是学术界，尤其是马克思主义经济学界关注的焦点问题之一。国内外学者就资本有机构成是否提高、一般利润率是否趋于下降及其下降的直接原因等问题展开了广泛研究与争鸣。

一　技术进步不一定是劳动节约型

在马克思看来，无止境地追逐剩余价值的内在冲动和外在竞争的加剧迫使资本家对劳动过程的技术条件和社会条件不断革新以降低单位生产成本，从而使得商品更加便宜。因而随着资本积累的发展，劳动生产力的提高就表现为劳动量比其所推动的生产资料量相对减少，在资本主义生产方式下，这就意味着不变资本所占的比重趋于增长，可变资本所占的比重趋于减少，也就是说，资本有机构成会不断提高。罗宾逊（J. Robinson, 1962）[①]认为，技术革新和资本积累并不一定使人均资本量增加，技术发明有可能使单位产出的劳动消耗和资本消耗一样多。另外，技术进步也可能使资本周转的速度加快，这些都会使人均资本量减少。在《马克思与凯恩斯》一文中，她还特别提出，节省资本、节省时间的技术进步并不会导致资本有机构成的提高。此时可能情形是技术水平仍会迅速提高，而有机构成保持不变或甚至下降。[②] 马克·布劳格（Mark Blaug, 1962）认为，马克思没有预见到资本主义的进一步发展会使资本节约型的技术进步占据重要地位。总体来说，技术进步应当是中性的，劳动节约型和资本节约型互相平衡，这意味着在生产率提高的同时资本有机构成保持稳定。[③]

菲利普·帕里吉斯（Philippe Van Parjs, 1980）[④] 则提出一个更为尖

[①] 陈学明、张志孚主编：《当代国外马克思主义研究名著提要》（中），重庆出版社1997年版，第288页。
[②] 同上书，第297页。
[③] 同上书，第88页。
[④] Philippe Van Parjs, "The Falling Rate of Profit Theory of Crisis: A Rational Reconstruction by Way of Obituary", *Review of Radical Political Economics*, Vol. 12, No. 1, 1980, pp. 1–16.

锐的问题:"为什么追逐利润最大化的私人资本家必定偏好于节约劳动而不是节约资本。"他认为,有充分的理由解释资本家为什么努力节约劳动,但是并没有充足的理由说明资本家更多地节约劳动,在资本主义发展进程中,资本技术构成提高纯属巧合或偶然,与资本主义生产方式的性质无关。西蒙·莫恩(Simon Mohun, 2009)[1]认为,如果资本只包括流动资本,技术构成的提高的确是真的,随着原材料处理能力的增加,平均产出也会上升,但是,当考虑固定资本时,技术进步不一定是节约劳动类型的。如果成本能够降低,企业就会创新,降低成本的方法取决于先前的单位成本模式,使用资本、节约劳动的技术创新不是唯一的选择,技术构成一定上升也不是必然规律。

二 资本有机构成不一定趋于提高

在关于利润率下降规律的论述中,马克思认为,随着技术进步,资本有机构成会趋于提高,这一经典理论(假设)引发了很多争论。20世纪40年代,保罗·斯威齐(Paul M. Sweezy, 1942)[2]提出,资本技术构成在过去一个多世纪里有高速增长的趋势,但是资本有机构成是一种价值表现,技术构成不应看作是资本有机构成的指数。考虑到发达资本主义国家的工业化进程已经完成,保罗·斯威齐(Paul M. Sweezy, 1987)[3]提出,今天资本主义机械化了的经济与马克思那时正处于机械化阶段的经济大不相同。资本家不再注重使用机器替代手工劳动,而是到处用生产率更高的机器和劳动过程替代生产率较差的机器和劳动过程,因而没有充分的理由假设这必定意味着资本有机构成上升。爱德华·沃尔夫(Edward N. Wolff, 1986)[4]认为,技术构成和有机构成分别由不同因素决定,技术构成取决于生产的物质需要,独立于劳动价值和实际工资变量,而有机构成取决于技术构成、相对劳动价值和实际工资综合作用。因此,二者背离是显然的。根据他的计算,1947－1976年,美国经济中的资本技术构

---

[1] Simon Mohun, "Aggregate Capital Productivity in the US Economy, 1964－2001", *Cambridge Journal of Economics*, Vol. 33, No. 5, 2009, pp. 1023－1046.

[2] [美]保罗·斯威齐:《资本主义发展论》,陈观烈、秦亚男译,商务印书馆1997年版,第118—224页。

[3] P. M. Sweezy, "Some Problems in the Theory of Capital Accumulation", *International Journal of Political Economy*, Vol. 17, No. 2, 1987, pp. 38－53.

[4] Edward N. Wolff, "The Productivity Slowdown and the Fall in the U. S. Rate of Profit, 1947－1976", *Review of Radical Political Economics*, Vol. 18, No. 1&2, 1986, pp. 87－109.

成上升了88%，资本有机构成却下降了9%。沃尔夫声称资本有机构成之所以相对稳定，是因为技术构成的上升被1967—1972年间不变资本价值的下降和剩余价值率的大幅度下降抵消了。不过，弗雷德·莫斯利（Fred Moseley，1988）[①] 对沃尔夫的结论提出质疑。他指出，马克思的相关概念与沃尔夫的研究存在许多差别，最重要的差别就是后者没有区分生产劳动与非生产劳动。根据马克思科学的劳动价值理论和剩余价值理论，只有生产性劳动创造剩余价值，非生产性劳动不创造剩余价值。因此不变资本和可变资本只包括投入到生产性劳动中的资本，不包括投入到流通领域和监管领域的资本。在厘清生产性劳动和非生产性劳动概念基础上，莫斯利对美国的各个行业进行分类、归并，然后重新计算了1947—1976年美国经济的剩余价值率、资本有机构成和一般利润率。他的研究结论与沃尔夫的结论大相径庭，莫斯利的实证研究表明：资本有机构成提高了，从1947年的3.46提高到1976年的4.88。

伴随知识经济的兴起，一些学者认为，马克思关于资本有机构成提高的趋势在20世纪70年代以前是正确的，但在知识经济条件下，对机器、能源等传统资本要素需求相对减少，对人力资本需求相对增加，资本有机构成不再提高。段进朋、李刚（2005）[②] 认为，当代资本有机构成呈现出新的动态，可以概括为"波动中缓慢下降"。出现这种现象的原因在于：第一，新科技革命、信息化和知识经济的兴起。第二，以节约资本来提高劳动生产率在很大程度上抵消了资本技术构成的提高。第三，工人工资水平已经有了大幅度提高，阻碍了可变资本价值量的下降。第四，产业结构的信息化、高技术化和服务产业的发展。王勇（2001）[③] 认为，由于发达资本主义国家对人力资本的投资不断增大，从而引起可变资本总量及其比重的迅速增长。与传统产业工人相比，"知识工人"的劳动力价值或价格一路攀升，导致生产中可变资本迅速增长，由于知识经济对机器、能源等传统资本要素需求相对减少，对人力资本需求的相对增加，导致可变资本

---

① Fred Moseley, "The Rate of Surplus Value, the Organic Composition, and the General Rate of Profit in the U. S. Economy, 1947 – 1967: A Critique and Update of Wolff's Estimates", *The American Economic Review*, Vol. 78, No. 1, 1988, pp. 298 – 303.

② 段进朋、李刚：《对美国资本有机构成变动趋势的实证分析》，《西安电子科技大学学报》（社会科学版）2005年第2期。

③ 王勇：《知识经济与资本主义平均利润率变动趋势》，《教学与研究》2001年第10期。

在生产中的增长相对快于不变资本的增长，进而引起资本有机构成的下降以及平均利润率呈上升趋势。

马艳、李真（2007）[①]认为，马克思资本有机构成理论主要关注科技进步对劳动客观条件即生产资料的数量、质量、自然条件等的作用，而较少考察技术进步对劳动主观条件即劳动熟练程度、复杂程度以及科学技术在劳动过程中运用程度和管理水平等的影响。马艳（2009）[②]将科学技术对劳动主观条件的影响引入资本有机构成理论，从而将资本构成分为两种类型：外延资本有机构成和内涵资本有机构成，同时，基于对资本有机构成的新认识，把资本有机构成的变化分为阶段性动态和长期动态、内涵变化和外延变化，并得出三个与前人不同的结论：第一，长期内科技进步不一定会减少就业。这主要取决于技术进步对不变资本和可变资本的变化率的作用。第二，长期内资本有机构成会出现提高、不变和降低三种状态。第三，从短期看，资本有机构成的阶段性变化导致生产价格和价值会出现较大背离，资本有机构成提高导致平均利润率趋于下降。但是，就长期看，资本有机构成的长期动态变化会使生产价格与价值趋于一致，平均利润率出现下降、上升和不变三种状况。然而，如果资本技术构成发生变化而资本价值构成没有变化，并不一定导致生产价格与价值的较大背离以及平均利润率趋于下降。

三 反作用力量可能会导致利润率不下降

根据马克思的分析框架，资本有机构成和剩余价值率是导致一般利润率演变的两个直接变量。其中剩余价值率扮演的是反作用角色，关于这个反作用因素，学术界也展开了激烈争论。

（一）对剩余价值率不变假设的批评

马克思在《资本论》第三卷阐述一般利润率下降规律的含义时提到，由于资本有机构成的增加，"在剩余价值率不变或资本对劳动的剥削程度不变的情况下，一般利润率会逐渐下降。"[③]一部分学者把批判的矛头指向马克思的"剩余价值率不变"假设，他们由此认为利润率下降规律包

[①] 马艳、李真：《马克思主义平均利润率变动规律的动态模型》，《海派经济学》2007年第2期。

[②] 马艳：《马克思主义资本有机构成理论创新与实证分析》，《学术月刊》2009年第5期。

[③] 《资本论》第三卷，人民出版社1975年版，第236页。

含内在的缺陷。例如，马克·布劳格（Mark Blaug, 1962）① 提出，简单地假定剩余价值率不变是一个笨拙的假定，剩余价值率不变意味着工资和利润的相对比例不变，也意味着实际工资和劳动生产率以相同的速度提高，但是根据马克思的观点，劳动后备军的存在阻碍了工资上升。因此，工资率不及劳动生产率提高得快，劳动生产率的更快上升必定提高剩余价值率。如果工资率不变，剩余价值率和劳动生产率提高得一样快。此外，如果工资品部门劳动生产率的提高快于其他生产部门，剩余价值率将提高。如果生产资料或奢侈品部门的劳动生产率提高得更快，则剩余价值率下降。② 琼·罗宾逊（J. Robinson, 1962）③ 也对剩余价值率不变这一点给予了特别的关注，她认为，实际工资不变和剥削率不变不可能同时存在。假如剥削率不变，实际工资会随着生产率的提高而增加，在一个日益增加的净产出中，工人将会领到一个比例不变的份额。因此，马克思要论证利润率下降只有放弃他的实际工资不变观点。罗宾逊用边际生产力理论去解释利润率下降，一方面，资本相对于劳动增加降低了资本的边际生产力，资本的边际生产力下降将导致利润率的下降。另一方面，资本相对于劳动增加将提高劳动的边际生产力，利润的下降必然引起工资的上升。④

（二）资本有机构成是否可以最终抵消剩余价值率上升的负效应

保罗·斯威齐（Paul M. Sweezy, 1942）⑤ 认为，如果剩余价值率和资本有机构成都是变数的话，利润率按什么方向变化是无法确定的，对于资本有机构成提高最终可以压倒剩余价值率的补偿性影响，斯威齐认为是站不住脚的，因此，要证明资本有机构成的提高必然伴随利润率的下降也是难以置信的。莫里斯·道布（Maurice Dobb, 1962）⑥ 认为，资本有机构成提高并不一定会导致利润率下降。如果新技术方法能够应用于所有企业，包括农业和生产资料的工业，那么利润率还可能上升而不是下降。因

---

① 陈学明、张志孚主编：《当代国外马克思主义研究名著提要》（中），重庆出版社1997年版，第87页。
② 同上。
③ ［英］琼·罗宾逊：《论马克思主义经济学》，纪明译，商务印书馆1962年版，第34页。
④ 同上。
⑤ ［美］保罗·斯威齐：《资本主义发展论》，陈观烈、秦亚男译，商务印书馆1997年版，第118—224页。
⑥ ［英］莫里斯·道布：《政治经济学与资本主义》，松园、高行译，生活·读书·新知三联书店1962年版，第95—96页。

为即使实际工资由于劳动力市场过剩而没有提高,那么劳动力价值也会随着生活资料价值的下降而跌落,从而使得剩余价值率增加。另外,劳动力生产率的提高还会不同程度地降低机器和原材料价值。换句话说,相对剩余价值增加和不变资本各要素的便宜,可能超过资本构成提高所潜伏的利润率下降趋势。马克·布劳格(Mark Blaug, 1962)在《经济理论的回顾》一书中提出,马克思关于剥削率提高不足以抵消利润率下降的观点是错误的。他的理由是:当劳动生产率提高时,生活资料的价值是下降的。因此剩余价值率可以无限提高,足以抵消资本有机构成的上升。[①] 德赛(1979)认为,如果综合考虑生产率、劳动时间、资本周转及劳动强度等多因素的影响,剩余价值率与资本有机构成可以一同上升,二者的力量可以相互抵消,此时,利润率不一定下降。[②] 菲利普·帕里吉斯(Philippe Van Parijs, 1980)[③]认为,无论价值构成增加多少,在原则上,剩余价值率增加得更大是可以成立的。虽然剩余价值不可能趋近于无穷,但是可变资本可以趋近于零,因此,剩余价值率可以无限地增加,没有充分的证据说明价值构成必然会超越剥削率上升对于均衡利润率的影响。他认为,资本有机构成的变动必然导致均衡利润率(equilibrium rate of profit)下降是不成立的,原因有二:第一,没有充分证据说明技术构成上升对于资本价值构成影响程度会超过生产资料部门更快的技术进步和实际工资增加对于资本价值的影响。第二,没有充分证据说明,价值构成必然超越剥削率的上升对于均衡利润率的影响。

爱德华·沃尔夫(Edward N. Wolff, 1979)[④]认为,由于新技术倾向于节约劳动,有充分的理由认为,资本的技术构成会上升,然而,如果实际工资上升的速度和技术构成提高的速度一样快,并且生产率增加所带来的劳动价值下降幅度在两大部类中同样大,那么资本有机构成不会提高。

约翰·罗默(Roemer, J. E., 1981)认为,资本有机构成提高及其

[①] 陈学明、张志孚主编:《当代国外马克思主义研究名著提要》(中),重庆出版社1997年版,第87页。

[②] 同上书,第135页。

[③] Philippe Van Parijs, "The Falling-Rate-of Profit Theory of Crisis: A Rational Reconstruction by Way of Obituary", *Review of Radical Political Economics*, Vol. 12, No. 1, 1980, pp. 1–16.

[④] Edward N. Wolff, "The Rate of Surplus Value, the Organic Composition, and the General Rate of Profit in the U. S. Economy, 1947–1967", *The American Economic Review*, Vol. 69, No. 3, 1979, pp. 329–341.

相关理论是教条主义，这种教条主义阻碍了马克思主义理论的创新。他认为，技术进步将导致工人生存所需生活资料价格不断降低，从而使剩余价值率不断增加，剩余价值率的增加可能抵消资本有机构成上升的影响。不仅如此，罗默对劳动价值论也是坚决否认的，他说："从一个更加模糊、更加直观的层面上看，利润率下降机制是基于这样的观点：利润来自于对活劳动的剥削。技术变革用机器替代了活劳动（资本有机构成上升）。由于供剥削的活劳动减少，剥削率就应该下降。这一论证回避了对技术变革所导致的剥削率变动的分析。"[1]

克里斯蒂昂·拉加德（2003）认为，技术构成提高不能直接推导出资本有机构成提高。因为当劳动生产率提高到一定程度时，虽然生产资料的数量有所增加，但是其价值也会保持不变甚至减少，而且不能证明劳动生产率提高速度必定小于技术有机构成提高速度。[2]

朱奎（2008）认为，剥削率的变化取决于阶级斗争而非技术变动，单纯依赖资本有机构成的提高不足以推出利润率趋于下降规律。除非资本有机构成的提高可以无限上升，而剩余价值率的提高存在上限。实际上，在竞争的压力之下劳动生产率迅速提高，尽管生产资料的数量可能增加，但其价值不一定增加，甚至会减少。因此，"既然资本有机构成的提高是一个或有的事实，那么利润率下降本身也要视情况而定。"[3] 不仅如此，马克思的利润率下降规律理论"还包含着方法论的缺陷：它假定价值增殖的使用价值基础、社会分工体系和资本积累的主导部门在长期没有变化"。[4] 朱奎认为，资本有机构成和剩余价值率是技术进步和实际工资等变量的函数。如果要清晰描绘利润率的变动轨迹，还必须综合考虑实际工资、技术进步、非经济因素、资本周转速度、产品创新和多样化生产等因素对有机构成和剩余价值率的影响。

四 技术进步会带来利润率的提高

与马克思对资本主义经济利润率趋势的预测相反，萨缪尔森（1957）

---

[1] ［美］约翰·罗默：《马克思主义经济理论的分析基础》，汪立鑫、张文瑾、周悦敏译，上海人民出版社2007年版，第95页。

[2] 克里斯蒂昂·拉加德：《剩余价值积累、人口增长及利润率递减》，《海派经济学》2003年第3期。

[3] 朱奎：《利润率的决定机制及其变动趋势研究》，《财经研究》2008年第7期。

[4] 同上。

提出，如果没有连带生产和稀缺的自然资源，且实际工资不变，采用新技术的资本家的利润率一定会上升；如果已知资本家的行为是理性的，不可能同时存在技术进步、利润率不变和实际工资不变。换言之，如果技术进步没使实际工资上升，利润率一定会提高。[1] 置言信雄（Okishio, Nobuo, 1961）[2] 则在1961年对这个观点进行了详细论证。因此这个观点也就被命名为"置言定理"。置言认为，除非工人实际工资率上升，否则技术创新不会降低一般利润率。如果实际工资不变，技术进步必然意味着利润率的提高。资本家是否引入一项新技术并不取决于其是否能提高劳动生产率，而是取决于其能否降低生产成本。在资本主义经济中资本家遵循的是"成本准则"而非"生产率准则"，新技术必须降低生产成本，但不一定必然提高劳动生产率。

置言定理得到约翰·罗默、霍华德和金等学者的支持。罗默证明，如果技术进步能够降低成本，那么经济系统的均衡利润率就会上升。[3] 如果实际工资保持不变，则作为理性的、竞争性技术创新的结果，利润率不会下降。[4] 如果在降低成本的、劳动节约型的技术变化条件下，实际工资提高导致部门内工人的劳动报酬占比相对份额不变，利润率将下降。[5] 也就是说，促使利润率下降的因素是外生变量，如阶级斗争等。霍华德和金（M. C. Howard, John. E. King, 1985）两人以简洁形式表达了这样一个观点：有理性的资本家不会采用使利润率下降的技术进步，只有技术进步的同时实际工资提高了，利润率才能下降。[6]

五　产品创新会动摇利润率下降的方法论基础

孟捷（2001）[7] 指出，马克思的利润率下降理论在方法论上包含两个缺陷：第一，假定价值增值的使用价值基础以及社会分工体系和资本积累

---

[1] [英] M. C. 霍华德等：《马克思主义经济学史：1929—1990》，顾海良等译，中央编译出版社2003年版，第140页。

[2] Okishio, Nobuo, "Technical Changes and the Rate of Profit", *Kobe University Economic Review*, No. 7, 1961, pp. 85-99.

[3] [美] 约翰·罗默：《马克思主义经济理论的分析基础》，汪立鑫、张文瑾、周悦敏译，上海人民出版社2007年版，第104页。

[4] 同上书，第144页。

[5] 同上书，第156页。

[6] 朱钟棣：《西方学者对马克思主义经济理论的研究》，上海人民出版社1991年版，第232页。

[7] 孟捷：《马克思主义经济学的创造性转化》，经济科学出版社2001年版，第105页。

的主导部门在长期没有发生变化，如果引入产品创新带来的部门多样化，一般利润率下降理论的方法论基础就会为之动摇。第二，利润率下降建立在有机构成提高基础上，而不是建立在生产与流通、剩余价值生产与剩余价值实现之间矩盾之上。剩余价值实现条件的恶化是一般利润率下降的首要原因。孟捷认为，单凭利润率下降并不能解释生产过剩危机的突然爆发，但是如果把一般利润率下降置于剩余价值生产和剩余价值实现之间的矛盾之上重新予以解释，困难就迎刃而解。随着剩余价值实现条件的恶化，既有部门所能实现的利润的绝对量趋于下降，正是利润量的下降，而非资本有机构成的上升，促使平均利润率趋向下降。利润量和利润率的下降影响实际积累规模和资本家的投资预期，从而促使积累率下降，实际积累率的减少意味着剩余价值实现条件更加恶化，从而导致利润量和利润率进一步下降，为生产过剩的经济危机铺垫了道路。[①]

六　对于国内外学者非议马克思利润下降规律的辩护与评述

针对有关学者对利润率下降规律的批判和质疑，一些学者站在马克思主义立场，从理论与经验两个层面进行了尖锐的还击。特别值得强调的是，对这个规律的驳斥并没有使它失效。相反，在批判和维护的争论中，马克思一般利润率下降规律的科学性日渐凸显。

第一，资本主义条件下的技术进步具有耗费生产资料和节约活劳动的内在倾向。（1）从资本主义经营角度看，节约活劳动的新技术不但可以降低成本，还能提高劳动生产率，而单纯节约生产资料的革新只具有降低成本的作用。提高劳动生产率还可以加速资本周转，提高年利润量或年利润率。可见，节约活劳动的技术革新能够为资本家带来更大的经济利益。（2）节约劳动的革新通常以机器设备的大规模使用为前提，但是机器设备一旦投入使用就成为企业的沉淀成本。所以，如果在这之后的某个阶段即使出现有利于使用劳动力的市场条件，企业也很难回到原来的生产方式。（3）与单纯节约资本的革新不同，节约劳动的革新和机械化会在生产过程内部和生产过程之间引起连锁反应。节约劳动的新技术一旦在生产的某个环节被采用，就会诱发一系列同类性质的技术发明和革新，迅速向整个企业、部门和社会扩张。（4）资本主义条件下技术进步的节约劳动

[①] 孟捷：《马克思主义经济学的创造性转化》，经济科学出版社 2001 年版，第 110—111 页；孟捷：《产品创新与马克思主义资本积累理论》，载张宇、孟捷、卢荻主编《高级政治经济学》，中国人民大学出版社 2006 年版，第 411、417 页。

倾向具有深刻的制度根源和阶级根源。作为资本与雇佣劳动相对立，资本的使命在于吸取雇佣工人的剩余劳动。而相对剩余价值生产作为资本主义典型的剥削方式，以劳动生产率不断提高为前提，这要求生产资料的数量相对于活劳动量要更快地增长。因此，资本主义生产本身就包含一种内在的矛盾趋势，即扩大雇佣工人投入生产的劳动量，同时使活劳动不断被物化劳动所代替。① 余斌指出，即便存在剩余劳动力，资本家仍会主要投资于机器而不是劳动。否则，当资本主义社会出现失业大军后，也就不会有机器的改进了。而历史证明，机器的不断改进即资本家不断地投资于新机器，从而将大量的工人不断地抛入失业大军，才得以形成大量的相对过剩的剩余劳动力。② 综上所述，正是由于以上各方面原因，使得推动资本积累的技术进步过程成为必然。③

关于技术进步倾向，一些学者的实证研究也支持了马克思的有关论断。埃德米·尔马凯特（Adalmir A. Marquetti, 2003）④ 对6个发达国家的长期经验数据进行统计分析之后发现，劳动节约型的技术进步占主要地位。法布里齐奥·弗雷蒂（Fabrizio Ferretti, 2008）⑤ 考察了18个工业化国家1961—2005年技术进步形式。他的研究发现，在产出增长缓慢时期，劳动节约型技术进步占主导形式。

第二，针对斯威齐等对马克思资本有机构成理论的责难，马里奥·考戈伊（Mario Cogoy, 1987）⑥ 指出，技术构成和价值构成的"密切关系"意味着，如果价值构成的变化不是由技术构成的变化引起的，就不能认为有机构成发生了变化。比如，技术构成没变，劳动力价值下降，可变资本减少了，不变资本与可变资本之间的比例发生变化，但是生产资料数量与

---

① 牛文俊：《战后美国长期利润率变动研究》，博士学位论文，南开大学，2009年，第103、104页。

② 余斌：《平均利润率趋向下降规律及其争议》，《经济纵横》2012年第9期。

③ 牛文俊：《战后美国长期利润率变动研究》，博士学位论文，南开大学，2009年，第103、104页。

④ Adalmir A. Marquetti, "Analyzing Historical and Regional Patterns of Technical Change from a Classical - Marxian Perspective", *Journal of Economic Behavior & Organization*, Vol. 69, No. 52, 2003, pp. 191 - 200.

⑤ Fabrizio Ferretti, "Patterns of Technical Change: A Geometrical Analysis Using the Wage - profit rate Schedule", *International Review of Applied Economics*, Vol. 22, No. 5, 2008, pp. 565 - 583.

⑥ M. Cogoy, "The Falling Rate of Profit and the Theory of Accumulation", *International Journal of Political Economy*, Vol. 17, No. 2, 1987, pp. 54 - 74.

劳动力数量之间的比例没有变化，这种价值构成的上升一定不能混同于资本有机构成的上升。戴维·耶夫（1973）①认为，资本有机构成提高的必然性在于，机械化及其造成的活劳动被死劳动所代替是必需的，这样才能保证资本对整个生产过程的统治地位。帕特里克·克劳森（Patrick Clawson，1983）②进一步指出，资本有机构成上升的根源在于资本之间的竞争关系和资本与劳动的对立关系。首先，根据马克思的竞争理论，每一个资本家总是被迫以最快的速度积累，否则他就会面临倒闭。随着剥削率的上升，积累更快的资本家，其积累的速度越来越快，但是积累需要更多的劳动力。在某一点上，资本积累对劳动力的需求必然会超过劳动力供给（资本积累可以无限增加），但是每个资本家还是要被迫积累。在这种条件下，劳动力后备军已经消失，资本家不得不用机器替代劳动。简言之，快速的资本积累必然最终导致资本有机构成的提高。其次，资本家和工人阶级的斗争也会导致资本有机构成的提高。资本主义制度下技术进步的典型特征是劳动过程的持续革新，劳动过程革新使得工人对劳动过程的控制越来越少，机器对劳动过程的控制越来越多。当机器设定速度时，工人可能每时每刻都要干得最快，不熟练的工人也无法通过罢工来中断生产。在资本与劳动的阶级斗争过程中，越来越多地使用机器是一个关键因素。

知识经济条件下人力资本投资的增加是否可以逆转资本有机构成的提高趋势呢？其实这个论断所隐含的前提是：人力资本投资的增加可以提高劳动力价值。爱德华·沃尔夫（Edward N. Wolff，2010）③最新研究发现，美国实际小时工资水平在1947—1973年上升了75%，之后的34年却下降了4.4%，工资水平并没有随着教育水平的提高而增加。这是因为美国公民的受教育水平后来下降了吗？不是，1973年以后美国公民的受教育水平继续提高，大学生的毕业率更是加速上升。这种有悖常理的典型事实充分说明：分析资本有机构成的动态演化规律离不开马克思的阶级分析方法，在资本主义生产方式中，生产资料的资本主义私人占有制决定了雇佣

---

① ［英］M. C. 霍华德等：《马克思主义经济学史：1929—1990》，顾海良等译，中央编译出版社2003年版，第143页。

② Patrick Clawson, "A Comment on Van Panrjs' Obituary", *Review of Radical Political Economics*, Vol. 15, No. 2, 1983, p. 108.

③ Edward N. Wolff, "Rising Profitability and the Middle Class Squeeze", *Science & Society*, Vol. 74, No. 3, 2010, pp. 429–449.

劳动者的工资只能在狭隘的范围之内运动，实际工资增长受制于相对过剩人口的规律而不可能达到威胁到资本积累的地步。① 正如孟捷教授指出的："在资本主义生产方式中，劳动生产率提高和资本有机构成增长的动力，来自资本之间的竞争和资本控制劳动的需要。"②

欧内斯特·曼德尔（Ernest Mandel，1991）坚持从技术进步出发去论证价值构成提高的必然性。他的观点如下：技术进步是在竞争的强制下由节约生产费用压力推动的，它的宏观经济后果不同于微观经济后果。节约成本但不提高资本有机构成的条件包括：一是活劳动能够有利可图的代替日益复杂的机器。二是第一部类能够生产出节约劳动的复杂机器而不提高机器本身的价值，或者新原材料价值的下降程度大于工资货物价值的下降。这要求第一部类的劳动生产率比整个经济的生产率增长要快。然而，由于新设备是用现有机器和技术生产的，它自身的价值决定于现有的劳动生产率，而且新设备一开始也不可能大量生产，所以上述假定从长期看是不成立的，因此单位成本的节约必然有节约劳动成本的倾向。成本的节约经常伴随着商品价值中工资成本份额和总资本中可变资本组成部分的相对下降。③

第三，马克思是不是有一个严格的"剩余价值率不变的"假定呢？是不是说剩余价值率不变是一般利润率下降的必要条件呢？其实，在《资本论》第三卷第三篇中，马克思阐述了一般利润率下降规律的含义之后又特别强调，"在劳动剥削程度不变甚至提高时，剩余价值率会表现为一个不断下降的一般利润率。"④ "一个同样的甚至不断提高的剩余价值率表现为不断下降的利润率。"⑤ "利润率趋向下降，和剩余价值率趋向提高，从而和劳动剥削程度趋向提高是结合在一起的……剩余价值率提高和利润率降低，这二者只是劳动生产率的提高在资本主义下借以表现的特殊形式。"⑥ 可见，马克思并不否认利润率下降的同时可以伴随剩余价值率

---

① 鲁保林、赵磊、林浦：《一般利润率下降的趋势：本质与表象》，《当代经济研究》2011年第6期。
② 孟捷：《产品创新与马克思主义资本积累理论》，载张宇、孟捷、卢荻《高级政治经济学》，中国人民大学出版社2006年版，第416—417页。
③ 参见高峰《资本积累理论与现代资本主义》，南开大学出版社1991年版，第78—79页。
④ 《资本论》第三卷，人民出版社1975年版，第237页。
⑤ 同上书，第240页。
⑥ 同上书，第267页。

的上升。

第四，在剩余价值率的增加能否抵消资本有机构成上升这一关键问题上，质疑马克思的学者较多。对此，一些马克思经济学家从不同角度对马克思的理论进行了辩护。马里奥·考戈伊（Mario Cogoy，1987）[①]在劳动力价值下降、资本有机构成和剩余价值率上升的条件下用数学模型证明：剩余价值率的上升不能最终补偿资本有机构成的上升，也就是说，资本有机构成的作用会贯彻自身。赖特认为，剩余价值率作为抵消力量的程度要受有机构成提高的影响，根据利润率公式 $r = \dfrac{e}{Q \times (1+e) + 1}$，其中，$e = s/v$ 表示剩余价值率，$Q = \dfrac{c}{v+s}$ 表示资本有机构成，r 对 e 求导即 $\dfrac{\delta r}{\delta e} = \dfrac{Q+1}{[Q \times (1+e) + 1]^2}$，由于分母中 Q 的幂指数大于分子中的幂指数，因此当资本有机构成上升时，利润率对剩余价值率变化的敏感性就会减弱。剩余价值率作为支持利润率的杠杆作用，要完全抵消资本有机构成的提高的可能性越来越小。[②]

实际上，马克思也充分考虑了剩余价值率上升对利润率下降趋势所产生的抵消作用。不过，他认为："靠提高劳动剥削程度来补偿工人人数的减少，有某些不可逾越的界限；因此，这种补偿能够阻碍利润率下降，但是不能制止它下降。"[③] 这个界限在于："平均工作日（它天然总是小于24小时）的绝对界限，就是可变资本的减少可以由剩余价值率的提高来补偿的绝对界限，或者说，就是受剥削的工人人数的减少可以由劳动力受剥削的程度的提高来补偿的绝对界限。"[④] 因此，"两个每天劳动12小时的工人，即使可以只靠空气生活，根本不必为自己劳动，他们所提供的剩余价值量也不能和24个每天只劳动2小时的工人所提供的剩余价值量相等"。[⑤] 所以马克思提出，利润率下降不是因为劳动生产率降低了，而是

[①] M. Cogoy, "The Falling Rate of Profit and the Theory of Accumulation", *International Journal of Political Economy*, Vol. 17, No. 2, 1987, pp. 54–74.

[②] E. O. 赖特：《对马克思主义积累理论和危机理论的另一种透视》，载［美］J. G. 施瓦茨《资本主义的精妙剖析》，魏埙等译，山东人民出版社1992年版，第290、291页。

[③] 《资本论》第三卷，人民出版社1975年版，第276页。

[④] 《资本论》第一卷，人民出版社1975年版，第339页。

[⑤] 《资本论》第三卷，人民出版社1975年版，第276页。

因为劳动生产率提高了。利润率下降不是因为对工人的剥削减轻了，而是因为对工人的剥削加重了，不管这是由于绝对剩余时间增加，还是——在国家对此进行阻挠时——由于资本主义生产的本质必然要使劳动的相对价值降低，从而使相对剩余时间增加。① 此外，剩余价值率越高，资本由于生产力的提高而得到的剩余价值的增加越少。也就是说，资本家获得的剩余价值随着生产力的提高以递减的速度增加。因为资本的界限始终是一日中体现必要劳动的部分和整个工作日之间的比例。资本只能在这个界限内运动。属于必要劳动的部分越小，剩余劳动越大，生产力不管怎样提高都不可能明显地减少必要劳动，因为分母已经变得很大了。资本已有的价值增值程度越高，资本的自行增值就越困难。于是，提高生产力对资本来说似乎就成为无关紧要的事情；价值增殖本身似乎也成为无关紧要的事情，因为这种增殖的比例已经变得很小了，并且资本似乎也不再成为资本了。② 马克思列举具体例子说明这个命题。假定必要工作日是 1/2，生产力提高 1 倍，那么属于工人的部分，即必要劳动就缩减到 1/4，新加剩余价值恰好也是 1/4。当必要工作日为 1/4 时，生产力提高 1 倍，则必要劳动缩减到 1/8，剩余劳动新增 1/8。假定必要工作日已缩减为 1/16，生产力再提高 1 倍，则必要劳动进一步缩减到 1/32，剩余劳动新增 1/32，共占 31/32。同是提高生产力 1 倍，在第一场合，剩余价值增加了 1/4 即 8/32，在第二场合，剩余价值只增加 1/8 即 4/32，在第三场合，剩余价值仅增加 1/32。③ 由于相对剩余价值的增长随着劳动生产力提高而降低，因而生产力越发展，用提高剩余价值率来补偿资本有机构成提高的可能性变得越小。

第五，对于置言定理，不少学者坚持马克思主义的立场、观点和分析方法，从不同角度给予了还击。（1）置言定理没有区分利润边际和利润率。安瓦尔·谢赫（Anwar Shaikh, 1978）④ 认为，马克思和置言都是正确的，但是要区分利润边际和利润率。机械化意味着固定资本存量的增加，每单位产出所需的预付资本存量增加。同时这也是单位成本价格

---

① 《马克思恩格斯全集》第 26 卷（Ⅱ），人民出版社 1973 年版，第 498 页。
② 《马克思恩格斯全集》第 46 卷（上），人民出版社 1979 年版，第 305、306 页。
③ 同上书，第 302、303、305、306 页。
④ Anwar Shaikh, "Political Economy and Capitalism: Notes on Dobb's Theory of Crisis", *Cambridge Journal of Economics*, Vol. 2, No. 2, 1978, pp. 233–251.

(即每单位产出所使用的资本流量)降低的主要手段。也就是说,每单位产出生产成本降低了,但是每单位产出的投资成本增加了。测量利润率有两种方法:一种是成本利润边际。利润量同生产中消耗的资本的比率(即利润量同成本价格的比率)。另一种是利润率。利润量与预付资本的比率。前者为两个流量之比,后者是流量与存量之比。显然,置言阐明的技术选择会提高给定实际工资水平下的平均利润边际,但是利润率是下降的。在另一篇文献中,安瓦尔·谢赫(1980)[1]进一步阐述了高利润边际和低利润率的并存性。竞争迫使资本家采用降低成本价格的生产方法,在给定价格水平下,较低的成本价格意味着较高的利润边际。因此,竞争迫使每一个资本家采用可以带来较高的过渡利润边际的生产方法,即使这种生产方法会降低他们的过渡利润率。如果这种过渡利润率更低,一旦新的生产方法占主要地位,新的一般利润率也会更低。(2)置言定理忽略了私人利润率和社会利润率的差别。托马斯·米希尔(Thomas R. Michl,1988)[2]指出,马克思的利润率下降趋势理论是基于私人利润率和社会利润率区分的基础之上的,受到更高的私人利润率的刺激,公司投资、采用新的机械化程度更高的技术。领先者相对于他的竞争对手享有一个暂时的成本优势,他们能够攫取更多的剩余价值。因为这个原因,一旦领先厂商采用新技术,其利润率就会上升,但是随着新技术在整个行业扩散,它们较低的资本生产率(即更高程度的机械化)会减少社会回报,一定会减少先前领先者的利润率。欧内斯特·曼德尔(Ernest Mandel,1983)[3]指出,当新技术刚刚被采用时,率先使用新技术的资本家会获得超额利润,在这一点上,置言是正确的。但是,随着过度积累的影响和商品价格的降低,超额利润率随之消失,那些率先采用新技术的资本家只能获得平均利润,但是这个平均利润率要比过程刚开始时的利润率低。如果从方法论角度看,置言的分析方法属于个体主义的分析方法,马克思的分析方法属于整体主义的分析方法。(3)置言定理没有考虑固定资本影响。乔斯·阿

---

[1] Anwar Shaikh, "Marxian Competition Versus Perfect Competition: Further Comments on the So-called Choice of Technique", *Cambridge Journal of Economics*, Vol. 4, No. 1, 1980, pp. 75 – 83.

[2] Thomas R. Michl, "The Two-Stage Decline in U. S. Nonfinancial Corporate Profitability, 1948 – 1986", *Review of Radical Political Economics*, Vol. 20, No. 4, 1988, pp. 1 – 22.

[3] 朱钟棣:《西方学者对马克思主义经济理论的研究》,上海人民出版社1991年版,第235页。

尔贝罗、约瑟夫·佩尔斯基和安瓦尔·谢赫（Jose Alberro & Joseph Persky, 1981; Anwar Shaikh, 1978、1980）等认为，置言定理没有考虑到固定资本的影响，如果考虑这一因素，那么利润率将表现为下降的趋势。安瓦尔·谢赫（Anwar Shaikh, 1980）[①]指出，如果忽略固定资本，成本准则和生产率准则是一样的。不过，罗默坚持认为，即使存在固定资本，在其他因素不变即实际工资和剩余价值率不变，技术创新仍然会导致资本家的利润率上升。[②]（4）置言的分析方法抽象掉了阶级关系的作用。杰斯·克里斯琴森（Jens Christiansen, 1976）[③]指出，假定技术选择由资本家作出是错误的，它忽视了一个更为根本的问题，就是这些选择是怎样由社会力量的历史发展形成的。马克思社会理论的全部观点是理解这些力量的决定因素，而不是对基于数学关系的真实现实世界作预测，前者只有通过对资本主义积累过程作出具体的历史唯物主义分析才能达到。安瓦尔·谢赫（Anwar Shaikh, 1978）[④]也指出，置言的错误在于其假设技术进步仅仅是资本家的选择，而马克思早就指出，在资本主义经济中竞争迫使资本家选择降低单位成本的技术，甚至这意味着更低的利润率。无论谁首先做出这种行动，其产品的价格都会低于其他的资本家。那么其他资本家的唯一选择是，要么得到比以前更低的利润率，要么得不到利润。（5）置言定理的前提假设不符合现实。塞克戴斯（K. K. Theckedath, 2001）[⑤]认为，在一个比较长的时期内，置言定理关于实际工资不变的前提条件是错误的。马克思曾指出，劳动者的必需品需要取决于一个社会文明化程度，这种需要随着资本主义发展而扩大。此外，马克思还指出现代工业必然需要较高的教育水平。同时，资本积累过程必然导致劳动强度的增加，以及工人阶级为补偿劳动力消耗对增加工资的斗争。（6）未来生产率提高不会降低

[①] Anwar Shaikh, "Marxian Competition Versus Perfect Competition: Further Comments on the So-called Choice of Technique", *Cambridge Journal of Economics*, Vol. 4, No. 1, 1980, pp. 75 - 83.

[②] ［美］约翰·罗默：《马克思主义经济理论的分析基础》，汪立鑫、张文瑾、周悦敏译，上海人民出版社2007年版，第129页。

[③] Jens Christiansen, "Marx and the Falling Rate of Profit", *The American Economic Review*, Vol. 66, No. 2, 1976, pp. 20 - 26.

[④] Anwar Shaikh, "An Introduction to the History of Crisis Theories", in Union for Radical Political Economics ed., *US Capitalism in Crisis*, New York: Economics Education Project of the Union for Radical Political Economics, 1978, pp. 234 - 235.

[⑤] K. K. Theckedath, "Once Again on the Falling Rate of Profit", *Social Scientist*, Vol. 29, No. 5& 6, 2001, pp. 75 - 81.

现在的生产成本。生产率提高会导致未来投资成本的削减，但不会使个别资本家从当前投资中获利，因为资本家对现有机器的支付并不会减少。事实上，技术创新越快，生产率增长越快，机器就越容易遭受"自然贬值"而过时，这必然对利润率产生越来越大的压力。不过，如果遭受损失的资本家退出生产，另外一些资本家从廉价购买他们的厂房、设备和原料中受益，这就会缓解利润率下降的压力。危机正是通过创造这样的条件而延缓利润率的下降。①

第六，产品创新是否就动摇了马克思利润率下降规律的方法论基础？针对这个问题，高峰在《产品创新与资本积累》一文中指出，产品创新的引入不能否定工艺创新地位，自然也不会动摇资本积累理论的基础。诱致资本主义经济到达长波上升时期的重大创新，更可能是引起生产技术基础和社会生活变革的、以重大资本品的创新为基础的重大工艺创新。正是这种类型的创新有可能带动技术创新的集群，从而推动较长时期的资本积累。如果把产品创新概念进行扩展，既包括消费品创新，也包括资本品创新，那么产品创新和工艺创新就不能截然对立起来。资本品创新和工艺创新不过是同一过程的两种提法。这样一来，产品创新的引入就包容了工艺创新概念。产品创新的引入并没有否定工艺创新和生产率增长在资本积累过程中的普遍性和重要地位，那么就不会动摇资本积累理论的基础。高峰还把危机期间利润率下降的根本原因和利润率长期下降的直接决定因素区别开来。剩余价值生产和剩余价值实现的矛盾是危机前夕和危机期间利润率下降的根源，而且这种下降是一种周期性现象，与利润率的长期趋势不能等同。资本有机构成提高是导致利润率长期下降趋势的直接决定因素，这是资本在生产相对剩余价值的目的支配下采用劳动节约型工艺创新的必然结果。对于这两个条件的关系，高峰概括为，资本有机构成提高是一般利润率下降的直接条件，剩余价值生产和剩余价值实现这一对基本矛盾是暗含的基础和前提，如果不存在剩余价值生产和剩余价值实现这对矛盾，比如产品不需要出售或者是资本家可以任意提高产品的价格，那么即使资本技术构成和价值构成上升，资本的平均利润率也可以不下降。②谢富胜

---

① 胡钧、沈尤佳：《资本生产的总过程：利润率趋向下降的规律》，《改革与战略》2013年第8期。

② 高峰：《产品创新与资本积累》，《当代经济研究》2013年第4期。

等（2010）[①]强调，资本有机构成提高正是技术创新和主导产业长期变化的体现，新部门在长期中同样不能避免资本有机构成的提高和利润率下降。余斌（2012）[②]认为，产业部门多样化所带来的非生产性劳动使利润率下降得更快，根本谈不上产业部门的多样化可以抵消利润率的下降。

第二节 一般利润率下降的原因

一般利润率表示整个社会生产的总利润和总资本比率。在马克思看来，利润率的变化方向主要决定于资本有机构成的变动。从长期趋势看，资本有机构成的上升可以超越一切限制，因而利润率必然趋于下降，利润率的急剧下滑极易诱发周期性经济危机，而危机中资本贬值和资本集中使得资本积累过程得以重新开始。马克思逝世之后，对于利润率下降的原因。在马克思主义阵营内部也出现了分歧，不同学派把利润率下降归结为不同原因。具体来说，有以下六种观点。

一 资本有机构成提高

坚持资本有机构成提高的学者往往被称为正统（orthodox）派。正统派强调，资本主义条件下机械化和自动化的发展导致资本有机构成持续提高，有机构成提高意味着越来越多的劳动力被排除于生产过程之外，尽管剩余价值率也随着劳动生产力的发展而提高，但是剩余价值率的上升受技术条件或社会条件限制，因而资本有机构成最终会战胜剩余价值率的上升，利润率下降成为必然趋势（Lawrence R. Klein, 1947; Mario Cogoy, 1987; Anwar Shaikh, 1999; Thanasis Maniatis, 2010）。

虽然不少正统派的马克思经济学家认为资本有机构成的提高是必然趋势，但是他们认为，资本有机构成的表达式应该用 $\frac{c}{v+s}$，而不是像马克思那样用 $\frac{c}{v}$ 表示，原因何在？马里奥·考戈伊（Mario Cogoy, 1987）[③]对此

[①] 谢富胜、李安、朱安东：《马克思主义危机理论和1975—2008年美国经济的利润率》，《中国社会科学》2010年第5期。

[②] 余斌：《平均利润率趋向下降规律及其争议》，《经济纵横》2012年第9期。

[③] M. Cogoy, "The Falling Rate of Profit and the Theory of Accumulation", *International Journal of Political Economy*, Vol. 17, No. 2, 1987, pp. 54–74.

给予了解释：如果假定剩余价值率不变，资本有机构成用$\frac{c}{v}$表示，因为v总是代表一定数量的工人，一定数量的劳动。$\frac{c}{v}$的增加总是会反映技术构成的变化，也就是说，反映不变资本与所雇佣的劳动力规模之间的比例的增加。但是，如果假设一个上升的剩余价值率，只有$\frac{c}{v+s}$对于资本有机构成才是有意义的。因为这个比率的增加不仅受到劳动力价值减少的影响，还受到不变资本相对于劳动力数量增加的影响。

二 利润挤压

利润挤压论强调，利润份额在国民收入中的下降是利润率下降的最直接因素，换句话说，收入分配的变化是利润率下降的最重要原因。利润挤压论的较早版本可以追溯至俄国数学家查洛索夫1910年的观点。在后续研究中，莫里斯·道布、安德鲁·格林、鲍勃·萨特克利夫、拉夫特·博迪、詹姆斯·克罗蒂等学者对该理论的发展作出了努力。托马斯·韦斯科普夫为（劳工实力增强所导致的）利润挤压论提供了详细的经验证明，从而使得这种理论更加令人信服。如果我们把利润率分解为利润份额$\frac{\pi}{Y}$和产出资本比$\frac{Y}{K}$的乘积，即$r = \frac{\pi}{K} = \frac{\pi}{Y} \times \frac{Y}{K}$。这里，$\pi$表示利润，$K$表示资本存量，$Y$表示净产出，根据这个公式，利润率与利润份额和产出资本比成正比（Andrew Glyn, Bob Sutcliffe, 1972; Weisskopf, Thomas E., 1979, 1981; Edward N. Wolff, 1979, 1986; Raford Boddy, James Crotty, 1975）。持利润挤压观点的学者往往认为，利润率的下降主要是利润份额的下降所致。但是对于利润份额的下降原因，又包括三种：第一种是劳工实力增强造成的利润挤压；第二种是生产率拉低的利润挤压；第三种是多因素造成的利润挤压。

（一）劳工实力增强造成的利润挤压

劳工实力增强（或失业后备军耗尽）导致的利润挤压理论把阶级斗争和资本积累过程劳动市场的变化视为资本积累和利润率下降理论的核心。这种观点的较早版本可以追溯到俄国数学家查洛索夫早在1910年提出的观点，查洛索夫不同意把资本有机构成提高作为利润率下降的原因，而是认为，"资本家不会采取可能降低利润率的技术。同时，随着第一部类的资本有机构成由于技术进步而提高，两大部类的不变资本要素都将变得便宜，剩余价值将得到增加，唯一能够引发利润率下降的，只有工资的上涨。"① 莫里斯·道布（Maurice Dobb，1962）② 从理论层面表达了利润挤压思想。为了说明利润下降的趋势会压倒反趋势，道布设想了两种情形：一种情形是相对过剩人口大量存在。此时剥削的范围与资本积累以同样的速度扩大，利润率的降低不一定发生。如果其他情况不变，资本有机构成也不会发生任何改变。另一种情形是相对过剩人口不多。在这种情形下，随着资本积累的扩张和可利用剩余劳动力接近枯竭，资本家对劳动力的竞争需求会造成工资上涨趋势。资本积累势必超过剥削范围的扩大，资本的单位利润率也必定下降。在这种情况下，资本价值构成的变动与利润率下降有关，而这种变动是由于劳动力市场剩余劳动力相对缺乏造成的。

利润挤压研究的集大成者应当属于安德鲁·格林、鲍勃·萨特克利夫、拉夫特·博迪，以及詹姆斯·克罗蒂。格林和萨特克利夫（Andrew Glyn and Bob Sutcliffe，1972）③ 以英国为例分析了战后资本利润率的长期下降及其原因，并运用这一思想解释了20世纪60年代英国经济的普遍停滞。他们认为，第二次世界大战前，繁荣时期较高的企业开工率和就业率意味着利润率也较高。那时剩余劳动力较多，即使工资增长率超过了生产率的增长，也能通过提高商品价格加以补偿。但是，第二次世界大战后，英国熟练工人不足，工会更强大，工资不断上涨。此外，世界市场的扩大和跨国公司的发展使得国际竞争更加剧烈，企业更加难以通过提高价格转移上升的成本，结果造成利润率趋于下降。④ 博迪和克罗蒂（Raford Boddy and James Crotty，1975）⑤ 分析了战后美国经济利润率周期变动原因。他们认为，在经济扩张阶段的后半期，劳动力越来越稀缺，这种情形增加了劳动者的谈判筹码，对劳动者的阶级斗争有利。因此，失业劳动后备军就会耗尽，剥削率减低，工资总额在国民收入中的比重提高。工资份额上

---

① 杨健生：《经济危机理论的演变》，中国经济出版社2008年版，第112页。
② ［英］莫里斯·道布：《政治经济学与资本主义》，松园、高行译，生活·读书·新知三联书店1962年版，第95—96页。
③ Andrew Glyn and Bob Sutcliffe, *British Capitalism, Workers and the Profit Squeeze*, London: Penguin Books, 1972.
④ E. O. 赖特：《对马克思主义积累理论和危机理论的另一种透视》，载［美］J. G. 施瓦茨《资本主义的精妙剖析》，魏埙等译，山东人民出版社1992年版，第304页。
⑤ Raford Boddy and James Crotty, "Class Conflict and Macro – Policy: The Political Business Cycle", *Review of Radical Political Economics*, Vol. 7, No. 1, 1975, pp. 1 – 19.

升意味着利润份额减少，利润份额的减少导致利润率下降。根据这种观点，避免充分就业是保持利润率水平的必要条件。

托马斯·韦斯科普夫（Thomas E. Weisskopf, 1979）[1]为劳工实力增强导致的利润挤压提供了更为翔实的经验证明，使其更加令人信服。他认为，利润挤压的短期机制可能是解释战后美国经济中利润率周期性波动的最重要原因。韦斯科普夫选取非金融产业部门（NFCB）作为考察的对象，数据截取期间为1949年4月到1975年1月。此外，他还把整个考察期间分为5个小周期，而每个小周期分为扩张初期、扩张后期和收缩期三个阶段。韦斯科普夫的测算结果表明：利润率在周期2和周期3之间趋于下降，在周期3和周期4之间上升，然后又下降到周期5。总体看来，非金融产业部门（NFCB）的利润率以每年1.2%的速度下滑，主要原因在于利润份额的降低。至于利润份额下降的原因，韦斯科普夫将其归结为战后较低的失业率，尤其是20世纪60年代后期和70年代早期，低失业率使得工人谈判能力增强，收入份额增加，最终导致利润份额下降和利润率下降。

利润挤压论的上述观点在学术界饱受争议，霍华德·谢尔曼、安瓦尔·谢赫等学者从不同的角度或层面对这个理论进行了批判。霍华德·谢尔曼（Howard Sherman, 1979）[2]指出，在积极方面，劳工实力增强的利润挤压理论的确提出了一些有用的观点，失业率的确朝着经济周期的高峰下降，并且对工资率有所影响。同样，在萧条时期，失业率上升，有助于压低工资率，降低工资成本。在消极方面，如果价格相等地上升（或者生产率充分提高），更高的货币工资率不会引起每单位的利润下降。由于较高的工资导致较多的消费，如果消费需求上升足够快，价格可能以同样幅度上升。高工资具有提高成本和提升消费水平两方面的效应，必须分析哪种效应更为强烈和迅速。如果只注重分析成本效应，"反动派"就会利用这一点反对工人提高工资水平。

对于劳工实力增强导致利润受到挤压的观点，其他学者也表示了不同

---

[1] Thomas E. Weisskopf, "Marxian crisis theory and the rate of profit in the postwar U. S. economy", *Cambridge Journal of Economics*, Vol. 3, No. 4, 1979, pp. 341–378.

[2] Howard Sherman, "A Marxist Theory of the Business Cycle", *Review of Radical Political Economics*, Vol. 11, No. 1, 1979, pp. 1–23.

看法，安瓦尔·谢赫（A. Shaikh, 1987）① 提出，只要工人阶级通过斗争赢得高工资，他们就会加快利润率的下降，但是这种效应是有限制的，因为实际工资的上升受生产率提高的限制，没有哪个公司可以持续承受上升的单位劳动成本（实际工资的提高快于劳动生产率）。因此，只要关于工作长度和强度以及工资的阶级斗争对于实际工资的水平和利润率非常重要，那么这些斗争就只能在资本主义生产制度内在（的利润率下降）趋势所规定的界限内运动，这些趋势是阶级关系的结果，是以剥削为典型特征的资本主义生产的结果。克拉克认为："由于没有将（利润挤压导致的）危机归因于资本主义生产方式的内在矛盾，而是归因于工人阶级的要求。在工人大众缺乏社会主义觉悟情况下，这种理论可以轻易地被用来反对工人阶级，得出改良资本主义的甚至是反动的政治结论。"②

（二）生产率拉低的利润挤压

关于利润受挤压原因，还有一种看法，持这种看法的学者把利润份额下降归结为生产率的下降，因此，这种观点被称作生产率拉低的利润挤压，爱德华·沃尔夫是这个观点的代表人物。沃尔夫（1979）③ 使用1947—1967年美国的投入产出表证明了利润份额的下降。在 1986 年的另一篇文献中，他将 1947—1976 年美国工资份额的增加归因于 20 世纪 60 年代中期以来生产率突然和大幅度的下降。④ 为了更清楚地表达这一观点，我们对工资份额$\frac{W}{Y}$进行数学分解：

$$\frac{W}{Y} = \frac{w}{y} \times \frac{P_w}{P_y} = \frac{w/L}{y/L} \times \frac{P_w}{P_y}$$

这里，W 表示名义工资，Y 表示名义产出，w 和 y 分别表示实际工资和实际产出，L 表示工人人数，P_w 表示工资品价格水平，P_y 表示最终产品的价格水平。根据沃尔夫的估计，在 1947—1967 年，无论是名义的还

---

① Shaikh, A., "The Falling Rate of Profit and the Economic Crisis in the US", Robert Cherry ed., *The Imperiled Economy*, New York: Union for Radical Political Economics, 1987, pp. 116 - 117.
② 参见杨健生《经济危机理论的演变》，中国经济出版社 2008 年版，第 150 页。
③ Edward N. Wolff, "The Rate of Surplus Value, the Organic Composition, and the General Rate of Profit in the U. S. Economy, 1947 - 1967", *The American Economic Review*, Vol. 69, No. 3, 1979, pp. 329 - 341.
④ Edward N. Wolff, "The Productivity Slowdown and the Fall in the U. S. Rate of Profit, 1947 - 1976", *Review of Radical Political Economics*, Vol. 18, No. 1& 2, 1986, pp. 87 - 109.

是实际的工资份额都没有变化，然而从 1967—1976 年，虽然 $\frac{P_w}{P_y}$ 保持不变，但是劳动生产率 $\frac{y}{L}$ 却相对于平均实际工资率 $\frac{w}{L}$ 大幅度下滑。沃尔夫的实证分析表明：劳动生产率在 1947—1958 年的平均年均增长率为 2.2%，1958—1967 年上升至 3.1%，然而，1967—1976 年间却跌落到 0.4%。因此，沃尔夫得出结论认为，名义（实际）工资份额增加的主要原因是 20 世纪 60 年代中期以后生产率突然下降，而资本家对劳动生产率下降做出的反应是削减劳动报酬的增长率，但是降低的速度不够快。至于生产率下降的原因，沃尔夫认为是一系列偶然因素综合作用的结果：能源价格水平上升、劳动力的快速增加、研发支出的下降，其他的原因还包括劳资双方的摩擦增多，工人的动力减弱等。针对沃尔夫的观点，弗雷德·莫斯利（Fred Moseley，1990）[1] 指出，生产率在 1965 年以后的确大幅下降了，但是生产率下降对剩余价值率有负效应，对资本有机构成有正效应，二者综合在一起对利润率产生的是负效应。不过，在 1947—1977 年，利润率下降的最重要的原因是非生产性资本与可变资本比率的增加，生产率下降对利润率的影响很小。安瓦尔·谢赫（Anwar Shaikh，1987）指出，正是资本盈利能力的下降间接导致生产率的下滑，因为生产率的下降直接起因于资本积累率的下降，而积累率下降的根源在于获利能力的下降。[2]

（三）多因素导致的利润挤压

相对于单因素导致的利润挤压，一些学者提出多因素利润挤压论。罗松（Robert Eric Rowthorn，1980）认为，第二次世界大战后的利润率下降不能用资本有机构成的提高来解释，因为战后虽然人均实物装备的数量在提高，但这些装备的价值却因劳动生产率的提高而不断下降，固定资本的便宜足以抵消其数量的上升，资本有机构成并没有提高。那么利润率下降的原因是什么呢？是利润挤压。发达国家资本家利润受到挤压的三个主要原因是：（1）政府的公共服务和福利开支不断增大；（2）初级产品的短缺和石油价格上升导致发达资本主义国家的贸易条件恶化；（3）工会组

---

[1] Fred Moseley, "The Decline of the Rate of Profit in the Postwar U. S. Economy: An Alternative Marxian Explanation", *Review of Radical Political Economics*, Vol. 22, No. 2 & 3, 1990, pp. 17–37.

[2] Shaikh, A., "The Falling Rate of Profit and the Economic Crisis in the US", Robert Cherry ed., *The Imperiled Economy*, New York: Union for Radical Political Economics, 1987, p. 122.

织的强大促使实际工资提高过快。①

三 社会积累结构变迁

社会积累结构是指"各种法律、制度、社会习俗等，它们为驾驭积累提高了基本的游戏规则，积累指个别资本家或企业对利润的谋取和再投资"。② 社会积累结构③（The Social Structure of Accumulation，SSA）学派强调社会关系的冲突会导致资本走入困境，把社会冲突看作是超越资本—劳动关系的最关键的因素。这种冲突发生在一国内部、社会群体之间，抑或是政府和国际协调失败带给公司的压力，这种冲突往往会扰乱资本的正常积累，如果冲突得到解决，利润率将提高。戴维·M. 戈登等（1987）④认为，经济的运行速度是由资本积累的速度推动的，资本积累主要由资本获利水平来决定。利润决定积累的进程，积累反过来在很大程度上制约着经济增长的速度。他们的研究表明，从战后到20世纪60年代中期，美国社会积累结构有利于资本积累，但是从1966年开始，美国社会积累结构由盛转衰，变化原因在于工人的反抗增强、美国军事力量受到挑战、民众运动高涨，以及外国竞争和国内兼并开始对公司产生影响。社会积累学派以制度分析见长，在分析利润变动的长期模式时，具有一定积极意义，但是它完全忽视了竞争和技术进步的作用。

四 非生产性劳动增加

还有一些马克思经济学家，尽管坚持把资本有机构成作为促使利润率下降的重要力量，但是同时认为非生产性劳动对利润率的变动影响很大。

约瑟夫·吉尔曼（Joseph M. Gillman，1957）⑤ 在其专著《论利润率的下降》中提出一个新的利润率公式：

$$r = \frac{s-u}{c}$$

将这个公式简单变形可得：

---

① 陈学明、张志孚主编：《当代国外马克思主义研究名著提要》（中），重庆出版社1997年版，第328页。
② 塞缪尔·鲍尔斯、理查德·爱德华兹、弗兰克·罗斯福：《理解资本主义：竞争、统制与变革》，孟捷等译，中国人民大学出版社2010年版，第140页。
③ 有的学者将其翻译为积累的社会结构。
④ 戴维·M. 戈登等：《力量、积累和危机：战后积累社会结构的兴衰》，载外国经济学说研究会《现代国外经济学论文选》第15辑，商务印书馆1992年版，第102—122页。
⑤ Joseph M. Gillman, *The Fall ing Rate of Profit*, 转引自陈恕祥《论一般利润率下降规律》，武汉大学出版社1995年版，第15页。

$$r = \frac{s-u}{c} = \left(\frac{s}{v} - \frac{u}{v}\right) \Big/ \left(\frac{c}{v}\right)$$

其中，s 代表剩余价值，c 代表总资本，v 代表生产工人的工资，u 代表非生产工人的薪金和工资，以及税收和政府债务等。利润率不仅取决于资本有机构成和剩余价值率，而且依赖 $\frac{u}{v}$，即非生产性支出和生产性工人工资总额的比率。吉尔曼的经验分析表明，在垄断资本主义时期，$\frac{u}{v}$ 的增长快于 $\frac{s}{v}$ 的增长，同时资本有机构成 $\frac{c}{v}$ 保持相对稳定，因此 $s-u$ 即净剩余价值与总资本的比例呈下降态势。在吉尔曼看来，垄断时期剩余价值实现的困难使得 u 的不断增长具有必然性，因为随着日益加强的工业集中和垄断的不断扩张，销售、广告和各种管理费用不断膨胀，这些费用属于非生产性开支，就整个经济而言，u 的增长会不断侵蚀资本获得的剩余价值，使资本家实现的净剩余价值率下降，从而使得利润率下降。

莫斯利（Fred Moseley, 1990）[①] 把传统的或一般意义上的利润率改写成：

$$r = \frac{\pi}{K} = \frac{S - U_f}{C + U_s}$$

此处，U_f 主要是指非生产性工人的工资（也包括一小部分非生产性建筑物、设备和原材料方面的支出），U_s 是指非生产性建筑物和设备的资本存量。C 表示不变资本，S 表示剩余价值。

对 $r = \frac{\pi}{K} = \frac{S - U_f}{C + U_s}$ 进一步变换可得：

$$r = \frac{\pi}{K} = \frac{S - U_f}{C + U_s} = \frac{S/V - U_f/V}{C/V + U_s/V}$$

可见，利润率高低除了受资本有机构成 C/V 和剩余价值率 S/V 的作用之外，还受到非生产性劳动/资本与可变资本比率的影响。根据这个公式，莫斯利计算了1947—1977年美国的利润率以及各种影响因素的贡献份额，计算结果表明，对利润率下降作用最大的因素是非生产性资本与可变资本比率的增加。非生产性资本和可变资本比率增加的主要原因是非生

---

① Fred Moseley, "The Decline of the Rate of Profit in the Postwar U. S. Economy: An Alternative Marxian Explanation", *Review of Radical Political Economics*, Vol. 22, No. 2&3, 1990, pp. 17 – 37.

产性劳动者的数量相对于生产性劳动者数量大幅度增加，这使得剩余价值中一个较大的部分用于支付非生产性劳动成本。关于非生产性劳动支出上升原因，莫斯利（1997）[①]认为，非生产性劳动领域主要包括流通领域和监管领域，流通领域劳动增加较多原因在于这个领域的劳动生产率增加得比较慢，像购买和销售这类劳动，很难实行机械化。监管领域劳动增加的原因在于企业规模变大、工会成员增加以及管理层试图增加对生产性工人的控制等。莫斯利的实证分析显示，虽然1975—1994年美国利润率有所恢复，但是恢复的程度很有限，只恢复到战后高峰期的70%多一点左右（0.16：0.22），致使利润率回升缓慢的主要原因是非生产性劳动成本的增加，因为非生产性劳动成本已经占到剩余价值总量的62%。[②]可见，莫斯利的理论分析不仅可以解释利润率为何会下降，而且还能够解释20世纪70年代中期到90年代中期利润率为何有限增长。而劳工实力增强所致的"利润挤压"论只能解释利润率的下降，却无法解释为什么在高失业和低工资的情形下利润率没有得到完全恢复。我们认为，非生产性劳动成本日益增加是对资本主义经济利润率下降的反应，正是由于受到利润率下降压力，资本家不得不扩大流通和监管方面支出，尽管流通和监管方面支出有利于加快剩余价值的生产，有利于扩大产品的销路，从而有利于商品资本转化为货币资本，但同时也产生了大量的非生产性成本，减少了产业资本家的利润所得。非生产性劳动成本的增加虽然会影响产业资本的保留利润，但不会影响当期的一般利润，因为整个社会生产性部门创造的剩余价值没有减少，当然非生产性支出的增加会减少生产性部门的积累，相应地削弱了生产性部门创造新价值的能力。

五 竞争的加剧

20世纪90年代末，罗伯特·布伦纳（Robert Brenner，1998）[③]发表《全球动荡的经济学》一文，该文在《新左派评论》一经发表就引起学术界的广泛争论。布伦纳的主要观点是：20世纪下半叶，美国制造业的利润率在国际竞争日益加剧压力下迅速下降。具体来说，20世纪60年代末

[①] Fred Moseley, "The Rate of Profit and the Future of Capitalism", *Review of Radical Political Economics*, Vol. 29, No. 4, 1997, pp. 23 – 41.

[②] Ibid..

[③] Robert Brenner, "The Economics of Global Turbulence", *New Left Review*, No. 229, 1998, pp. 1 – 264.

和 70 年代初，日本和西欧国家的低成本企业纷纷加入市场，全球的经济竞争程度加剧，把战后繁荣拖入衰退。这种情形造成资本主义体系内的生产能力过剩和生产过剩以及制造业利润率的下降，这两者是发达资本主义国家整体盈利能力下降的主要原因。① 这样一种过度的国际竞争来自全球范围内的生产能力过剩，新企业之间的过度竞争使得它们最终接受自己在采用新技术前的利润水平，老企业由于自己的竞争劣势，失去了在自己原有成本上面加价的能力，两种情况结合在一起，使得制造业产品缺乏加价能力，只能不断降价。在名义工资不变的情况下，产品价格下降就是工人实际工资的提高，而实际工资的提高又进一步挤压了制造业的利润率水平。

针对布伦纳关于竞争造成利润率下降的观点，热拉尔·杜梅尼尔、马克·格利克和多米尼克·莱维三人（Gérard Duménil, Mark Glick, Dominique Lévy, 2001）② 首先提出了质疑和批判。他们认为，布伦纳关于价格竞争的假设似乎是任意的，他的论证也是不充分的，实际是利润率下降导致竞争的加剧，而不是国际竞争的加剧导致利润率的下降。安瓦尔·谢赫（Anwar Shaikh, 1999）③ 则认为，持续的产能过剩无法解释利润率的下降，他的实证研究表明，美国制造业利润率在经过产能利用率调整之后同样表现出持久下降趋势。阿吉特·扎卡赖亚斯（Ajit Zacharias, 2002）④ 指出，美国制造业部门在 1983—1997 年面临的竞争似乎显著恶化了，而此时制造业的净利润率却在稳定地上升。总的来说，数据并不支持国际竞争是利润率变化关键因素这种观点。卡尔·贝特尔（Karl Beitel, 2009）⑤ 认为，根据布伦纳的观点，低成本生产厂商的进入损害了在位公司的定价力量，并通过价格下降给利润施加向下的压力，因此日益增加的

---

① 罗伯特·布伦纳：《繁荣还是危机——为世界经济把脉》，《政治经济学评论》2002 年第 1 期。

② Gérard Duménil, Mark Glick, Dominique Lévy, "Brenner on Competition", *Capital & Class*, Vol. 25, No. 2, 2001, pp. 61 – 77.

③ Anwar Shaikh, "Explaining the Global Economic Crisis", *Historical Materialism*, Vol. 5, No. 1, 1999, pp. 103 – 144.

④ Ajit Zacharias, "Competition and Profitability: A Critique of Robert Brenner", *Review of Radical Political Economics*, Vol. 34, No. 1, 2002, pp. 19 – 34.

⑤ Karl Beitel, "The Rate of Profit and the Problem of Stagnant Investment: A Structural Analysis of Barriers to Accumulation and the Spectre of Protracted Crisis", *Historical Materialism*, Vol. 7, No. 4, 2009, pp. 66 – 100.

扩张市场的国际压力，通过对产出价格施加压力，应导致价格水平的下降，或者至少导致年度通货膨胀率下降。可是问题在于，1967年以后利润率的下降伴随的是更高的而不是更低的通胀。

布伦纳把利润率下降看作是外在因素作用的结果，马克思从不否认外在因素的积极作用，但是外因一般通过内因起作用。正如马克思在批判斯密时所指出的那样："利润率不是由于资本的生产过剩所引起的竞争而下降。而是相反，因为利润率的下降和资本的生产过剩产生于同一些情况，所以现在才会发生竞争斗争。"① 资本竞争不过是资本主义积累过程内在矛盾的反映，竞争不会产生规律，而是使资本的内在规律得到实现，不过竞争同时也是一场价格战。战场上的主要武器是价格的高低，生产成本的降低可以使资本家以更低价格出售商品，从而把竞争对手逐出市场。

六 多因素的综合作用

霍华德·谢尔曼（Howard Sherman, 1979）② 详细考察了经济周期不同阶段的利润率变化。他认为，资本主义面临成本和需求的双重挤压，只要这个制度存在，就会内生引发周期性收缩，当然，政府税收、支出和货币政策可能会在一定程度上缓和资本主义的经济周期。谢尔曼还对经济周期各阶段利润率变化的影响因素进行了细致的解析。在经济周期的扩张初期，利润率迅速上升，因为：（1）利润份额在上升（由于小时工资变化很小，生产率迅速上升）；（2）产能利用率迅速上升（因为对消费品和投资品的需求上升）；（3）产能资本比上升（只是在许多劳动者失业和原材料供给充足时），这三个因素确保利润率迅速上升，从而促使投资快速增加。在扩张后期，利润率部分下降，因为：（1）产能利用率下降或几乎无变化。因为平均消费倾向因收入份额下降已经先行降低了。（2）国民收入中利润份额下降。因为劳动生产率下降或停滞，一部分是因为劳动者的斗争，主要是由于生产能力使用和就业工人使用的降低。（3）产能资本比下降。因为原材料和熟练工人可得性减少，工人阶级斗争性增加和低效率企业的进入。利润率在高峰之前下降的原因是产出资本比和劳动生产率下降（与产能利用率下降有关）所导致的单位成本上升，还因为有限的需求（反映在下降或停滞的产能利用率中），成本和需求的综合作用对

---

① 《资本论》第三卷，人民出版社1975年版，第281页。
② Howard Sherman, "A Marxist Theory of the Business Cycle", *Review of Radical Political Economics*, Vol. 11, No. 1, 1979, pp. 1–23.

利润率的影响是致命的，利润率下降使投资减少，投资减少引发萧条。可见，在扩张后期，工资份额上升，从而提高"消费—收入"比率，并最终支撑下降的消费需求，但是已经太晚了，投资的下降已引起经济周期的收缩。

第三节 利润率下降与经济危机发生机制

经济危机理论是马克思政治经济学体系的重要组成部分，马克思没有专门阐述危机的论著，在其著作中，他从不同角度深刻论述了资本主义经济危机问题，但没有对此进行必要整合。[①] 后来学者在解读马克思文本的基础上，逐渐发展成为三种不同的理论流派，即消费不足理论、比例失调理论以及将危机与利润率下降趋势联系起来的理论，各个流派之间各持己见地寻求危机的主因。20世纪初，正统理论是比例失调论，认为市场的无政府状态是危机的原因。到30年代，消费不足论成为马克思主义危机的正统理论。70年代，利润率下降论又成为规范的危机理论。[②] "无论在哪一个时期，一般都将占支配地位的理论看作马克思的正宗理论，并有选择性地援引马克思著作中的某些论述来支撑这种看法。"[③] 2008年以来，随着美国经济金融危机的爆发，学术界对利润率下降规律的研究再度升温。

一 关于三种危机理论的争论

保罗·斯威齐（Paul M. Sweezy, 1942）[④] 主张消费不足是资本主义经济产生危机的原因。他认为，资本主义社会工人工资受到的限制以及由此产生的需求乏力，与剩余价值不断转化为新投资所造成的生产能力过剩之间存在着不可调和的矛盾。这种矛盾表现为两个方面，或者是当生产能力得到充分利用时大量商品积压、价格下降，进而生产过剩危机爆发；或者

---

① 谢富胜、李安、朱安东：《马克思主义危机理论和1975—2008年美国经济的利润率》，《中国社会科学》2010年第5期。
② ［英］克拉克：《经济危机理论：马克思的视角》，杨健生译，北京师范大学出版社2011年版，第9页。
③ 同上。
④ ［美］保罗·斯威齐：《资本主义发展论》，陈观烈、秦亚男译，商务印书馆1997年版，第163—206页。

是由于生产能力闲置，经济进入停滞和长期萧条。斯威齐认为，马克思并没有阐述一种特定的基于利润率下降的危机理论，马克思并没有预测利润率的实际下降，而只是说明一种趋势。这种趋势像其他各种趋势一样，受各种因素反作用。利润率下降趋势只是资本主义的许多冲突之一的表现。①

菲利普·帕里吉斯（Philippe Van Parijs, 1980）② 同样否认利润率下降会引发以生产过剩为特征的危机。其理由是：（1）即使我们能够说明危机对于资本主义在功能上是必需的，但并不能说明危机在资本主义条件下是（由利润率下降）引起的。（2）即使我们承认均衡利润率的下降抑制了积累率，但这并不能导致实现问题，除非我们考虑资本家的投资偏好。（3）因为资本有机构成提高导致利润率下降只可能是一个长期的现象，那么这就不会导致资本积累过程突然的中断，即使我们考虑资本家的投资偏好，也是如此。

霍华德·谢尔曼（Howard Sherman, 1979）③ 指出，有利的方面，短期消费不足论强调了充分有效需求的作用。实际上正如人们所看到的，扩张的早期和中期的标志在于：工资份额下降，因而平均消费倾向，即消费需求对收入的比率下降，这必然最终引起利润实现的问题。不利的方面，如果只讨论消费需求，而忽视工资对成本的影响，则似乎只要建立一个强大的工会或通过政府进行收入再分配以提高工资份额，就能永远结束萧条，这种错误分析势必导致改良主义。

安瓦尔·谢赫（Anwar Shaikh, 1978）④ 把消费不足归结为危机症状而不是原因。他认为，需求不足不过是利润率下降危机的反应。利润率的下降意味着资本积累率的下降，为了争夺市场、原材料和便宜的劳动力，资本之间的竞争越来越激烈，最终弱小的资本被挤出，资本积聚和资本集

---

① P. M. Sweezy, "Some Problems in the Theory of Capital Accumulation", *International Journal of Political Economy*, Vol. 17, No. 2, 1987, pp. 38 – 53.

② Philippe Van Parijs, "The Falling – Rate – of Profit Theory of Crisis：A Rational Reconstruction by Way of Obituary", *Review of Radical Political Economics*, Vol. 12, No. 1, 1980, pp. 1 – 16.

③ Howard Sherman, "A Marxist Theory of the Business Cycle", *Review of Radical Political Economics*, Vol. 11, No. 1, 1979, pp. 1 – 23.

④ Anwar Shaikh, "An Introduction to the History of Crisis Theories", in Union for Radical Political Economics ed., *US Capitalism in Crisis*, New York：Economics Education Project of the Union for Radical Political Economics, 1978, p. 231.

中增加。而且资本家也越来越需要通过机械化或通过输入便宜的劳动力和（或）资本输出来直接削减工资。乔治·艾克诺马卡斯等（George Economakis et al.，2010）[①]认为，利润率下降趋势理论是马克思经济危机理论的核心。利润率是资本主义经济表现的决定性关系，实现问题或消费不足只是利润率问题的后果和经济危机的一种表现形式。

马里奥·考戈伊（Mario Cogoy，1987）[②]概括了三种危机理论的区别。他指出，由于资本主义制度以生产和消费的分裂为基础，比例失调和消费不足是资本主义生产的障碍，但是，只有在利润率下降基础上，才能很好地说明资本主义过度生产的趋势不仅是可能的而且是必然的。在资本主义制度下，总需求代表积累（甚至代表积累的消费品需求—可变资本的积累），资本有机构成决定着总需求哪一部分用于消费品，哪一部分用于生产资本品。因此需求的下降一定源于资本的动态关系，只有当利润率下降时，资本才会减少它的需求。那么，从逻辑上可以认为，只能从利润率下降中得出商品的过度生产，而不是相反。

陈恕祥（1995）[③]比较系统地研究了利润率下降与经济危机发生的联系。他指出，利润率下降导致生产扩大、资本和人口过剩，加剧比例失调和社会消费需求不足。矛盾冲突的发展导致生产缩减、企业破产、工人失业、资本贬值等，最后形成经济危机。在他看来，生产停滞、经济收缩的核心问题是"价值增值即利润率问题"。[④]

孙立冰（2009）[⑤]认为，消费不足和比例失调两种解释危机的理论都忽视了利润率下降规律在矛盾中的根本作用，未能从根源上揭示出资本主义生产的真正限制。她指出，在利润率下降情况下，资本家必然加速生产力发展和资本积累，以利润量的增加抵补利润率下降造成的损失，这又进一步加快了利润率的下降，这个内在矛盾不断展开、激化并表现为三对矛

[①] George Economakis, Alexis Anastasiadis, Maria Markak, "US Economic Performance from 1929 to 2008 in Terms of the Marxian Theory of Crises, with Some Notes on the Recent Financial Crisi", *Critique*, Vol. 38, No. 3, 2010, pp. 465 – 487.

[②] M. Cogoy, "The Falling Rate of Profit and the Theory of Accumulation", *International Journal of Political Economy*, Vol. 17, No. 2, 1987, pp. 54 – 74.

[③] 陈恕祥：《论一般利润率下降规律》，武汉大学出版社1995年版，第152—153页。

[④] 同上书，第152—154页。

[⑤] 孙立冰：《论利润率趋向下降的规律及与资本主义经济危机的内在联系》，《当代经济研究》2009年第12期。

盾：剩余价值的生产和实现的矛盾，生产扩大与价值增值的矛盾，人口过剩与资本过剩的矛盾。随着规律内部矛盾的展开和尖锐化，最终引发经济危机。

谢富胜等（2010）[①]指出，消费不足和比例失调论实质都是从价值实现角度寻找危机的根源，很容易导出修正主义的观点：似乎提高工资或用外部手段保持生产的比例性就能避免危机。实现问题在资本主义经济中始终存在，但是资本主义经济并非总处在危机之中，因此二者不是危机的充分条件。

二 利润率下降危机理论的形成和发展

关于一般利润率下降趋势和经济危机的关系，马克思曾经指出："劳动生产力的发展使利润率的下降成为一个规律，这个规律在某一点上和劳动生产力本身的发展发生最强烈的对抗，因而必须不断地通过危机来克服。"[②]

埃里克·普雷泽尔早在1924年就提出，利润率下降是马克思危机理论的基础，可以用于解释商品的生产过剩和激烈的竞争。[③]格罗斯曼（Grossman）首先把危机的讨论从消费不足和比例失调转向利润率下降。他从逻辑和政治上批判了前两种理论，并强调利润率下降规律处于危机理论中心地位。他指出，随着利润率的下降，利润总量的增长率一定下降，并最终停滞。此时，新投资不会产生额外的利润，投资被削减，进而危机爆发。随着危机的展开和蔓延，弱小的资本和无效的资本将被消除，大资本能够以异常低的价格收购这些小资本。随着失业率的上升，工人的地位也将受到削弱，实际工资水平降低，劳动强度增加，剥削率提高，所有这些都会提高利润率。因此危机往往也是经济复苏的起点。[④]

奥托·鲍威尔（1936）[⑤]分析了利润率与商业周期的联系。当经济周

[①] 谢富胜、李安、朱安东：《马克思主义危机理论和1975—2008年美国经济的利润率》，《中国社会科学》2010年第5期。

[②] 《资本论》第三卷，人民出版社1975年版，第287—288页。

[③] [英]M. C. 霍华德等：《马克思主义经济学史：1929—1990》，顾海良等译，中央编译出版社2003年版，第133页。

[④] Anwar Shaikh, "An introduction to the history of crisis theories", in Union for Radical Political Economics ed., *US capitalism in crisis*, New York: Economics Education Project of the Union for Radical Political Economics, 1978, p. 236.

[⑤] [英]M. C. 霍华德等：《马克思主义经济学史：1929—1990》，顾海良等译，中央编译出版社2003年版，第134页。

期处于谷底阶段时，如果经济受到一种外部冲击，使生产能力利用率提高，同样设备可以生产出更多产品。此时，工厂会增雇工人，这会降低资本有机构成，促使利润率增加，从而为新一轮的资本积累过程奠定基础。这种情况进一步推动着经济繁荣和新的投资加快直至资本有机构成提高，并导致利润率下降，如果此时剥削率上升足以维持现在的利润率水平，随着利润率变动而变动的工资下降就可能消除消费不足的经济危机。如果剥削率滞后于资本有机构成的变动，利润率会下降。企业对此的反应是削减股息或红利，金融市场发生崩溃、投资下降和造成经济衰败。

莫里斯·道布（Maurice Dobb，1953）[①] 坚持把利润率下降作为解释危机发生的原因。他认为，利润率下降趋势和相反趋势之间平衡的破坏和波动在资本主义制度下的表现就是周期性经济危机。

大卫·耶夫（David Yaffe）[②] 指出，利润率的下降并非呈线性的直线下降，在某些时期它只是以潜伏的方式起作用，在其他时期则表现得或强或弱，并以一个危机周期形式表现自身。一旦出现"绝对过度积累"，再增加积累并不会使剩余价值量增加，经济增长就会停止。耶夫认为，这是马克思危机理论的全部。

克里斯蒂昂·拉加德（2003）指出，利润率下降规律并不意味着利润率渐进的、连续的、长期的下降。它并未提供任何危机理论，但表明了资本主义的种种危机一定会重新发生。因为随着资本价值增加条件的恶化，资本主义体系也越来越容易失调。由于累积效应，当利润率情况恶化时，其破坏性便难以缓解，最终发展成为危机。每一次危机都因为伴随危机的资本大幅贬值而使利润率得以重建。[③]

杨继国（2010）[④] 从利润率和经济增长率关系出发，阐明了利润率下降引发经济危机的形成机理。首先，在四个假定前提下（全部人口为劳动人口、储蓄全部来自剩余价值、货币因素不予考虑、封闭经济）构建

---

① [英]莫里斯·道布：《政治经济学与资本主义》，松园、高行译，生活·读书·新知三联书店1962年版，第93页。
② [英]M.C.霍华德等：《马克思主义经济学史：1929—1990》，顾海良等译，中央编译出版社2003年版，第143页。
③ 克里斯蒂昂·拉加德：《剩余价值积累、人口增长及利润率递减》，《海派经济学》2003年第3期。
④ 杨继国：《基于马克思经济增长理论的经济危机机理分析》，《经济学家》2010年第2期。

一个马克思经济增长模型：

$$g = \frac{s'(1+m')}{1+q}$$

其中，g代表经济增长率，s'代表投资率（储蓄率），q代表资本有机构成，m'代表剩余价值率。在资本主义经济的运行过程中，追求利润最大化资本家，会不断地引进新技术、新工艺，从而提高劳动生产率。与此同时，资本有机构成也在不断提高，由于资本有机构成q有"递增"的趋势，而储蓄率s'和剩余价值率m'变化范围有限，因此经济增长率会呈递减趋势。一旦经济增长率下降到"负值"，"经济危机"就会爆发。因此，一般利润率下降引发经济危机的形成机理如下：资本有机构成上升导致平均利润率下降，利润率下降导致经济增长率下降，经济增长率下降最终引发经济危机。

三 利润率下降与2008年国际金融危机

对于爆发于2008年的国际金融危机，与主流经济学从监管失灵和市场失灵等角度解释危机相比，马克思主义的矛盾分析方法和阶级分析法对于这次大危机的解释更具有说服力。在马克思经济学家看来，20世纪70年代以来，利润率恢复乏力所导致的实体经济普遍而持续的低迷使得资本主义发展越来越依赖金融泡沫的刺激，最终泡沫的破裂使得脆弱的实体经济浮出水面。

布伦纳（2009，2010）[1]强调，2008年的金融危机是一场马克思式的危机，本次危机的根源在于美国非金融企业利润率的长期下降并难以恢复，因而这些企业只能削减投资和就业，又进一步恶化了总需求，并造成经济增长速度极为缓慢。

乔治·艾克诺马卡斯等（George Economakis et al., 2010）[2]研究发现，20世纪60年代末以来，美国资本主义一直遭受低利润率的折磨，尽管非金融企业部门的利润率在1962—1982年危机之后有所恢复，但是远未达到20世纪40年代至60年代中期黄金时期的水平。根据他们的研究，

---

[1] 蒋宏达、张露丹：《布伦纳认为生产能力过剩才是世界金融危机的根本原因》，《国外理论动态》2009年第5期；罗伯特·布伦纳：《高盛的利益就是美国的利益——当前金融危机的根源》，《政治经济学评论》2010年第2期。

[2] George Economakis, Alexis Anastasiadis, Maria Markak, "US Economic Performance from 1929 to 2008 in Terms of the Marxian Theory of Crises, with Some Notes on the Recent Financial Crisi", *Critique*, Vol. 38, No. 3, 2010, pp. 465–487.

美国非金融企业部门利润率在1932年降至最低值为0.007，之后在1944年达到最高值为0.221，第二次最高值是1966年的0.19，第三次最高值是1997年的0.178。在这80年里，利润率的每一个最高值都比前一个最高值小，这充分证明马克思利润率下降规律的正确性。乔治·艾克诺马卡斯等指出，2008年国际金融危机爆发的主要原因是实体经济中有利的投资场所非常有限，过剩资本在金融部门泛滥造成的。由于害怕出现社会政治动荡，当前资本主义不敢通过危机毁灭过剩的资本，这将导致资本主义要重回稳定增长之路必定困难重重。

萨纳西斯·马尼蒂斯（Thanasis Maniatis, 2012）[1]认为，资本有机构成提高导致的利润率下降引发了20世纪70年代的经济危机，并终结了资本主义发展的黄金时期。尽管新自由主义时期剩余价值率大幅增加，资本产出比也有一定的下降，可是利润率还是没有上升到黄金时代的水平。主要原因是20世纪70年代的危机没有充分毁掉或使无效的资本贬值。与此同时，非生产性劳动依然在持续增加，较低的生产率增长率和盈利能力导致低产出增长率、低产出资本比率以及低投资率。从这方面来说，实体经济已经无利可图，因此，金融化不过是对资本主义盈利能力下降的反应之一。在危机爆发的前几年，金融泡沫及其财富效应以及家庭部门负债的大幅增加刺激了总需求，并为那几年贫血式（anemic）的增长提供了动力。此次金融危机的爆发是贫血式的资本积累和产出增长以及金融部门过度扩张综合作用的结果。

于泽（2009）[2]运用利润率下降规律理论解释美国次贷危机的发生机制。1995年IT投资浪潮以后，美国劳动生产率迅速增长，资本深化和资本有机构成提高。同时人均资本投入的平均增长率高于平均劳动生产率增长率，这意味着利润率随着资本深化必然进入下降阶段，利润率下降引发经济和金融危机。

谢富胜等（2010）[3]借助韦斯科普夫经典文献，将劳资斗争、价值实现和资本有机构成等因素纳入利润率公式，用这些因素的相互作用解释利

---

[1] Thanasis Maniatis, "Marxist Theories of Crisis and the Current Economic Crisis", *Forum for Social Economics*, Vol. 41, No. 1, 2012, pp. 6–29.

[2] 于泽：《IT革命、利润率和次贷危机》，《管理世界》2009年第6期。

[3] 谢富胜、李安、朱安东：《马克思主义危机理论和1975—2008年美国经济的利润率》，《中国社会科学》2010年第5期。

润率波动或下降的具体根源。结合黄金非货币化条件下货币和信用因素，在利润率新综合基础上，发展了在黄金非货币化条件下经济危机从债务收缩型危机向金融化危机转化的逻辑框架，并对 2008 年国际金融危机的根本原因和发生机制进行了探索。该文认为，美国的经济金融化源于实体经济部门利润率的长期停滞，当资本试图通过金融活动恢复其获利能力时，借贷成本的增加反而压低了资本实际获得的利润率。美联储采取的宽松货币政策在短期内有利于金融部门的发展与经济金融化的持续，但同时造成了整个经济中各个环节、各个部门的风险累积。美联储为维护美元的国际地位和美国资本的利益而采取收紧利率的政策是这次金融危机的导火索。美国经济的金融化和新金融化积累模式的成因是美联储、金融部门、家庭部门 NFCB 部门与境外美元等多方面因素综合作用的结果，具体表现在：第一，20 世纪七八十年代初抑制通胀的高利率政策导致的沃克尔冲击，和 1975 年以来利润率的一直低迷促使美联储在 80 年代中期连续降低短期利率以刺激经济，较低的利息率推动了金融业发展。第二，20 世纪 70 年代银行业的经营困境迫使金融监管放松，银行获准进入投资银行业、保险业等领域，尤其是将抵押贷款证券化并出售，使得资产证券化和金融创新快速发展。第三，实体经济盈利能力下降迫使更多的资本投入金融业等虚拟经济牟利。第四，1975 年以来普通家庭实际收入增长的停滞提升了其劳动力再生产和弥补收入不足的信贷需求，家庭部门的负债率越来越高。第五，20 世纪 70 年代后欧洲美元和石油美元的流入为美国经济的金融化和信贷消费提供了巨大的流动性。

大卫·科茨等（2012）[①] 认为，利润率在新自由主义积累的社会结构危机中，并没有起到像战后那样的关键作用，因为 2008 年前并没有发生长期利润率急剧下降。

安德鲁·克莱曼在《大失败：资本主义生产大衰退的根本原因》一书中指出，美国金融危机的深层次原因在于一般利润率下降趋势规律。危机发生的机理在于过去几十年债务的大规模积累，债务的长期积累与资本主义生产的持续脆弱性有关，而这种脆弱性又是由利润率下降趋势规律决定的。虽然利润率下降不是危机的直接原因，却是一个关键的深层次原因。一方面，由于资本消灭不充分，企业盈利能力没能足够恢复，因而利

---

① 大卫·科茨、童珊：《利润率、资本循环与经济危机》，《海派经济学》2012 年第 4 期。

润率自 20 世纪 70—80 年代初的衰退以来就没有显著回升。企业利润的减少，必然会减少积累。另一方面，企业的低盈利能力和 80 年代里根政府的减税政策使得公司所得税占国内生产总值的比例下降，这样，政府债务负担必然加重。总之，盈利能力是危机的深层次原因，债务问题是危机的直接原因。[①]

迈克尔·罗伯茨（2015）指出，2007 年的信贷恐慌和随后大衰退是一次符合马克思规律的盈利能力危机。无论用什么方式测量，盈利能力或利润额都恰好是在金融危机开始之前下降的。过度信贷、证券市场投机以及虚拟资本以各种新颖奇特的形式扩散都是对经济中生产部门盈利能力下降的回应，它延迟了这场无法避免的危机，但最终使得危机更深入持久。[②]

第四节 利润率下降规律的实证研究

在对一般利润率下降规律进行理论分析发展中，国内外学术界也进行了大量卓有成效的经验研究，分析的侧重点也从理论层面的研究逐步转向实证层面的研究。分析方法多样化进一步推进和深化了对一般利润率下降规律的认识，拓展了马克思主义经济学分析和认识现代市场经济规律的视野。

一 针对美英等发达资本主义国家的实证研究

约瑟夫·吉尔曼（Joseph M. Gillman, 1957）[③] 是根据马克思主义概念对资本有机构成、剩余价值率和利润率进行经验证明的第一人。他对利润率的考察时间跨度比较长，从 1849 年一直到 1952 年，前后 100 多年的时间。尽管吉尔曼的经验分析非常详细，但是因为可以利用的原始数据有限，他的研究范围只限于美国制造业部门。根据他的研究，1919 年以前资本有机构成迅速提高，1919 年以后有机构成在波动中下降。剩余价值

[①] 钱箭星、肖巍：《克莱曼对经济危机的马克思主义分析——利润率下降趋势规律的再证明》，《当代经济研究》2015 年第 5 期。

[②] 迈克尔·罗伯茨：《从全球大衰退到长期萧条》，《国外理论动态》2015 年第 2 期。

[③] Joseph M. Gillman, *The Falling Rate of Profit*, 转引自高峰《资本积累理论与现代资本主义》，南开大学出版社 1991 年版，第 92 页。

率在1880—1929年间趋于上升，1929—1947年间趋于下降，之后无明显变化趋势；利润率在1880—1921年间下降，1921—1929年上升，1929—1933年下降，1933—1947年上升。1921年之后的利润率变动趋势与马克思的预测出现了不一致。

吉尔曼之后，特别是20世纪七八十年代以来，借用现代经济学工具和计量分析方法，学者们在利润率下降规律理论模型的建立和演化、实证检验的测试和验证上取得了丰硕成果。

在理论模型构建和实证检验方面做出开拓性贡献的学者当属托马斯·韦斯科普夫（Thomas E. Weisskopf, 1979）[1]，他第一次把马克思的利润率公式 $p=\dfrac{m}{c+v}$ "改造" 成 $r=\dfrac{\Pi}{K}=\dfrac{\Pi}{Y}\times\dfrac{Y}{Z}\times\dfrac{Z}{K}$，这里，$K$ 测量资本总量，Π 测量利润量，Y 测量实际产量或收入，Z 测量潜在产量或收入。韦斯科普夫将利润率的变动归于利润份额、产能利用率、产能资本比这三项因素的变化。他选取美国非金融产业部门（NFCB）作为考察对象，采用计量方法检验了三项因素对于战后利润率下降的不同影响。研究表明：非金融产业部门的利润率以每年1.2%的速度下降，造成利润率下降的主要原因是利润挤压。因为战后美国较低的失业率使得工人的谈判能力增强，工人收入份额增加，挤压了企业利润，最终导致非金融产业部门的利润份额和利润率双重下降。韦斯科普夫的实证研究开创了利润率分析的经典范式，并激发了许多后续研究。

借助韦斯科普夫（Thomas E. Weisskopf, 1979）的分析框架，托马斯·米希尔（Thomas R. Michl, 1988）[2] 计算了美国非金融部门1948—1985年的利润率。1948—1972年，导致利润率下降的主要因素是利润份额的下降，当然资本生产率和产能利用率也起着微小的作用。1972—1985年，雇主的攻击、失业率的上升以及政府的反劳工政策使得工人运动受到削弱，美国经济遭受一个温和的利润挤压。尽管收入分配政策的转变有利于资方，但美国经济的利润率仍然持续下降，因为资本生产率下降幅度更大。

---

[1] Thomas E. Weisskopf, "Marxian crisis theory and the rate of profit in the postwar U. S. economy", *Cambridge Journal of Economics*, Vol. 3, No. 4, 1979, pp. 341–378.

[2] Thomas R. Michl, "The Two-Stage Decline in U. S. Nonfinancial Corporate Profitability, 1948–1986", *Review of Radical Political Economics*, Vol. 20, No. 4, 1988, pp. 1–22.

爱德华·沃尔夫（Edward N. Wolff, 1979）[1] 结合美国的投入产出表计算了1947年、1958年、1963年和1967年这四年的剩余价值率、资本技术构成、资本有机构成和价值利润率。根据他的估算，资本有机构成和剩余价值率的变动趋势与马克思的预测是一致的，1947—1967年间，剩余价值率上升了11%，有机构成上升了5%，技术构成上升了67%。不过利润率却与马克思的预测相反，在他所分析的样本期间里，价值利润率上升了7%。在另一篇文献中，沃尔夫把考察时间延长至1976年，得出的结论稍稍不同。根据他的估计，1947—1976年，资本有机构成下降了9个百分点，技术构成则持续上升，上升了88%。关于两种构成变动不一致的原因，沃尔夫的解释如下：技术构成取决于生产的物质需要，独立于劳动价值和实际工资变量。而资本有机构成是技术构成、相对劳动价值和实际工资综合作用的结果。资本有机构成之所以相对稳定，是因为技术构成的上升被1967—1972年间不变资本价值下降和剩余价值率大幅度下降抵消了。尽管价值利润率下降了，但是其下降的主要原因是剩余价值率的急剧下降，而不是资本有机构成的提高。[2]

沃尔夫上述结论也招致一些学者的批判和质疑。弗雷德·莫斯利（Fred Moseley, 1988）[3] 就是其中之一。他指出，沃尔夫的研究和马克思的概念存在诸多差异，其中最重要的一点就是前者没有区分生产性劳动与非生产性劳动。莫斯利认为，根据马克思劳动价值论和剩余价值理论，只有生产性劳动创造剩余价值，非生产性劳动不创造剩余价值。因此不变资本和可变资本只包括投入生产性劳动中的资本，不包括投入到以下两类劳动中的资本：（1）流通领域的劳动。或者说与商品的售卖有关的活动包括销售、购买、广告、法律咨询等。（2）监管领域的劳动。或者说和控制生产工人的劳动有关的劳动，包括管理、监管、记录等劳动。投入到流通领域和监管领域的劳动，尽管对于资本主义生产是必需的，但并不会增

---

[1] Edward N. Wolff, "The Rate of Surplus Value, the Organic Composition, and the General Rate of Profit in the U. S. Economy, 1947 – 1967", *The American Economic Review*, Vol. 69, No. 3, 1979, pp. 329 – 341.

[2] Edward N. Wolff, "The Productivity Slowdown and the Fall in the U. S. Rate of Profit, 1947 – 76", *Review of Radical Political Economics*, Vol. 18, No. 1&2, 1986, pp. 87 – 109.

[3] Fred Moseley, "The Rate of Surplus Value, the Organic Composition, and the General Rate of Profit in the U. S. Economy, 1947 – 1967: A Critique and Update of Wolff's Estimates", *The American Economic Review*, Vol. 78, No. 1, 1988, pp. 298 – 303.

加商品的价值。在厘清生产性劳动和非生产性劳动概念基础上，莫斯利对美国的各个行业进行分类、归并，然后重新估计了1947—1976年美国经济的剩余价值率、资本有机构成和一般利润率。根据他的估计，资本有机构成从1947年的3.46增加到1976年的4.88，剩余价值率从1.4增加到1.66，由于资本有机构成增加的幅度大大高于剩余价值率的增长幅度，利润率在此期间下降了15%，从1947年的0.4下降到1976年的0.34。

保罗·考克夏等（Paul Cockshott, Allin Cottrell, Greg Michaelson, 1995）[①]基于英国1885—1938年和1949—1989年统计数据，测算和分析了英国利润率的长期趋势。研究结果表明，1855—1938年，资本有机构成下降、利润率上升；1949—1979年，结论正好相反；1979-1989年，由于收入中劳动份额的下降，前期下降的利润率得到恢复。

迈克尔·冯柯（Michael Funke, 1986）[②]对1951—1981年英国制造业部门实证分析表明，利润率下降的最大压力来自于工资份额，尽管下降的产出资本比率也是一个重要的决定因素。

多尼（J. R. Doughney, 1999）[③]对1949—1994年澳大利亚劳动生产率、利润率和其他一些经济变量进行了测算。他的测算结果表明：公司和私人企业利润率在这近50年的时间里的确在下降。莫恩（Simon Mohun, 2004）针对澳大利亚的实证研究也发现，澳大利亚的税前净利润率从1969年最高时的16.2%下降到1983年最低时的6.5%，然后利润率开始恢复，在2001年回升至13.4%。[④]

乔纳森·P.戈德斯坦（Jonathan P. Goldstein, 1999）[⑤]基于1949—1991年的数据分析了战后美国经济周期中利润率变化原因。他认为，劳工实力增强导致的工资挤压是利润份额下降，进而导致利润率下降的主要

[①] Paul Cockshott, Allin Cottrell, Greg Michaelson, "Testing Marx: Some new results from UK data", *Capital and Class*, No. 52, 1995, pp. 103 – 129.

[②] Michael Funke, "Influences on the Profitability of the Manufacturing Sector in the UK—An Empirical Study", *Oxford Bulletin of Economics and Statistics*, Vol. 48, No. 2, 1986, pp. 165 – 187.

[③] J. R. Doughney, "Marxist Theories of Economic Crisis and the Australian Evidence", in Paul Zarembka ed., *Economic Theory of Capitalism and Its Crises*, JAI Press Inc., 1999, pp. 133 – 203.

[④] Simon Mohun, "The Australian rate of profit 1965 – 2001", *Journal of Australian Political Economy*, No. 52, 2004, pp. 83 – 112.

[⑤] Jonathan P. Goldstein, "The Simple Analytics and Empirics of the Cyclical Profit Squeeze and Cyclical Underconsumption Theories: Clearing the Air", *Review of Radical Political Economics*, Vol. 31, No. 2, 1999, pp. 74 – 88.

原因。非劳动成本的增加不是经济周期扩张中期利润份额下降的原因,而且并不存在周期性"实现失败"的经济危机,因为在扩张的中后期,平均消费倾向并没有下降。

热拉尔·杜梅尼尔和多米尼克·莱维(Dumenil, Gerard; Levy, Dominique, 2004)[1] 进一步分析了金融自由化以后金融关系深化对利润率的影响。他们认为,随着金融自由化、金融深化及金融创新活动的兴起,非金融公司的金融活动和金融关系极大地提高了它们的利润率。1982年以前,非金融公司的金融关系总是提高利润率。20世纪70年代,去掉金融关系的影响,非金融公司部门的利润率为7%,如果考虑金融活动的作用,则为10.9%,利润率升高源于普遍较低的真实利息率。不过在新自由主义时期,随着通货膨胀的终结和利息率的上升,上述情形发生了转变,利息负担抵消了企业参与金融活动的收益。

萨纳西斯·马尼蒂斯(Thanasis Maniatis, 2005)[2] 计算了希腊1958—1994年的利润率。结果表明,一般利润率趋势符合马克思的预测,一般利润率在20世纪80年代中后期停滞不前,在1989年到达最低点,之后由于剩余价值率的上升,利润率有所回升。对利润率下降具体原因的分析表明,伴随资本积累的技术进步是利润率下降的主要原因,收入分配的变化加剧或部分抵消了这一趋势。

遵循韦斯科普夫的分析框架,埃尔多安·贝克尔和阿尔·坎贝尔(Erdogan Bakir & Al Campbell, 2006)[3] 把托马斯·韦斯科普夫(Thomas E. Weisskopf, 1979)的研究延续至2001年,根据他们的分析,导致利润率下降的原因与前几次经济周期(即韦斯科普夫分析过的几次经济周期)一样,仍然是利润份额的下降,不过在新自由主义时期,造成利润份额下降的因素不再是工资挤压,而是工资品的价格水平比其他商品的价格水平上升得更快。

---

[1] Dumenil, Gerard and Levy, Dominique, "The Real and Financial Components of Profitability (United States, 1952–2000)", *Review of Radical Political Economics*, Vol. 36, No. 1, 2004, pp. 82–110.

[2] Thanasis Maniatis, "Marxian Macroeconomic Categories in the Greek Economy", *Review of Radical Political Economics*, Vol. 37, No. 4, 2005, pp. 494–516.

[3] Erdogan Bakir and Al Campbell, "The Effect of Neoliberalism on the Fall in the Rate of Profit in Business Cycles", *Review of Radical Political Economics*, Vol. 38, No. 3, 2006, pp. 365–373.

萨纳西斯·马尼蒂斯（Thanasis Maniatis, 2012）[①] 计算了1948—2007年美国经济私人部门和公司部门利润率。他发现，1948—1982年，私人部门的利润率下降了近45%，公司部门的利润率下降得更厉害，达到63%，并在1982年达到利润率的最低点。利润率下降的原因在于资本有机构成的提高和剩余价值率的上升，同时非生产性劳动的持续增加加剧了利润率的下降。资本产出比的增加解释了1948—1982年利润率下降的57%，利润份额的下降（主要是由于非生产性劳动的增加）解释了其余的43%。为了验证消费不足论者关于总需求下降导致利润率下降观点，马尼蒂斯把观测到的利润率用生产能力利用率进行调整。结果发现，调整之后的利润率与未调整的利润率变动模式相同，只是经过调整之后的利润率下降幅度较小一些而已。从1983—2007年，利润率有一定程度的恢复，根本原因在于资本产出比的下降和利润份额的增加，前者解释了利润率回升的67%，后者解释了另外的33%。

卡尔凯迪等（2015）对包括G7主要经济体和"金砖四国"在内的世界利润率研究发现，世界利润率在1975年达到谷底，然后开始上升，并在20世纪90年代中期达到高峰。

安德鲁·克莱曼计算出来的结果显示，20世纪80年代初期以来，美国公司的利润率并未出现持续恢复，其税前利润率的趋势不明，而基于广义利润——与马克思的剩余价值更为近似的概念上的利润率则持续下降。[②] 他以两种方式计算利润，一种是选用税前利润，另一种是选用财产收入。税前利润率要低于财产收入利润率，但两者的变动轨迹相似。他的研究结论是，两种利润率在20世纪六七十年代既不上升也不下降，从1982年的危机到2008年的危机，两种利润率都没有出现持续性的恢复。[③]

卡尔凯迪和罗伯茨（2015）[④] 认为，推动资本主义在繁荣与萧条中不断运动的关键因素就是利润率的变化。资本家总是采取各种办法避免危机的发生，如通过剥削更多的工人、寻找更有效率的技术、在非生产领域进

[①] Thanasis Maniatis, "Marxist Theories of Crisis and the Current Economic Crisis", *Forum for Social Economics*, Vol. 41, No. 1, 2012, pp. 6–29.

[②] 钱箭星、肖巍：《克莱曼对经济危机的马克思主义分析——利润率下降趋势规律的再证明》，《当代经济研究》2015年第5期。

[③] 同上。

[④] 古里尔莫·卡尔凯迪、迈克尔·罗伯茨：《当前危机的长期根源：凯恩斯主义、紧缩主义和马克思主义的解释》，《当代经济研究》2015年第4期。

行投机等。这些方法在一定程度上可以阻止利润率下降,但只能起到暂时的作用,最终利润率下降将不可避免,平均利润率下降趋势规律终将主宰世界。第二次世界大战后,利润率一直很高,但在1948—1965年的所谓黄金发展时期,利润率一直在下降。1965—1982年利润率却同样在下降。此后,在1982—1997年的新自由主义经济时代利润率开始上升。在新自由主义时期,美国资本主义不仅剥削更多美国劳动力,而且通过全球化剥削其他地区劳动力,以及在非生产性领域进行投机活动(特别是在房地产业和金融业)。这些办法很奏效,在此期间利润率上升了19%。新自由主义时代的经济增长虽然比黄金时期慢了一点,但并未出现严重的经济衰退。总体上,这一时期的利润率还是低于黄金时期,特别是在美国经济的生产性部门。大部分利润从实体经济部门被转移到了金融部门。美国经济利润率在1997年达到顶峰之后,就开始下降了。1997—2008年,利润率下降了6%,这为2008—2009年大衰退埋下了伏笔。

郑佩玉(1986)[①]考察了战后日本产业部门和制造业部门资本技术构成和价值构成的变动趋势。作者发现,虽然资本技术构成和价值构成均在上升,但后者上升速度不及前者。其原因在于战后日本产业部门的劳动力素质不断提高,教育和训练费用的增长使得劳动力再生产的总成本增加,所以可变资本的支出相对增加。虽然战后日本产业部门存在着实际工资增加、生产资料消耗节约和生产资料价值下降等一系列延缓资本有机构成提高的因素,但这些因素最终未能改变资本有机构成上升的总趋势。一方面是因为生产资料价值下降终究抵消不了生产资料数量的增加,因而不变资本总额随着资本积累进程的发展而增长;另一方面是因为工人实际工资的增长率通常是以劳动生产率和剩余价值率的提高为前提条件。

高峰(1991)[②]计算了1880—1979年美国制造业部门的技术构成和价值构成。研究表明,100多年来,美国制造业的资本有机构成呈现"提高—下降—提高"的变动模式,但长期趋势符合马克思的预测。由于数据限制,他只计算了1929—1984年间美国制造业的利润率,大致趋势是:1929—1939年下降;1939—1947年上升;1947—1958年再度下降,但比较轻微;1958—1965年又迅速上升,之后下降的态势一直延续到1982

[①] 郑佩玉:《论资本有机构成及其在战后的变动趋势》,《中山大学学报》(社会科学版)1986年第2期。

[②] 高峰:《资本积累理论与现代资本主义》,南开大学出版社1991年版,第104—105页。

年。综观制造业 55 年的利润率变化动态，下降趋势起主导作用，但是与 20 世纪 20 年代以前相比，利润率的波动加强了。[①] 为了深入分析战后美国制造业利润率及有关变量的动态，高峰详细考察了 1949—1984 年制造业部门剔除能力利用率影响后的利润率。[②] 1949—1958 年，实际资本价值构成[③]在波动中保持稳定，剩余价值率先降后升，生产能力利用率先升后降，二者作用大体相当，使得制造业利润率在波动中处于基本稳定状态，无十分明显变化趋势。1958—1965 年，实际资本价值构成开始缓慢上升但剩余价值率的迅速提高和生产能力利用率的急剧扩大，抵消了资本价值构成的作用，推动了利润率的显著提高。1965—1971 年，实际资本价值构成又趋于稳定，剩余价值率轻微下降，能力利用率状况逐渐恶化，这些因素的综合作用共同导致了利润率的急剧下降。1971—1982 年，实际资本价值构成直线上升，剩余价值率在波动中趋于提高，生产能力利用率不足，消极作用大于积极作用，促使利润率在波动中趋于下降。高峰对资本有机构成在利润率的长期下降和周期下降中的作用进行了总结。在利润率的长期下降趋势中，资本有机构成提高毫无疑问是决定性的因素，但是在利润率的周期下降中，在复苏和高涨前期，资本有机构成提高却和利润率上升并进；在高涨后期，利润率开始下降，资本价值构成转向下降或停滞，但此时推动资本有机构成变化的主要是生产要素价值变化，尤其是劳动力价格的上升，劳动力价格上升和剥削率的降低引起资本价值构成下降并侵蚀利润率。在危机期间，利润率急剧下降并继续伴随资本价值构成下降，这时资本价值构成的继续下降是因为生产能力利用率的降低大于劳动力的相应缩减，同时生产资料的贬值程度大于劳动力的贬值程度，其结果只能是加剧利润率的下降。[④]

王庭笑（1988）[⑤] 运用实际统计资料计算了美国制造业 1859—1981 年长达 122 年的劳动生产率、资本技术构成、资本有机构成、剩余价值率和利润率等变量。综观 1859—1981 年的 122 年，美国制造业劳动生产率提高了 9.1 倍，资本技术构成和价值构成分别增长了 13.6 倍和 0.2 倍，

---

① 高峰：《资本积累理论与现代资本主义》，南开大学出版社 1991 年版，第 330—331 页。
② 同上书，第 340 页。
③ 指剔除生产能力利用率影响后的价值构成。
④ 高峰：《资本积累理论与现代资本主义》，南开大学出版社 1991 年版，第 391 页。
⑤ 王庭笑：《资本主义一般利润率变动的长期趋势》，《南开学报》1988 年第 4 期。

利润率从 1859 年的 19.6% 下降到 1981 年的 13.3%，下降了 32%。资本价值构成的上升大大慢于技术构成，表明不变资本的贬值趋势日益增强。分时段看，上述各个变量的动态在各个时期的表现存在差异。在 1869—1914 年的自由竞争资本主义阶段，美国制造业劳动生产率提高了 85.9%，资本技术构成在 1879—1914 年提高了近 177.2%，价值构成在 1859—1914 年上升了 35.6%，利润率下降了 35.6%；1914—1947 年的垄断资本主义阶段，劳动生产率提高了 85.2%，而技术构成和价值构成分别下降了 15.1% 和 50.9%，利润率提高了 84%。资本有机构成和利润率的动态之所以与马克思的预测不相符，原因在于两次世界大战和一次世界大萧条干扰了资本积累的正常机制。具体来说，一方面，战争和危机后的"新政"刺激了工人工资的增长；另一方面，危机使不变资本的增长迟缓；在 1947—1981 年的国家垄断资本主义大发展时期，美国制造业的劳动生产率提高了 193.3%，技术构成提高了 175.3%，价值构成提高了 59.3%，利润率下降了 23%，各个指标的变化与马克思所揭示的动态关系又重回一致。蒋建军、齐建国（2002）[1] 测算了 1960—1999 年美国资本有机构成、剩余价值率和资本利润率。根据他们的估计，1960—1999 年，资本有机构成总体上升，局部有升有降，其中在 1984—1999 年是新经济的快速发展时期，不变资本增长速度减慢，可变资本增长速度加快，资本有机构成缓慢下降。该文认为这一新的变化趋势可能与人力资本投资增长加快、高薪就业岗位比例上升有关；剩余价值率呈现波浪起伏的态势，总体上趋于提高；利润率在此期间略有上升。根据上述三个指标在 1960—1999 年的动态，该文就断然认为，马克思的利润率下降规律对于知识经济不再适用了，知识产业的发展带来的效率提升至少可以实现利润率稳定。

牛文俊（2009）[2] 对 1947—2006 年美国私人部门利润率的实证分析表明：战后美国经济形成两个利润率长波，整体来看，利润率趋于下降。分期观察可知，利润率在 1948—1958 年一直下降，20 世纪 60 年代初期有所回升，到 60 年代中期，利润率急剧下降，一直持续到 1979 年，达到最低点。1979 年以后利润率开始轻微回升，到 1997 年上升了 44.2%，

---

[1] 蒋建军、齐建国：《当代美国知识经济与"三率"变化分析》，《数量经济技术经济研究》2002 年第 10 期。

[2] 牛文俊：《战后美国长期利润率变动研究》，博士学位论文，南开大学，2009 年。

2001年利润率有一个短暂回落，之后有所回升。在整个利润率下降过程中，产出资本比起主要作用，解释了其变化的37.8%，这说明资本技术构成提高是利润率下降的主要决定因素。

谢富胜等（2010）[①] 参照韦斯科普夫分析框架计算了美国实体经济（NFCB）部门1975—2008年的季度利润率，1975—2008年NFCB部门的平均利润率仅8.04%，低于1945—1974年的10.16%，这表明近30多年来美国实体经济的利润率一直低迷，没有恢复到战后繁荣时期的水平。对利润率的进一步分解表明，利润份额是NFCB部门利润率周期波动的最主要原因，产能利用率位居其次。该文同时分析了NFCB部门参与金融活动后的年度利润率。作者发现，这种利润率周期波动和长期下降的最主要原因是利息和股息的变动。1975年以来，实体经济的盈利能力长期没有恢复，导致内部融资不足而依赖外部融资。同时，实体经济部门的经营行为受股东价值运动的影响越来越短期化，其把大量的现金流用于股票回购以拉升股价和提高企业账面价值。在这两种因素的作用下，实体经济部门出现了巨大的金融缺口，外部融资的代价是企业把越来越多的剩余价值用于支付股息和利息。

赵英杰（2014）[②] 对美国非农非金融类公司（NNFCB）利润率的实证研究表明，20世纪80年代利润率的平均水平低于70年代，90年代和2000—2011年利润率平均水平高于70年代和80年代。2000—2011年利润率水平较前30年平均水平上升了5.1%，与马克思在利润率趋向下降规律中表述的利润率的变化趋势不同。利润率变化的主导因素是剩余价值率，而且这样的主导作用在2000年以后更加突出，因为资本价值构成基本维持不变，与"利润率趋向下降"规律中关于资本有机构成变化主导利润率变化趋势分析不同。

二 针对中国的实证研究

从上文对利润率实证研究文献的梳理和归纳不难发现，与国外学者相比，国内学者对利润率下降规律的实证研究不仅起步较晚，而且研究深度有待进一步挖掘，研究的广度有待进一步扩展。国内学者对利润率下降规

[①] 谢富胜、李安、朱安东：《马克思主义危机理论和1975—2008年美国经济的利润率》，《中国社会科学》2010年第5期。

[②] 赵英杰：《利润率趋向下降与经济危机关系的新探索》，《兰州商学院学报》2014年第1期。

律的实证分析始于 20 世纪 80 年代后期,到 90 年代末又陷入沉寂,2008 年国际金融危机的爆发再度掀起了利润率下降规律实证研究的高潮。此外,我们还发现,绝大多数实证研究均是针对美国等少数几个发达资本主义国家,真正以中国为研究对象或者说把中国纳入研究范围的文献非常缺乏,笔者整理了这方面的文献,代表性研究如下。

高伟(2009)[①] 测算了 1987—2002[②] 年中国经济的三种平均利润率,第一种利润率 =(NDP − 劳动收入)/固定资本净存量;第二种利润率 =(NDP − 劳动收入)/(固定资本净存量 + 存货);第三种利润率 =(NDP − 劳动收入 − 间接税)/(固定资本净存量 + 存货),此处 NDP 表示国内生产净值,等于国内生产总值减去固定资产折旧。根据该文的分析,三种利润率均呈下降趋势。1987—2002 年利润率趋于下降的原因是:资本有机构成在样本期内上升而剩余价值率没有显著的变动,所以利润率必然下降。该文同时考察了利润率与投资增长率关系,发现名义投资增长率与利润率有一定相关性,利润率下降,投资增长率就回落;利润率提高,投资增长率就回升。

张宇、赵峰(2006)[③] 计算和分析了 1978—2004 年中国制造业剩余价值率、资本有机构成和利润率。他们的实证研究表明,1978—1988 年,利润率轻微下降;1989—1998 年,利润率下降比较迅速,从 26% 下降到 13%;1998—2004 年,利润率稳步回升,从 19% 上升到 31%。资本有机构成在 1978—2004 年只有小幅上升,尤其是 1990—2002 年,资本有机构成小幅波动。因此,资本有机构成对利润率的影响不大。剩余价值率在 1978—1982 年相对稳定,1983 年开始急速下降,从 1983 年的 1.35 回落到 1998 年的 0.4,1998 年以来剩余价值率缓慢增加。

李亚平(2008)[④] 从动态角度计算了我国制造业 1980—2006 年的利润率、资本有机构成和剩余价值率。作者以资本有机构成、剩余价值率为自变量,利润率为因变量构造一个计量模型,并且运用 OLS 方法对参数

---

① 高伟:《中国国民收入和利润率的再估算》,中国人民大学出版社 2009 年版,第 124、125、138、139 页。
② 1988 年、1989 年、1991 年无。
③ Zhangyu and Zhaofeng, "The Rate of Surplus Value, the Composition of Capital, and the Rate of Profit in the Chinese Manufacturing Industry: 1978 – 2005", paper presented at the second annual conference of the international forum on the comparative political economy of globalization.
④ 李亚平:《中国制造业利润率变动趋势的实证分析》,《经济纵横》2008 年第 12 期。

进行了估计。该文的计量分析结果表明：对数利润率与对数资本有机构成和对数剩余价值率具有简单的线性关系。另外，该文的经验分析也证实了上述各个变量的变动趋势符合马克思的预测，其中制造业的利润率总体上趋向下降，平均每年下降 0.2%，下降速度比较缓慢；资本有机构成平均每年提高 10.71%，剩余价值率平均每年提高 7.44%。根据该文的分析，制造业利润率的变化经历了三个明显有区别的阶段：第一阶段 1980—1990 年，利润率下降幅度最大。第二阶段 1991—1995 年，制造业利润率呈跳跃式变化，先在 1991—1993 年上升，之后在 1992—1995 年又直线下降，达到 20 多年来的最低点。第三阶段 1996—2006 年，利润率逐渐回升。

赵峰等（2012）在马克思主义经济学国民经济核算方法基础上，以我国的投入产出核算为基础，整理计算出了 1987 年、1990 年、1992 年、1995 年、1997 年、2002 年、2007 年中国的政治经济学国民收入账户主要的经济变量。实证分析发现：利润率在 20 年中整体呈下降趋势，从 1987 年的 0.27 下降至 2007 年的 0.14，其中个别年份出现了利润率提高的情况。1987—1992 年资本有机构成提高并伴随着利润率的下降。1992—1997 年剩余价值率大幅度下降，利润率从 0.21 下降到 0.13，下降幅度为 38%；而 1997—2002 年期间剩余价值率和利润率分别上升 5.5% 和 7.7%。[1]

三 中国经济利润率趋势实证研究不足之处

由于样本数据的选取、考察区间、变量处理以及研究方法存在差别，学者对我国经济利润率趋势及其成因的研究结论也有所不同。综观已有的中国利润率实证研究文献不难发现，它们在某些概念的界定以及利润率计算方法上存在一定不足。

高伟（2009）在计算利润率等变量时使用了投入产出表，这样做可以保证数据的精确性，但是由于中国的统计资料不完善，该文使用了一些变通的方法。例如，该文用全部国有及规模以上非国有工业企业流

---

[1] 赵峰、姬旭辉、冯志轩：《国民收入核算的政治经济学方法及其在中国的应用》，《马克思主义研究》2012 年第 8 期。

动资产①年平均余额作为存货的替代指标，由于这两个指标差别较大，该文的处理方法显然是不合适的。而且即便这种处理方法是可行的，该文使用工业部门的指标去计算整个经济的利润率也是欠妥的。赵峰等（2012）指出，由于投入产出表每隔数年编制一次，无法得到逐年连续的时间序列数据，而实证研究更多依赖时间上具有连续性的数据，所以有必要对如何估算出逐年连续数据的方法做进一步的探讨。②

张宇、赵峰（2006）一文由于其所用数据都来自现行国民经济核算账户，在相关变量处理上存在一些不当之处，这里举出几例：（1）该文直接使用统计年鉴上公布的固定资产净值作为固定资本存量的替代变量。中国统计年鉴上公布有历年工业部门的固定资产原值或固定资产净值。固定资产原值或固定资产净值是财务会计中的概念，前者表示的是以历史购买价格表示的目前正在使用的资本品价值的总和，后者等于前者减去历年的累积折旧，两者均不能很好地反映资本存量的实际数值。历史成本计价没有剔除核算期内价格变动影响，会导致资本存量价值在非一致的基础上进行加总，固定资产净值对折旧的扣除完全是税收制度下的做法，没有和资本品的相对效率联系起来。显然，直接使用固定资产净值计算利润率会影响结论的准确性。（2）该文用制造业增加值减去总利润作为可变资本，这样做的后果是把固定资本折旧也包括在可变资本中，从而高估了制造业部门的可变资本，或许这是造成该文得出资本有机构成只有小幅波动的原因之一。（3）该文没有区分生产性劳动和非生产性劳动。

李亚平（2008）的研究同样存在诸多不足。首先，该文认为，"固定资产折旧、生产税净额和营业余额之和就是超过劳动者报酬之外的剩余部分，可看作剩余价值。"虽然把生产税净额和营业余额看作剩余价值的一部分不会存在异议，但是把固定资产折旧也纳入剩余价值的范畴显然就不符合马克思的劳动价值论，因为固定资产折旧是生产过程中生产资料的消耗部分，这一部分的价值量会再现在新产品中，其大小不会发生改变，所

---

① 流动资产指企业可以在一年内或者超过一年的一个生产周期内变现或者耗用的资产，包括现金及各种存款、短期投资、应收及预付款项、存货等。存货指企业在生产经营过程中为销售或耗用而储备的各种资产，包括原材料、周转材料、包装物、低值易耗品、在产品、自制半成品、产成品等。

② 赵峰、姬旭辉、冯志轩：《国民收入核算的政治经济学方法及其在中国的应用》，《马克思主义研究》2012 年第 8 期。

以根本就不存在剩余价值的创造。其次，该文给出的资本有机构成的计算公式为：制造业总产值减去制造业增加值差再除以制造业职工工资总额，也就是说，用制造业中间投入除以可变资本表示资本有机构成。实际上，制造业中间投入大体相当于马克思所说的不变流动资本，仅以不变流动资本代表全部不变资本会低估生产过程实际使用的不变资本价值，使计算结果产生偏差，与马克思关于资本有机构成的科学定义不符。

第三章　马克思利润率下降规律理论体系

一般利润率下降规律是马克思在《资本论》第三卷中花费了相当的篇幅，着重加以阐述的理论。在《政治经济学批判（1857—1858年手稿）》中，马克思特别强调，"这一规律虽然十分简单，可是直到现在还没有人能理解，更没有被自觉地表述出来。"[①] 利润率下降规律理论自提出至今虽然已有一百多年，但是并没有过时，仍然具有深刻的解释力。例如，对于肇始于美国次贷危机的2008年国际金融危机，国内外几乎各个经济学流派的学者都对这场危机的根源和形成机制进行研究并提出了自己的见解，但是马克思主义学者如克里斯·哈曼、罗伯特·布伦纳、萨纳西斯·马尼蒂斯等运用利润率下降规律对危机发生机制的解释更加令人信服，从而彰显了一般利润率下降规律理论的科学性和生命力。

马克思对规律的详细论述主要集中在《资本论》第三卷第三篇。但是，如果研究范围仅局限于第三卷第三篇，既无法厘清一般利润率规律的形成过程和发展脉络，也很难抓住这个规律的基本内涵和要旨所在。实际上，马克思一般利润率下降规律的思想萌芽于其早期所写的一些经济学手稿，成熟于《资本论》。如果把马克思为揭露资本主义经济制度历史局限性而提出的一般利润率下降规律理论成分进行必要整合，不难发现，利润率下降规律理论是完整而自成系统的。一个完备的马克思利润率下降规律理论体系至少应该包括：马克思对古典经济学家关于利润率下降问题有关论点的批判、利润的来源、一般利润率的形成、利润率下降规律的含义、利润率下降的动力机制、反作用因素，以及规律内部矛盾的展开，这些理论成分构成了一个完整的理论体系，具有深刻洞察力和敏锐分析力。笔者试图在梳理利润率下降规律相关理论要点的基础上对其作一较为全面的勾勒，希望这样的梳理能为进一步研究提供线索和帮助。

---

① 《马克思恩格斯全集》第46卷（下），人民出版社1980年版，第267页。

第一节　马克思对古典经济学家有关论点的批判

古典经济学家亚当·斯密、大卫·李嘉图等注意到利润率随着资本积累而下降的现象,并且在各种自相矛盾的尝试中绞尽脑汁地去解释它。亚当·斯密用资本之间的竞争去解释利润率的下降,他说:"资本的增加,提高了工资,因而倾向于减低利润。在同一行业中,如有许多富商投下了资本,他们的相互竞争,自然倾向于减低这一行业的利润;同一社会各行业的资本,如果全都同样增加了,那么同样的竞争必对所有行业产生同样的结果。"① 竞争为什么会导致利润减少,斯密将其概括为两个方面:第一,竞争使商品的价格降低。卖方的竞争会使商品的供给超过需求,"资本的利润,随使用资本所生产的商品的价格而变动。当价格下降时,利润也降到原有水平之下。"② 第二,资本之间的竞争导致工资随着资本增加而提高。例如,在"大的丰年,要雇用更多劳动者的雇主,便相互竞争,这在有的时候使劳动的货币价格及真实价格抬高起来"。③ "在繁华的都市,拥有大量生产资本的人,往往不能按他们所需要的人数雇到劳动者,所以他们互相竞争,这样就抬高了劳动工资而减低资本利润。在没有充分资本来雇用全体劳动者的偏僻地方,一般人民为获得职业而相互竞争,于是劳动工资降落,而资本利润增高。"④

大卫·李嘉图认为,利润率下降是工资上升的结果,工资之所以要上升是因为生活必需品价格特别是农产品价格上涨。他认为,资本的积累、资本的增值比人口增长快,以致对劳动的需求经常超过劳动的供给,因而名义工资和实际工资不断提高。⑤ 人口增加对生活必需品,特别是对农产品的需求增加,一方面使越来越多的劣等地投入开垦,另一方面在原有耕地上连续投资受"土地肥力递减规律"支配,土地收益递减。所以,农

---

① [英]亚当·斯密:《国民财富的性质和原因的研究》(上),郭大力、王亚楠译,商务印书馆1972年版,第80、81页。
② 同上书,第108页。
③ 同上书,第79页。
④ 同上书,第82页。
⑤ 《马克思恩格斯全集》第26卷(Ⅱ),人民出版社1973年版,第497页。

业生产条件越来越弱，造成农业劳动生产率下降，因而农产品的价格随着劳动费用的增加而上涨。① 在一般情况下，随着劳动者消费的必需品价格上涨，工资也会随之上涨。② "谷物价格的上涨会使劳动者的货币工资增加，但是它却会减少农场主所得利润的货币价值。"③ 所以，李嘉图的结论是："在每一种情形下，农产品价格上涨如果伴随出现工资上涨，农业利润和制造业利润就会降落。"④

　　古典经济学派对利润率下降问题进行了有益探讨，其中不乏具有科学成分的见解和真知灼见。但是，由于他们的理论依据存在内在的缺陷，因而他们的观点经不起质疑和推敲，更经不起实践的检验。马克思对斯密和李嘉图的相关论点进行了批判，针对斯密用资本积累增长和资本竞争加剧解释利润率为何下降的论点，马克思指出，"资本的趋势只有在竞争中，即在资本对资本的作用中，才能得到实现。"⑤ 就这一点来说，斯密的观点是正确的。不过，按照斯密的理解，"似乎竞争把一些外部的、从外面引进的、不是资本本身的规律强加给资本。"实际上，"只有在利润率普遍下降的条件下，而且只有在竞争之前，并且不管竞争如何，利润率已普遍地、不断地、以作为规律起作用的方式下降的情况下，竞争才能够不断地压低一切工业部门的利润率，即平均利润率。竞争使资本的内在规律得到贯彻，使这些规律对于个别资本成为强制规律，但是它并没有发明这些规律。竞争实现这些规律。"⑥ 从这个意义说，斯密的观点是经不起推敲的。

　　李嘉图对利润率下降的解释同样存在片面性，他将利润率下降归因于农业劳动生产率的降低。然而，正如马克思指出的那样，利润率下降不是因为劳动生产率降低了，而是因为劳动生产率提高了。⑦ "一般利润率日益下降的趋势，只是劳动的社会生产力日益发展在资本主义生产方式下所

---

① 陈恕祥：《论一般利润率下降规律》，武汉大学出版社 1995 年版，第 3 页；牛文俊：《战后美国长期利润率变动研究》，博士学位论文，南开大学，2009 年，第 16 页；罗斯多尔斯基：《马克思〈资本论〉的形成》，魏埙等译，山东人民出版社 1992 年版，第 418 页。

② 大卫·李嘉图：《政治经济学及赋税原理》，丰俊功译，光明日报出版社 2009 年版，第 97 页。

③ 同上书，第 92 页。

④ 参见陈恕祥《论一般利润率下降规律》，武汉大学出版社 1995 年版，第 3 页。

⑤ 《马克思恩格斯全集》第 46 卷（下），人民出版社 1980 年版，第 271 页。

⑥ 同上书，第 271 页。

⑦ 《马克思恩格斯全集》第 26 卷（Ⅱ），人民出版社 1973 年版，第 498 页。

特有的表现。"① 马克思指出，在李嘉图看来，利润率和剩余价值率是等同的，利润率下降趋势只能用决定剩余价值率不断下降或下降趋势的同样原因来说明。为什么剩余价值率会不断下降呢？李嘉图的解释如下：假定工作日既定，那么只有在工人为自己劳动的那一部分工作日增大条件下，工人无代价地为资本家劳动的那一部分工作日才能减少、缩短。而这（假定劳动的价值能得到支付）只有在用工人工资购买的必需品即生活资料价值增大情况下才有可能。但是，由于劳动生产力的发展，工业品的价值在不断减少。因此，利润率的下降，就只能用生活资料的主要组成部分——食物——的价值的不断提高来说明。而这又是由于农业生产率不断降低引起的。② 马克思指出，当李嘉图认为劳动生产力在农业中随着资本积累而下降时，"他从经济学逃到有机化学中去了"。③ 实际上，农业部门的劳动生产力也是不断提高的，正是因为劳动生产率的提高（不仅仅是农业部门）才导致了利润率的不断下降。

在其他条件不变情况下，工资提高肯定会减少资本家利润，此时利润的减少，甚至利润率的下降是不是一般利润率下降规律的表现形式之一呢？对此，马克思指出，

> 利润率的提高或降低——由［劳动的］供求的变化，或者由必需品价格（同奢侈品相比）暂时的提高或降低（这种暂时的提高或降低又是由供求的这种变化和由此造成的工资的提高或降低引起的）造成的工资的提高或降低所决定的利润率的提高或降低——同利润率提高或降低的一般规律没有任何关系，正像商品市场价格的提高或降低同商品价值的规定根本没有任何关系一样。④

一般利润率下降规律的"对资本主义生产极其重要，因此可以说，它是一个秘密，亚当·斯密以来的全部政治经济学一直围绕着这个秘密的

---

① 《资本论》第三卷，人民出版社1975年版，第237页。
② 《马克思恩格斯全集》第26卷（Ⅱ），人民出版社1973年版，第498页。
③ 《马克思恩格斯全集》第46卷（下），人民出版社1980年版，第273页。
④ 《马克思恩格斯全集》第26卷（Ⅲ），人民出版社1974年版，第345页。

解决兜圈子"。① 为什么马克思以前的经济学家都没能把这个规律揭示出来？这个答案隐含在马克思《资本论》的一段论述之中："以往的一切政治经济学虽然摸索过不变资本和可变资本的区别，但从来不懂得把它明确地表述出来；它们从来没有把剩余价值和利润区别开来，没有在纯粹的形式上说明过利润本身，把它和它的彼此独立的各个组成部分——产业利润、商业利润、利息、地租——区别开来；它们从来没有彻底分析过资本有机构成的差别，因而从来没有彻底分析过一般利润率的形成，——那末，它们从来不能解决这个谜这一点，就不再是什么谜了。"②

从这段话中不难体会到：要全面理解和把握这一科学理论的基本观点，我们必须区分剩余价值、利润以及利润的分割，在此基础上揭示剩余价值的来源；"明确地表述"不变资本和可变资本，然后在此基础上揭示资本有机构成的演变规律；通过分析资本有机构成的差别去彻底分析"一般利润率的形成"。本章接下来的部分将沿着上述逻辑进程展开对一般利润率下降规律的探索。

第二节 利润来源

剩余价值是利润的原型，劳动价值论指明了剩余价值的唯一源泉，从而也就揭示了利润的源泉，因此科学的劳动价值论和剩余价值理论是揭示一般利润率下降规律的基本理论基础。科学的劳动价值论是马克思在批判地继承古典学派的劳动价值论基础上建立起来的。在劳动价值论中，马克思从分析商品出发进而研究价值，通过对商品的分析揭示价值的实质。马克思揭示了商品价值的质和量。从质的规定性讲，它是凝结在商品中的无差别的一般人类劳动或抽象劳动；从量的规定性讲，它是生产商品耗费的社会必要劳动时间。决定商品价值量的社会必要劳动时间随着劳动生产力的发展而变化。马克思详尽地研究了创造价值的劳动，因而，当分析价值问题时才能够把劳动和劳动力区分开来。③ 马克思指出："劳动力或劳动能力，理解为人的身体即活的人体中存在的、每当人生产某种使用价值时

---

① 《资本论》第三卷，人民出版社1975年版，第238页。
② 同上。
③ 牟振基等主编：《〈资本论〉专题研究与讲解》，吉林人民出版社1988年版，第62页。

就运用的体力和智力的总和。"① 劳动力和劳动不是同一个概念，劳动力存在于工人体内，它的职能是劳动，也就是劳动力的使用过程。劳动力和劳动的区分具有重大意义，因为它是揭露剩余价值秘密的一把钥匙。马克思指出，劳动力这种商品是一种特殊商品，它的特殊之处在于"它的使用价值本身具有成为价值源泉的特殊属性，因此，它的实际使用本身就是劳动的物化，从而是价值的创造"。②

在劳动价值论中，马克思创造性提出劳动二重性学说。马克思指出，生产商品耗费的劳动既有具体劳动又有抽象劳动的属性。具体劳动和抽象劳动并不是两次支出的劳动，而是生产商品的同一劳动的既相互联系又相互对立的两个方面。具体劳动是异质的，创造商品的使用价值，抽象劳动是同质的，形成商品的价值，是商品价值的唯一源泉。马克思的劳动二重性是理解政治经济学的枢纽。依据劳动二重性学说，马克思进一步发现资本主义生产过程也有二重性，进而揭示了资本剥削雇佣劳动的秘密。资本主义生产过程的二重性是指资本主义生产过程是劳动过程和价值增值过程的统一。从劳动过程看，工人的具体劳动和生产资料相结合创造出新的使用价值并转移生产资料的旧价值，但是资本主义过程并不单纯是创造使用价值的劳动过程，因为构成资本主义生产本质特征的并不是生产使用价值，资本家之所以生产使用价值，仅仅是因为使用价值是价值的物质载体，资本主义的生产目的是剩余价值生产，所以资本主义生产过程还表现为价值增值过程。在价值增值过程中，工人的抽象劳动在创造劳动力价值等价物的同时，又创造了剩余价值。在价值和剩余价值的生产过程中，机器设备等生产资料本身是活劳动的吸收器，是生产剩余价值的必要条件，但不创造价值，所以新价值全部是由雇佣生产工人的抽象劳动创造的，雇佣工人的活劳动是剩余价值的唯一源泉。至此可以清晰地看出，价值增值的源泉是雇佣工人的剩余劳动。在资本主义直接生产过程中，劳动力商品的实际消费即劳动力创造的新价值大于劳动力本身的价值，其差额形成剩余价值，但是这一部分价值被资本家无偿占有。

在资本主义生产方式下，就整个工作日来说，工人工作日分为两部分，一部分用于再生产劳动力，为必要劳动时间。在余下的时间里，工人

---

① 《资本论》第一卷，人民出版社1975年版，第190页。
② 同上。

替资本家无偿劳动，为剩余劳动时间，工人在剩余劳动时间里的劳动形成资本家的剩余价值。剩余价值的生产方式分为绝对剩余价值生产方式和相对剩余价值生产方式，后者逐渐发展成为机器大工业时代资本家攫取高额剩余价值的主要方式，是资本家加强对工人剥削的主要方法。马克思指出，相对剩余价值表现为工人生产力的发展，就工作日来说，表现为必要劳动时间的缩短，就人口来说，表现为必要劳动人口的减少（这是对立的形式）——在这种形式上，以资本为基础的生产方式的产业性质和特殊的历史性质直接表现出来了。① 相对剩余价值是在工作日长度不变条件下，通过改变必要劳动时间和剩余劳动时间的相互比例，即在劳动生产率提高基础上，通过缩短必要劳动时间，相应延长工作日中的剩余劳动时间而完成的。例如在工作日等于 8 小时时，如果必要劳动时间为 4 小时，剩余劳动时间为 4 小时，剩余价值率为 100%。当必要劳动时间缩短至 2 小时，剩余劳动时间相应地延长至 6 小时时，剩余价值率就会提高到 300%。由于必要劳动时间是再生产劳动力价值所必需的劳动时间，因此要缩短必要劳动时间，就必须降低劳动力价值。要降低劳动力的价值，又必须提高生产工人所需要的生活资料的生产部门和与之相关的生产资料生产部门的劳动生产率。只有这些部门的劳动生产率提高了，生活资料商品价值才会降低，进而劳动力价值才可以降低，最后达到缩短必要劳动时间，延长剩余劳动时间的目的。

第三节 一般利润率的形成

一 不变资本与可变资本

资本主义生产目的决定了资本家要不断地将剩余价值转化为资本，以扩大生产规模，获取更多的剩余价值。这就是资本积累的过程。在资本积累过程中，投入的资本不仅在规模上会不断增大，而且在结构上也会发生变化。马克思认为，资本家的预付资本在结构上可以划分为两个部分，一部分为购买生产资料的资本，另一部分为购买劳动力的资本。依据马克思对剩余价值源泉的分析，生产资本的不同组成部分在剩余价值生产中执行

---

① 《马克思恩格斯全集》第 46 卷（下），人民出版社 1980 年版，第 291 页。

的职能完全不同。以生产资料形式存在的这部分资本在价值增值过程中只是借助于工人的具体劳动,在消费自己使用价值的同时,把自己原有的价值转移到新产品中去,但转移的价值量不会增值,只是变换了它的物质形态。[1] 故称为不变资本。不变资本是生产过程中活劳动的吸收器和传导体[2],是价值形成不可缺少的物质条件。以劳动力形式存在的这部分资本,其价值在生产中不是通过转移来保存,而是由雇佣工人的劳动再生产出来,雇佣工人的抽象劳动不仅能创造出自身价值的等价物,而且会创造出大于自身价值的价值而发生量的变化,进而成为剩余价值的唯一源泉。换句话说,在生产过程中,活劳动创造了劳动力价值的等价物和剩余价值,由于花费在工人身上的这一部分资本在生产过程中发生了价值增值,故称为可变资本。由此可见,剩余价值不是由全部资本带来的,而是由可变资本推动的活劳动创造的,劳动力的使用在资本主义生产过程中创造了剩余价值。"不变资本与可变资本的划分进一步揭露了剩余价值的来源,说明了剩余价值形成的实际过程。"[3] 马克思指出:"不变资本和可变资本的区分提供了一把解决政治经济学上最复杂问题的钥匙,为确定劳动力的剥削程度提供了前提。"[4] 资本家对雇佣工人的剥削程度由剩余价值率来准确刻画,剩余价值率既可以用剩余价值与可变资本比率来表示,也可以用剩余劳动与必要劳动比率来表示。基于不变资本与可变资本的划分以及剩余价值是由可变资本带来的,可以把商品的价值划分为三个组成部分:不变资本消耗掉的价值 c[5],可变资本 v,以及剩余价值 m。其中 $v+m$ 表示活劳动所创造的新价值。

二 剩余价值、利润与利润率

在商品价值三个组成部分中,$c+v$ 作为生产商品的资本耗费部分用来补偿商品生产所消耗的生产资料价值和所耗费的劳动力价值,这一部分构成商品的成本价格,是不变资本价值和可变资本价值的转化形式,商品

---

[1] 刘诗白主编:《马克思主义政治经济学原理》第三版,西南财经大学出版社2008年版,第57页。
[2] 不变资本中的"原材料是新的活劳动的吸收器,生产工具和机器设备是劳动的传导体"。参见魏埙《价值理论——资本主义经济理论体系的基础》,《政治经济学评论》2005年第1期。
[3] 牟振基等主编:《〈资本论〉专题研究与讲解》,吉林人民出版社1988年版,第95页。
[4] 同上书,第96页。
[5] 如果不变资本的价值一次性转移到新产品中,则预付的不变资本价值和耗费掉的不变资本价值相等。

的成本价格不同于商品的价值,后者等于前者加上剩余价值。剩余价值本来是可变资本的一个超过额,但在 $c+v$ 转化为成本价格后,剩余价值就表现为成本价格的超过额,成本价格的概念使剩余价值表现为成本以上的余额,即商品生产中耗费掉的资本价值的增加额。一般情况下,商品的成本价格小于价值,只有当剩余价值为 0 时,二者才会相等,因此当资本家以高于成本价格但低于商品价值的价格出售商品时,也总会实现商品所包含的剩余价值的一部分。

实际上,不管剩余价值来自何处,它总是一个超过全部预付资本即商品生产使用的全部资本的余额。此时,在资本家观念中全部预付资本都是剩余价值源泉。当从观念上把剩余价值看作全部预付资本的产物时,剩余价值就转化为利润。"剩余价值,作为全部预付资本的这样一种观念上的产物,取得了利润这个转化形式。"[①]

> 资本在一定周转时间内所创造的剩余价值,如果用在生产开始前就已存在的资本的总价值来计量,便获得利润的形式,利润是剩余价值的另一种形式,从资本的观点来说,它是更加发展的形式。剩余价值在这里已经被看作是在生产过程中用资本本身而不是用劳动换来的东西了。因此,资本就表现为资本,表现为预先存在的价值,这一价值通过自身过程的媒介作用而同作为被设定的,被生产出来的价值的自身发生关系,而由这个资本设定的价值就叫作利润。[②]

利润或者剩余价值与总资本会保持一个比率,即 $\frac{m}{C}$,其中,C 表示总资本。这里,"剩余价值是按照为生产它而预付的总资本的价值计算的,总资本在这个生产中一部分完全被消费掉,另一部分只是被使用了。"[③]这样,就得到一个与剩余价值率不同的利润率,即 $\frac{m}{C}=\frac{m}{c+v}$。这里的 c 不仅包括商品生产过程中消耗掉的不变资本,还包括参与商品生产过程但并

[①] 《资本论》第一卷,人民出版社 1975 年版,第 44 页。
[②] 《马克思恩格斯全集》第 46 卷(下),人民出版社 1980 年版,第 283 页。
[③] 《资本论》第三卷,人民出版社 1975 年版,第 54 页。

未消耗掉的不变资本。资本家实际获利的程度并不是取决于利润和可变资本的比率，而是取决于利润和总资本的比率，利润率表示全部预付资本的增值程度。

利润被看作是总资本的产物，进一步掩盖了剩余价值真实起源，模糊了资本各部分在剩余价值过程中所起的作用。尽管利润率和剩余价值率在数量上不同，但是剩余价值和利润实际是一回事，并且数量上也相等，利润作为总额，就是剩余价值总额，但是这一价值总额是与资本总价值相比，而不是与价值会实际增长的那部分资本，即同活劳动相交换的那部分资本相比。直接形式上的利润无非是以对资本总价值的比例的形式出现的剩余价值总额。① 但是，当剩余价值转化为利润形式之后，资本的一切部分都表现为剩余价值的源泉，资本关系也就神秘化了。

三 利润率的平均化

资本主义各不同生产部门，即使剩余价值率相同以及商品都按价值出售，但是不同生产部门的等量资本由于资本有机构成存在差别。"它们所推动的活劳动不等，因而所创造的剩余价值从而利润也不等，所以，它们的利润率，即剩余价值和总资本的百分比也就不同。"② 资本有机构成低的生产部门利润率高，资本有机构成高的生产部门利润率低。不过，资本是一种社会权力，"每个资本家都按照他在社会总资本中占有的份额而分享这种权力"。③ 资本的现实运动和发展趋势要求资本不管投入到哪个部门，均可获得相等的利润率，因此拥有较低利润率的资本必然同拥有较高利润率的资本展开争夺有利投资场所的竞争。在价值规律作用下，资本从利润率较低的生产部门抽出并转入另一个利润率较高的生产部门。这样，资本在不同生产部门之间持续流出和流入，导致价格和价值发生偏离，引起利润率上升和下降的运动，这种运动会或多或少地互相平衡，占统治地位的个别利润率最终会趋向平均化，"一般利润率是由各特殊生产部门利润率的平均化而形成"。④ 由此可见，一般利润率的形成是部门之间竞争的必然结果，竞争机制的作用最终会导致各个不同的生产部门都拥有大致相同的平均利润率。在这里，区分一般利润率与个别利润率具有重要的理

---

① 《马克思恩格斯全集》第46卷（下），人民出版社1980年版，第289页。
② 《资本论》第三卷，人民出版社1975年版，第167页。
③ 同上书，第218页。
④ 同上书，第263页。

论意义。实际上，可以从个别利润率和一般利润率的差别出发去解释资本家采用新技术的动机所在。根据马克思的观点，当新技术刚刚被采用时，率先采用新技术的资本家，由于劳动生产力提高了，相应地其商品的个别价值下降，也就说商品可以卖得更便宜，但是全社会的劳动生产力没有变化，社会必要劳动时间没有变化，此时商品仍然按照社会价值出售，商品的价值量没有发生变化，不过，由于率先采用先进技术的资本家，其生产商品的个别劳动时间低于社会必要劳动时间，商品的个别价值低于社会价值，但仍然按社会价值销售，这个差额就形成超额剩余价值，所以率先采用新技术、新方法、新工艺的资本家获得超额利润，他"比同行业的其余资本家，可以在一个工作日中占有更大的部分作为剩余劳动"。[①] 那么在其资本有机构成很高的时候，它的利润率也比较高。但是，价值由劳动时间决定的规律，既会使采用新方法的资本家感觉到，他必须低于商品的社会价值来出售自己的商品；又会作为竞争的强制规律，迫使其他竞争者也采用新的生产方式。

"竞争会使他的生产方法普遍化，使他服从普遍的规律。"[②] 随着新技术在一个部门或几个部门的扩散，新的生产方式被普遍采用，比较便宜地生产出来个别的商品价值和它的社会价值之间的差额消失，资本家的超额利润率随之消失，那些率先采用新技术的资本家只能获得平均利润。资本家追逐超额利润的过程也反映了资本家个体理性与集体理性的不一致。技术进步、利润增加在单个资本家看来是理性的"选择"，可以获得超额利润。从整个资本家阶级来看却未必是理性的，因为它导致了一般利润率的下降。

资本利润率的平均化，在下述两个条件下进行得更快：（1）资本有更大的活动性。（2）劳动力能够更迅速地从一个部门、地点转移到另一个部门、地点。第一个条件的前提是：首先，社会内部已有完全的商业自由，消除了自然垄断以外的一切垄断；其次，信用制度的发展已经把大量分散的可供支配的社会资本集中起来；再次，不同的生产部门都受资本家支配；最后，还必须有很高的人口密度。第二个条件的前提是：废除了一切妨碍工人从一个生产部门转移到另一个生产部门，或者从一个生产地点

[①] 《资本论》第一卷，人民出版社1975年版，第354页。
[②] 《资本论》第三卷，人民出版社1975年版，第294页。

转移到另一个生产地点的法律；工人对于自己劳动的内容是无所谓的；一切生产部门的劳动都已最大限度地化为简单劳动；工人抛弃了一切职业偏见；最后，特别是工人受资本主义生产方式的支配。

一般利润率的形成是部门之间竞争的必然结果。一般利润率的本质，就是把社会总资本作为一个整体来看的利润率，它是剩余价值总额与社会总资本的比率。① 按照这个一般利润率归于一定量资本的利润，就是平均利润。商品的成本价格，加上生产这个商品所使用的资本的年平均利润中根据这个商品的周转条件归于它的那部分，就是这个商品的生产价格。

第四节 一般利润率下降规律含义

一般利润率下降规律首先是从生产角度论述资本生产的暂时性和不可持续性。即使撇开剩余价值的实现问题不谈，剩余价值的生产会受到利润率下降趋势的威胁。因为在资本主义社会，发展劳动生产力的目的是缩短工人的必要劳动时间，延长工人的剩余劳动时间，从而获取更多的剩余价值。无止境地追逐剩余价值的内在冲动和外在竞争的加剧，迫使资本家对劳动过程的技术条件和社会条件不断革新以降低单位生产成本。因而随着资本积累发展和技术进步推进，劳动生产力的提高就表现为劳动的量比它所推动的生产资料的量相对减少，表现为生产中使用的活劳动的量，同它所推动的物化劳动的量相比相对减少。由于活劳动是剩余价值的唯一源泉，活劳动的减少必定会削弱整个资本主义生产系统创造新价值以及剩余价值的能力，减少活劳动中对象化为剩余价值的无酬部分，那么这个无酬部分和预付总资本的比率即一般利润率肯定会逐渐下降。一般利润率日益下降的趋势，只是劳动的社会生产力日益发展在资本主义生产方式下所特有的表现。马克思的利润率公式也可写作 $p = \dfrac{M}{C+V} = \dfrac{nm}{C+nv}$，此处，$M$ 表示剩余价值总量，m 表示单个工人创造的剩余价值，n 表示工人数量。根据劳动价值论，雇佣工人的劳动是剩余价值 m 的唯一源泉。然而，随着

---

① 陈信主编：《〈资本论〉学习与研究》，东北财经大学出版社2004年版，第200页。

资本技术构成的上升，生产过程中使用的工人趋于降低，n 的减少必然导致 V 的降低。虽然由于 V 的降低可以节省生产成本，有助于提高利润率，但是工人人数的减少也削弱了资本主义系统本身创造剩余价值的能力，这意味着 M 和 p 必定趋于减少。即使单个工人创造价值的能力提升，也就是说 m 很大，但是由于 n 的减少，终究会导致 nm 的整体下降，从数学上来看，当 n 趋近于 0 时，分子趋近于 0，利润率也趋近于 0，正如马克思指出的那样，"两个每天劳动 12 小时的工人，即使可以只靠空气生活，根本不必为自己劳动，他们所提供的剩余价值量也不能和 24 个每天只劳动 2 小时的工人所提供的剩余价值量相等。"[①]

当然，一般利润率的下降并不排斥利润量的绝对增加，换句话说，在资本主义条件下，利润率的下降和利润量的增长可以并行不悖。因为利润率的下降，不是由于总资本的可变组成部分的绝对减少，而只是由于它同不变组成部分相比减少了。如果投入的资本总量不变，利润率的下降意味着利润量的绝对减少。如果资本总量的增速和利润率下降速度相对应，也会造成利润绝对量的减少。如果投入资本总量增加，资本使用的工人人数，即它推动的劳动的绝对量，从它所生产的剩余价值量和利润的绝对量仍然能够增加，并且不断增加。也就是说，要保证利润量增长，总资本就必须比资本有机构成以更高的速度增长。另外，当利润率下降时，资本家往往要通过利润量的增加来补偿因利润率下降造成的损失，因而他们会加速提高积累率，增大积累量，扩大生产规模，从而使总资本急剧扩大。资本积累增大了预付资本，因而在平均利润率下降的同时，利润量有可能增加。利润率下降和利润量同时增长的规律也表现为商品的价格下降，但商品总量中包含的并通过出售商品而实现的利润量却会相对增加。

如果利润率的下降也伴随利润量的大幅下降，一部分中小资本无利可图，就会被迫走上投机道路，过度的投机往往会引起再生产过程的过度扩张，同时会扰乱生产和再生产过程的正常运行。20 世纪 70 年代以来，资本走向投机的道路越来越明显，不仅中小资本走向投机，大资本也走向投机，突出地表现为资本积累方式的金融化。

[①]《资本论》第三卷，人民出版社 1975 年版，第 276 页。

第五节 一般利润率下降的内在动力

马克思以剩余价值的产生为出发点，运用劳动二重性理论，根据生产资本的不同部分在剩余价值生产中所起的不同作用，把资本划分为不变资本与可变资本。① 这一划分直接导致了资本有机构成学说的诞生，正是通过对资本有机构成的研究，马克思发现，资本积累的增长和由此引起的资本有机构成持续提高必然要导致一般利润率趋于下降。所以，科学解释一般利润率下降的趋势必须建立在科学的资本有机构成理论的基础上。另外，马克思还发现，资本有机构成的提高会造成社会的两极分化。② 在1862年马克思写给恩格斯的一封信中，马克思写道：由于考虑到了资本的有机构成，许多一向似乎存在的矛盾和问题都消失了。③

不变资本与可变资本比例称为资本价值构成。在马克思看来，资本有机构成同资本价值构成相关，但又不能完全等同于资本价值构成，这要看它是否反映了资本技术构成。只有当价值构成反映了技术构成的变化时，价值构成才可以被称为有机构成。资本有机构成分为单个资本的有机构成、部门的有机构成和社会资本的有机构成，在阐述一般利润率下降规律时，马克思所说的资本有机构成是第三种有机构成。"在同一生产方式的基础上，在不同生产部门中，资本划分为不变部分和可变部分的比例是不同的。在同一生产部门内，这一比例是随着生产过程的技术基础和社会结合的变化而变化的。"④ 资本主义生产方式的一般基础一经奠定下来，在积累过程中就会出现一个时刻，那时社会劳动生产率的发展就会成为积累的最强有力杠杆。"劳动生产率的增长，表现为劳动的量比它所推动的生产资料的量相对减少，或者说，表现为劳动过程的主观因素的量比它的客观因素的量相对减少。"⑤ 可见，劳动生产率的提高与资本技术构成上升是同一过程的两个不同方面。资本技术构成的这一变化，反映在资本价值

---

① 牟振基等主编：《〈资本论〉专题研究与讲解》，吉林人民出版社1988年版，第95页。
② 陈信主编：《〈资本论〉学习与研究》，东北财经大学出版社2004年版，第40页。
③ 《马克思恩格斯全集》第30卷，人民出版社1974年版，第269页。
④ 《资本论》第一卷，人民出版社1975年版，第340页。
⑤ 同上书，第683页。

构成上就是资本价值的不变组成部分靠减少它的可变组成部分而增加，或者说不变资本比重随着资本积累而增长，可变资本所占比重随着资本积累而减少。随着资本积累的发展和劳动生产率的上升，同一资本对劳动力的需求会相对地减少。而劳动力的供给却在绝对增长。由此必然产生相对过剩人口，即超过资本增殖的平均需要的过剩的工人人口。

第六节　利润率下降的反作用因素

马克思强调，一般利润率下降规律"不是以这个绝对的形式而是以不断下降的趋势表现出来"。① 之所以强调规律的趋势性质，是因为必然有某些起反作用的影响在发生作用，来阻碍、延缓并且部分抵消一般规律的作用。"反作用因素实际上是在规律趋势的威胁之下，资本家所采取的抵抗措施。既然生产力的提高决定资本有机构成提高，从而利润率下降为总的趋势，全体资本家提高利润率的努力实际上是在抵抗这种趋势。"② 具体来说，反作用因素包括六个方面。

第一，劳动剥削程度的提高。剥削程度的提高也就是剩余价值率的上升，资本家通过采取延长工作日或者增加劳动强度等手段使得剩余价值率提高，因而在不增加预付资本的情形下可以占有更多的剩余劳动和剩余价值。考虑到使剩余价值率提高的同一些原因，趋向于使一定量资本所使用的劳动力减少。所以说同一些原因趋向于使利润率降低，同时又使这种降低的运动延缓下来。不过，马克思认为，靠提高劳动剥削程度来补偿工人人数或可变资本量的减少能够阻碍利润率下降，但是不能制止它下降。首先，依靠劳动剥削程度的提高补偿利润率下降存在着某些不可逾越的界限，这个界限在于"平均工作日（它天然总是小于 24 小时）的绝对界限，就是可变资本的减少可以由剩余价值率的提高来补偿的绝对界限，或者说，就是受剥削的工人人数的减少可以由劳动力受剥削的程度的提高来补偿的绝对界限。"③ 这样一来，"两个每天劳动 12 小时的工人，即使可以只靠空气生活，根本不必为自己劳动，他们所提供的剩余价值量也不能

---

① 《资本论》第三卷，人民出版社 1975 年版，第 237 页。
② 陈恕祥：《论一般利润率下降规律》，武汉大学出版社 1995 年版，第 146、147 页。
③ 《资本论》第一卷，人民出版社 1975 年版，第 339 页。

和24个每天只劳动2小时的工人所提供的剩余价值量相等。"① 所以,马克思认为,"利润率下降不是因为劳动生产率降低了,而是因为劳动生产率提高了。利润率下降不是因为对工人的剥削减轻了,而是因为对工人的剥削加重了,从而使相对剩余时间增加。"② 其次,剩余价值率越高,资本由于生产力提高而得到的剩余价值的增加就越少。也就是说,资本家获得的剩余价值随着生产力的提高以递减速度增加。

> 因为资本的界限始终是一日中体现必要劳动的部分和整个工作日之间的比例,资本只能在这个界限内运动。属于必要劳动的那一部分越小,则剩余劳动越大,到了最后,生产力不管怎样提高都不可能明显地减少必要劳动,因为分母已经变得很大了。资本已有的价值增值程度越高,资本的自行增值就越困难。于是,提高生产力对资本来说似乎就成为无关紧要的事情;价值增殖本身似乎也成为无关紧要的事情,因为这种增殖的比例已经变得很小了,并且资本似乎也不再成其为资本了。③

由于相对剩余价值的增长随着劳动生产力提高而降低,因而生产力越发展,用提高剩余价值率办法来补偿资本有机构成提高对利润率变动影响的可能性也变得越小。

陈恕祥认为,"资本有机构成的高低和剩余价值率的大小共同制约着利润率。但是,既然有机构成的高低决定一定量总资本所包含的价值的唯一源泉的大小不等,决定这个总资本生产的新价值的多少,而剩余价值率只是通过决定新价值的分割而影响利润率,并且这种分割受社会经济关系制约不能是任意的,那就很明显,有机构成是决定利润率的基础。"④ 即使剩余价值率提高到一时使利润率上升的地步,在这个高剩余价值率下,有机构成提高还会导致利润率下降。⑤ 总之,剩余价值率的上升不会取消利润率下降规律,而会使一般规律作为一种趋势来发生作用。

---

① 《资本论》第三卷,人民出版社1975年版,第276页。
② 《马克思恩格斯全集》第26卷(Ⅱ),人民出版社1973年版,第498页。
③ 《马克思恩格斯全集》第46卷(上),人民出版社1979年版,第305、306页。
④ 陈恕祥:《论一般利润率下降规律》,武汉大学出版社1995年版,第22页。
⑤ 同上书,第146、147页。

第二，工资被压低到劳动力的价值以下。这是阻碍利润率下降的最显著原因之一，在工人所生产的新价值量一定的条件下，工资被压低到劳动力价值以下，会影响已经生产出来的新价值在资本与劳动之间的分配比例，资本所占的剩余部分会相应地提高，资本份额的上升会延缓利润率下降的步伐。

第三，不变资本各要素变得便宜。劳动生产力的提高会使不变资本各要素价值发生贬值，不变资本价值量的减少会通过延缓资本有机构成上升速率去延缓一般利润率下降速度。另外，现有资本（即它的物质要素）随着工业发展而发生的贬值，这也会阻碍利润率的下降。[①] 根据高峰的研究，尽管美国在 20 世纪 50 年代和 60 年代资本技术构成提高的速度很快，但在一个较长时间内，资本价值构成并没有得到相应的增长，究其原因，主要有两点：其一，在战后劳动生产率迅速提高的情况下，生产资料部门的生产率也有较快的增长。因此，生产设备价值的下降程度也比较大。其二，从战后到 20 世纪 60 年代末，由于发达资本主义国家原料生产部门劳动生产率的急剧上升，更由于发达资本主义国家对不发达国家的经济贸易控制，世界市场上原料的相对价格不断下降。这两个因素使得许多发达资本主义国家在战后的一个或长或短的时期内，资本价值构成提高的速度比较缓慢，甚至趋于停滞。这就大大减轻或者暂时消除了资本构成变动促使利润率下降的压力。[②]

第四，相对过剩人口。相对过剩人口的产生是和劳动生产力的发展分不开的，并且由于这种发展而加速。相对过剩人口的增多，一方面会迫使在业工人过度劳动，单位时间内生产的价值和剩余价值量都会增加；另一方面会抑制在业工人的谈判能力，资本家甚至可以借机降低工人的工资水平，这种情况在经济低迷时期表现得特别明显。所以在人口过剩特别严重的时期，雇佣劳动的收入增长非常缓慢。所以说，相对过剩人口的扩大或缩小会影响新价值在资本与劳动之间的分配比例，当相对过剩人口扩大时，资本所占的剩余份额会相应地提高，资本份额的上升会延缓利润率下降的步伐。

第五，对外贸易。对外贸易可以输入廉价设备和原材料以及其他生活

---

① 胡钧、沈尤佳：《资本生产的总过程：利润率趋向下降的规律》，《改革与战略》2013 年第 8 期。

② 高峰：《资本积累理论与现代资本主义》，南开大学出版社 1991 年版，第 369 页。

资料等，一方面可以使不变资本的要素变得便宜，降低不变资本价值；另一方面可以使可变资本转化成的必要生活资料变得便宜，降低可变资本价值。因此，它具有抑制平均利润率下降的作用，因为它使剩余价值率提高，使不变资本价值降低。另外，资本通过对外贸易与投资，可以利用别国的廉价劳动力，提高剩余价值率，进而提高利润率。例如自 20 世纪 70 年代以来，面对以制造业为主体的实体经济的生产能力严重过剩和利润率下降，跨国公司把劳动密集型制造业投资转向亚洲和拉丁美洲一些劳动力成本低廉的发展中国家和地区。[①] 这样，资源和要素在全球范围的配置使得跨国公司将先进的技术与发展中国家廉价的劳动力结合起来，大大提高了跨国公司盈利水平。布伦纳指出，全球化已经成为对利润率下滑的一个回应。[②]

第六，股份资本的增加。"这种股份资本类似生息资本，因为这种资本虽然投在大生产企业上，但是在扣除一切费用之后，这种资本只会提供或大或小的利息，即所谓股息。"[③] 根据马克思的观点，这些资本不会参加一般利润率的平均化过程，它们没有从具有较低构成的资本的生产部门取得剩余价值，从而暂时缓和了一般利润率的下降。如果它们参加进来，平均利润率就会下降得更厉害。从理论上说，如果把它们计算进去，那么得到的利润率小于表面上存在的并且实际上对资本家起决定作用的利润率，因为恰好在这些企业内，不变资本同可变资本相比最大。

尽管反作用因素会阻碍、延缓并且部分抵销一般利润率的下降，但是这些因素不会取消这个规律，只会减弱它的作用。赵峰指出，一般利润率下降规律发挥作用并不与在一段时期，甚至相当长的时期内一般利润率上升的动态相矛盾，这种上升是资本主义生产关系调整以适应生产力发展的结果，是起反作用的那些因素发挥作用的结果，实际一般利润率的波动是规律的表现形式，实际的一般利润率上升的时期是资本主义经济的繁荣阶段，而下降的时期是资本主义危机阶段。[④] 所以，马克思指出："这个规

---

① 高峰：《金融化全球化的垄断资本主义与全球性金融—经济危机》，《国外理论动态》2011 年第 12 期。

② 蒋宏达、张露丹：《布伦纳认为生产能力过剩才是世界金融危机的根本原因》，《国外理论动态》2009 年第 5 期。

③ 牛文俊：《战后美国长期利润率变动研究》，博士学位论文，南开大学，2009 年，第 78 页。

④ 赵峰：《资本主义经济增长的逻辑》，经济科学出版社 2009 年版，第 139、140 页。

律只是作为一种趋势发生作用；它的作用，只有在一定情况下，并且经过一个长的时期，才会清楚地显示出来。"①

第七节　规律内部矛盾的展开

一般利润率下降是资本主义内在矛盾的基本表现形式。② 利润率的下降趋势引起和加深了资本主义一系列矛盾。在利润率趋向下降的重压之下，资本家必然要试图通过加速资本积累和发展生产力以获得更多的利润量来抵补利润率下降的损失，然而资本家为加快资本积累所采取的措施往往会引起资本有机构成的进一步提高，这必然会加剧利润率的下降。随着利润率下降趋势和反作用因素之间的冲突，这个规律的内在矛盾不断展开、激化和衍生并表现为三对不同矛盾：剩余价值的生产条件和实现条件的矛盾、生产扩大和价值增值的矛盾，以及人口过剩与资本过剩所包含的矛盾。③ 这些矛盾的展开、深化最终会导致社会再生产过程的混乱和停滞，引发经济危机。陈恕祥教授曾指出，利润率下降规律的内部矛盾的展开，就是资本主义生产方式内部矛盾在动态上的展开。④

第一，剩余价值生产和剩余价值实现之间的矛盾。剩余价值的生产和实现构成资本循环相互交错的资本循环过程。资本循环框架可以由 $M-C-C'-M'$ 来代表。一共可以分为三步。第一步是剩余价值生产的准备阶段。用货币资本（M）与生产资料（C）的交换，但是其中价值不变。第二步是剩余价值的生产过程，即生产资料转化为新的商品（C'）的过程，由于存在剩余价值，这会使新的商品的价值大于生产资料的价值。第三步也就是最后一步，是最终产品与金钱交换的过程（M'）。⑤ "随着表现为利润率下降的过程的发展，这样生产出来的剩余价值的总量会惊人地膨胀起来。现在开始了过程的第二个行为，总商品量，即总产品，无论是补偿

---

① 《资本论》第三卷，人民出版社1975年版，第266页。
② 逢锦聚等主编：《政治经济学》，高等教育出版社2009年版，第213页。
③ 孙立冰：《论利润率趋向下降的规律及与资本主义经济危机的内在联系》，《当代经济研究》2009年第12期。
④ 陈恕祥：《论一般利润率下降规律》，武汉大学出版社1995年版，第147页。
⑤ 大卫·科茨、童珊：《利润率、资本循环与经济危机》，《海派经济学》2012年第4期。

不变资本和可变资本的部分，还是代表剩余价值的部分，都必须卖掉。"①但是，马克思指出，直接剥削的条件和实现这种剥削的条件不仅在时间和空间上是分开的，而且在概念上也是分开的。前者只受社会生产力的限制，后者受不同生产部门的比例和社会消费力的限制，而且这个消费力还受到追求积累的欲望的限制，受到扩大资本和扩大剩余价值生产规模的欲望的限制。随着资本主义生产规模的扩大，生产的进一步发展对市场的依赖就越来越明显。尽管资本家利用现代科技生产出越来越多的产品和服务，但是在这同一进程中，社会有效需求规模和增速相对缩小了。因为资本替代劳动所导致的相对过剩人口增加，以及资本过剩导致的资本家之间的无序竞争使得剩余价值的实现困难重重，而且利润率下降压力越大，资本家越要努力提高劳动剥削程度，增加剩余价值的生产，这种竭泽而渔的增殖方式对剩余价值的实现困境不但没有缓解，反倒会使得剩余价值的实现问题更加恶化。因此，伴随着资本主义的发展，剩余价值的生产虽然会增长，但是剩余价值的实现条件却日益恶化。所以，在马克思看来，"资本过剩和日益增加的人口过剩结合在一起是完全不矛盾的；因为在二者结合在一起的时候，所生产的剩余价值的量虽然会增加，但是生产剩余价值的条件和实现这个剩余价值的条件之间的矛盾，正好因此而日益增长"。②20世纪70年代以来，为了摆脱生产过剩危机，发达资本主义国家借助负债消费重启经济增长，消费率的增加已经不再依赖真实收入的增长。福斯特对美国情况曾有如下评论："工资和薪酬支出占GDP的百分比，从1970年的约53%，急剧下降为2005年的约46%。然而就在同一时期，消费似乎完全不顾这种趋势，其占GDP的百分比从20世纪60年代早期的60%左右，上升到2007年的约70%。"③ 由于低收入群体的收入增速非常缓慢，决策部门一方面鼓励居民借钱消费，并通过降低利息率、降低贷款标准、资产证券化等措施为穷人消费融资。例如，从2001年1月至2003年6月，美国联邦基金利率连续13次下调，从6.5%下降到1%的历史最低水平，并维持一年之久，以刺激美国政府和普通家庭举债消费。另一方

---

① 《资本论》第三卷，人民出版社1975年版，第272页。
② 同上书，第273页。
③ JohnBellamy Foster and Robert W. McChesney, "*Monopoly – Finance Capital and the Paradox of Accumulation*"，转引自孟捷《新自由主义积累体制的矛盾与2008年经济—金融危机》，《学术月刊》2012年第9期。

面，政策制定者和监管者希望借助于"资产价格凯恩斯主义"刺激疲弱的经济继续扩张。美联储放松借贷以鼓励投资和投机者购买金融资产。由于政府的推波助澜，资产价格飙升，企业和居民户至少在纸面上经历了巨大的财富增长。他们因此可以进行大规模的借款，大肆增加自己的投资与消费，以此带动经济。①

第二，生产扩大和价值增殖之间的冲突。资本及其自行增殖是资本主义生产的动机和目的，这是由生产资料的资本主义私人占有制决定的。在资本主义生产过程中，资本主义生产方式的独有特征就是把现有的资本价值用作最大可能增值这个价值的手段。它用来达到这个目的的方法就是不断地发展劳动生产力，增加资本积累。马克思指出，劳动生产力的发展——首先是剩余劳动的创造——是资本的价值增加或资本的价值增殖的必要条件。因此，资本作为无限制地追求发财致富的欲望，力图无限制地提高劳动生产力并且使之成为现实。② 劳动社会生产力的发展一方面表现在已经积累起来的生产资本的绝对量上，表现为生产的扩大，生产的社会化程度不断提高。另一方面表现在投在工资上的资本部分同总资本相比相对缩小，即表现在为一定量资本的再生产和增殖，为进行大量生产所必需的活劳动的相对缩小。投在工资上的资本部分的缩小意味着生产工人的收入越来越少和消费能力不断萎缩，因此资本价值的保存和增殖只能在一定的限制以内运动。劳动社会生产力的发展还表现在："降低利润率，使现有资本贬值，靠牺牲已经生产出来的生产力来发展劳动生产力。"③ 这一过程体现了社会生产力无条件的发展与现有资本增殖这个有限的目的之间的冲突。"资本要尽量减少自己所雇用的工人人数即减少转化为劳动力的可变资本部分的趋势……是同资本要生产尽可能多的剩余价值量的另一趋势相矛盾的。"④ 所以，马克思说："资本主义生产的真正限制是资本自身。"⑤

第三，人口过剩时的资本过剩。资本过剩是相对过剩人口的补充现

---

① 蒋宏达、张露丹：《布伦纳认为生产能力过剩才是世界金融危机的根本原因》，《国外理论动态》2009年第2期。
② 《马克思恩格斯全集》第46卷（上），人民出版社1979年版，第306页。
③ 《资本论》第三卷，人民出版社1975年版，第278页。
④ 《资本论》第一卷，人民出版社1975年版，第339页。
⑤ 《资本论》第三卷，人民出版社1975年版，第278页。

象，虽然二者处在对立的两极。资本的这种过剩是由引起相对过剩人口的同一情况产生的。如果利润率下降也伴随利润量的大幅下降，一部分中小资本无利可图，从而表现是多余的、不能正常发挥作用的资本。马克思指出，资本过剩的实质是指那种利润率的下降不会由利润量的增加得到补偿的资本的过剩，或者是指那种以信用形式交给大产业部门的指挥人去支配的资本的过剩。"资本的生产过剩，仅仅是指可以作为资本执行职能即可以用来按一定剥削程度剥削劳动的生产资料——劳动资料和生活资料——的生产过剩。"① 当增加以后的资本同增加以前的资本相比只生产同样多或者更少的利润时，就会发生资本的绝对生产过剩。资本的绝对生产过剩不是生产资料的绝对生产过剩，它只是在下面这个意义上说的生产资料的生产过剩，也就是说，生产资料应当作为资本执行职能，从而应当同随着自己的量的增加而增加的价值成比例地增值这个价值，生产追加价值。由于利润率趋向下降，追加资本不能增大利润量，只能生产相同的利润量或更少的利润量，这时资本是过多了。"相对过剩人口和相对过剩资本的产生，表明资本主义生产关系和生产力矛盾的加深，前者限制了后者的发展。"②

利润率下降导致资本生产过剩，引起资本之间的竞争。在任何情况下，都是由于一个或大或小的资本被闲置下来，甚至被毁灭，才恢复原有的平衡，使资本的正常的自行增殖的条件得到修复。在竞争过程中，遭受最严重破坏的是股票债券之类的具有价值属性的资本，即资本价值。当它预期的收入减少时，将会立即贬值。现有货币会闲置下来，不再执行资本的职能。市场上的一部分商品只有通过价格的猛烈下降才能完成其流通过程和再生产过程，这就是商品的普遍过剩。同样，固定资本的要素也会或多或少地贬值。价格的普遍下降导致再生产过程陷入停滞和混乱。这种混乱和停滞，会削弱货币支付手段职能，会在许多地方破坏一定期限内的支付债务的锁链，而在当信用制度由此崩溃时，情况会变得更加严重，由此引起强烈的严重危机，突然的强制贬值，以及再生产过程的实际的停滞和混乱，从而引起再生产的实际的缩小。资本过剩、生产停滞，会使工人阶级的一部分失业，由此使就业的部分处于这样一种境地：他们只好让工资

---

① 《资本论》第三卷，人民出版社 1975 年版，第 285 页。
② 魏埙：《价值理论——资本主义经济理论体系的基础》，《政治经济学评论》2005 年第 1 期。

下降，甚至下降到平均水平以下。工资下降、资本贬值，以及由于价格下降引起新技术的采用又会促使利润率提高，再生产过程的条件得以重新创造。

　　利润率下降趋势和反作用趋势之间的冲突引起和加剧上述三对矛盾。这些矛盾相互交织、相互作用，导致生产过剩、资本过剩和人口过剩。生产过剩、资本过剩与人口过剩之间互为因果、互为补充，引发生产过程的停滞和经济运行条件的恶化。各种矛盾的积累达到一定程度，内部的能量释放必然会引发社会再生产过程的中断，并进一步造成整个社会的经济动荡。对此，马克思特别强调："资本主义生产……在利润的生产和实现要求停顿时停顿。"①

第八节　资本主义生产的悖论和局限性

　　利润和利润率是资本主义生产的目的和促进资本主义生产发展的根本因素，但也因此暴露出资本主义生产方式的悖论和内在局限性。资本主义生产一定不能没有利润，但是资本主义社会的根本矛盾在资本运行的现象形态上恰恰表现为利润率趋于下降的规律。② 一方面，科学技术在生产中的应用，资本技术构成和有机构成不断提高，表明社会生产力具有无限扩大的趋势和潜力。另一方面，生产力发展在资本主义制度下却颠倒地表现为：活劳动被物化劳动所排挤和代替，资本利润率趋于下降。因而，资本保值增值的基本手段，即科学技术在生产过程中的应用，与资本积累的目的和愿望发生了根本性的冲突。所以，资本积累"只能在一定的限制以内运动"。资本生产方式为它自己造成了这样一种限制，这是资本主义生产关系制约生产力发展的最明显表现。

　　资本主义如何克服上述发展困境？如果局限于资本主义制度本身，肯定无法解决这一问题。"资本主义经过产业革命，由工场手工业进到机器大工业，这本来是生产力的发展和历史的进步，但是机器的资本主义应用方式，却不仅没有缓和资本主义的矛盾和对抗，反而使这种矛盾和对抗更

---

　　① 《资本论》第三卷，人民出版社1975年版，第288页。
　　② 谢富胜、李安、朱安东：《马克思主义危机理论和1975—2008年美国经济的利润率》，《中国社会科学》2010年第5期。

加尖锐。"① 资产阶级把技术的副作用不断放大，以至于在生产过程中，无产阶级得不到全面发展，反而受到严重异化，即"……机器就其本身来说可以缩短劳动时间，而它的资本主义应用却延长了工作日；……机器本身可以减轻劳动，而它的资本主义应用却提高了劳动强度；……机器本身是人对自然力的胜利，而它的资本主义应用却使人受自然力的奴役；……机器本身可以增加生产者的财富，而它的资本主义应用却使生产者变成需要救济的贫民。"② 资本保值增值的基本手段与资本主义社会的生产目的——追逐剩余价值既相互依存，但又相互矛盾。如果不改变生产目的，资本主义就逃不出"手段和目的"的二律悖反。要么改变生产目的，要么持续遭受利润率下降和周期性经济危机的困扰。尽管缓和利润率下降重压的手段可以不断变换花样，但是资本主义终究逃不出"资本的限制"，而必须不断地通过危机来克服这种限制，也就是说，通过破坏现有的生产力来创造生产力进一步发展的条件。

---

① 赵家祥：《〈资本论〉及其手稿中的生产方式概念》，《北京行政学院学报》2013年第4期。
② 同上。

第四章　中国实体经济利润率：基于经典马克思主义的分析方法

改革开放 30 多年以来，我们对社会主义市场经济运行机制的认识不断深化，驾驭市场经济规律的能力不断增强，而客观、准确考察改革开放以来中国实体经济利润率的历史轨迹，剖析其演进历程以及经济、政治与社会环境发生的变化，有利于进一步把握社会主义市场经济的内在要求和运行特点。本章将采用经典马克思主义的分析方法对 1981—2009 年中国实体经济的利润率进行计算，从测算的结果观察利润率的变动趋势，然后对利润率变动的具体原因作出初步的理论分析。

第一节　利润率计算方法

马克思价值核算体系测度的利润率是 $p = \dfrac{s}{c+v} = \dfrac{s}{C}$，这里 p 表示利润率，s 表示剩余价值总额，c 表示预付不变资本，不变资本由两个部分组成，一部分是以机器设备、厂房等形式存在的固定资本。另一部分是以原材料、燃料等形式存在的流动资本。v 表示预付可变资本，C 表示预付不变资本与预付可变资本之和，简称预付总资本。由于当代国民经济核算体系理论基础是新古典经济学和凯恩斯主义宏观经济学，很多统计指标在概念和计算方法上与马克思的相关经济范畴并非一一对应，因此，无法直接应用现行统计年鉴上的数据直接计算资本有机构成、利润率等变量，而且有些马克思主义的指标在现有技术条件下也难以获取，这就需要一个把国民经济核算体系的指标转换成符合马克思主义经济学分析框架的指标的过程，指标的转换工作会为实证研究带来一定的困难。对于利润率的计算方法目前还存在一些分歧和争议，本书不打算对所有的争议和分歧作深入探讨，但有必要简述几个比较关键的问题。

第一个争议是利润率的测算是使用价值变量还是价格变量？在马克思理论文献中，所有的变量都是用价值单位来测算的，而在当代国民经济核算体系中，每一个变量都是用货币单位来测算的。① 一些西方学者如谢赫、彼得罗维奇等主张使用价格计算，而且他们的实证分析表明，使用国民收入统计报表中的价格估算马克思的价值范畴（例如，剩余价值率）是可行的。② 法杰恩和马可福（Farjoun, E., M. Machover, 1983）认为，如果利润率的测算针对很多商品，价格利润率将会非常接近价值利润率。③ 有鉴于此，本书的剩余价值率、资本有机构成和利润率等指标也直接使用价格来计算。

第二个争议是生产劳动和非生产劳动如何划分？可变资本该如何测算？莫斯利（Moseley, 1986）④ 认为，依据马克思的价值理论，投入流通领域和监管领域的劳动是非生产劳动，这一类劳动尽管对于资本主义生产是必需的，但非生产性劳动不创造剩余价值，并不会使商品价值增加，因此购买非生产性劳动力的资本就不是可变资本，或者说非生产性费用本身是对剩余价值的一种扣除，这种费用必须从生产性劳动创造的剩余价值得到补偿。谢富胜、李安（2011）认为，虽然管理者、工程师和技术人员等非生产人员对生产过程的运行是必需的，但是他们并不直接进行利润创造工作。⑤ 实际上，在《资本论》中，马克思对生产劳动和非生产劳动的区别作出了明确界定，在马克思看来，"只有为资本家生产剩余价值或者为资本的自行增殖服务的工人，才是生产工人。如果可以在物质生产领域以外举一个例子，那末，一个教员只有当他不仅训练孩子的头脑，而且还

---

① Zhangyu and Zhangfeng, "The Rate of Surplus Value, the Composition of Capital, and the Rate of Profit in the Chinese Manufacturing Industry: 1978 – 2005", paper presented at the second annual conference of the international forum on the comparative political economy of globalization.

② 这方面的文献综述参见高伟《中国国民收入和利润率的再估算》，中国人民大学出版社2009年版，第5页。

③ E. Farjoun, M. Machover, "The Rate of Profit in Canadian Manufacturing, 1950 – 1981", *Review of Radical Political Economics*, Vol. 18, No. 1& 2, 1986, pp. 33 – 55.

④ Fred Moseley, "Estimates of the Rate of Surplus – Value in the Postwar United States Economy", *Review of Radical Political Economics*, Vol. 18, No. 1&2, 1986, pp. 168—189.

⑤ 谢富胜、李安：《美国实体经济的利润率动态：1975—2008》，《中国人民大学学报》2011年第2期。

为校董的发财致富劳碌时，他才是生产工人"。① 关于什么是生产劳动，马克思在《剩余价值学说史》中指出：

> 从资本主义生产的意义上说，生产劳动是这样一种雇佣劳动，它同资本的可变部分（花在工资上的那部分资本）相交换，不仅把这部分资本（也就是自己劳动能力的价值）再生产出来，而且，除此之外，还为资本家生产剩余价值。仅仅由于这一点，商品或货币才转化为资本，才作为资本生产出来。只有生产资本的雇佣劳动才是生产劳动。因而，只有创造的价值大于本身价值的劳动能力才是生产的。②

关于什么是非生产劳动，马克思强调：

> 那就是不同资本交换，而直接同收入即工资或利润交换的劳动（当然也包括同那些靠资本家的利润存在的不同项目，如利息和地租交换的劳动）。凡是在劳动一部分还是自己支付自己（例如徭役农民的农业劳动），一部分直接同收入交换（例如亚洲城市中的制造业劳动）的地方，不存在资产阶级政治经济学意义上的资本和雇佣劳动。因此，这些定义不是从劳动的物质规定性（不是从劳动产品的性质，不是从劳动作为具体劳动所固有的特性）得出来的，而是从一定的社会形式，从这个劳动借以实现的社会生产关系得出来的。例如一个演员，哪怕是丑角，只要他被资本家（剧院老板）雇用，他偿还给资本家的劳动，多于他以工资形式从资本家那里取得的劳动，那么，他就是生产劳动者；而一个缝补工，他来到资本家家里，给资本家缝补裤子，只为资本家创造使用价值，他就是非生产劳动者。前者的劳动同资本交换，后者的劳动同收入交换。前一种劳动创造剩余价值；后一种劳动消费收入。③

---

① 《资本论》第一卷，人民出版社1975年版，第556页。
② 《马克思恩格斯全集》第26卷（Ⅰ），人民出版社1972年版，第142页。
③ 同上书，第148页。

从上述马克思对生产劳动与非生产劳动论述中,可以得出如下结论。其一,生产劳动是生产剩余价值的成分,与资本的可变部分即可变资本相交换。因此,为了使可变资本等变量计算同马克思的经济范畴相一致,我们必须认真考虑生产劳动部门与非生产劳动部门的区分。其二,剩余价值唯一的是生产劳动的产物,也意味着非生产劳动相对于生产劳动的比例增加会导致生产的剩余价值总量下降,当其他情况不变时,利润率也会下降。[1]

根据莫斯利的研究,非生产劳动主要有两种:流通领域的劳动和监管领域的劳动。[2] 对于投入流通领域劳动的非生产性,目前存在的争议不大。不过,监管领域的劳动是否为非生产劳动需要具体分析。我们认为,随着生产社会化水平的提高,管理劳动的重要性日益提升,而且马克思也指出:"凡是有许多个人进行协作的劳动,过程的联系和统一都必然要表现在一个指挥的意志上,表现在各种与局部劳动无关而与工场全部活动有关的职能上,就象一个乐队要有一个指挥一样。这是一种生产劳动,是每一种结合的生产方式中必须进行的劳动。"[3] 因此,管理人员是"总体工人"的一个器官,管理劳动也是生产劳动,那么可变资本除包括一般生产性劳动者工资报酬外,还应包括管理人员的劳动收入。魏埙(2002)[4]也曾指出,由于管理工作在企业经营和生产发展中所起的作用越来越大,因而管理者的劳动也应算作生产劳动或创造价值的劳动……即使是私人投资者,假如他们也参加企业的生产经营,其收入也算作劳动收入,不能全都视为非劳动收入,但如果数额巨大,超过正常的劳动收入,即成为非劳动收入了。我们认为,由于现实条件下管理人员的收入"数额巨大",不仅包含劳动收入,而且包含大量非劳动收入或剥削收入。为了对不同性质收入进行区分,我们的处理方法是:假设管理人员合理的工资性收入与一般生产性劳动者的工资水平相同,实际收入中超出部分即为非劳动收入。管理人员的非劳动收入是非生产性支出的一个成分。当然非生产性支出不仅包

---

[1] 杨戈、杨玉生:《生产劳动和非生产劳动与当代资本主义》,《当代经济研究》2011年第3期。

[2] Fred Moseley, "Estimates of the Rate of Surplus – Value in the Postwar United States Economy", *Review of Radical Political Economics*, Vol. 18, No. 1 & 2, 1986, pp. 168 – 189.

[3] 《资本论》第三卷,人民出版社1975年版,第431页。

[4] 魏埙:《马克思劳动价值论的继承与发展》,《南开大学学报》2002年第1期。

括管理人员的非劳动收入，还包括税收、地租以及利息等。用数学公式可表示为 $U = \sum_{i=1}^{n} u_i$，总的非生产性支出 U 是不同类型的非生产性支出 u_i 之和。

第三个争议是在计算资本有机构成以及利润率时是否考虑周转因素影响？高峰认为，在计算价值构成时应当舍象周转因素的影响。因为一方面，计算价值构成的目的是检验资本价值构成的变动是否反映技术构成的变动，只有舍象周转因素的影响，所计算的价值构成才能合理地与技术构成相比较；另一方面，在实际的经济分析和统计中，不可能以一个周转期为时间单位来计算生产规模、产量、生产要素投入量等。这不仅因为企业的实际周转期间很难精确测定，即使能测定，由于各个企业各个部门的周转期间长短不一，以周转期为单位所计算的产量、生产要素量等根本无法加总……既然企业的生产规模、产量和要素投入量等只能以年为单位计算，劳动生产率和资本技术构成也只能以年为单位来衡量。[①] 王庭笑则指出，在实际计算中，由于无法正确剔除周转速度对流动资本和剩余价值的影响，因而无法获取流动资本预付量和剩余价值的准确数据。如果着眼于分析利润率的长期动态趋势而不是某一时点的具体数值，计算年利润率的方法不会歪曲利润率的长期趋势。[②] 我们认为，资本周转速度的快慢对于利润率的大小会存在一定影响。一般来说，在其他条件不变的情况下，周转时间快的资本比周转时间慢的资本利润率要高。但是，考虑目前数据的可得性，要想精确计算流动资本的周转次数几乎是不可能的。对于不变流动资本，研究者通常的做法是用统计资料中的存货指标代替。但是，统计资料中所列的存货与马克思所说的不变流动资本远非一一对应。[③] 况且中国的资料只统计了工业部门的存货，并且只有几年的数据。基于上述原因，在计算利润率时，就不考虑不变流动资本及其周转次数的影响。我们用历年净固定资本存量来表示不变资本，用所有生产性劳动者的工资总额表示可变资本，于是资本价值构成的计算就转化为计算固定资本价值与可变资本周转价值总额的比率。

---

① 高峰：《资本积累理论与现代资本主义》，南开大学出版社1991年版，第83、88页。
② 王庭笑：《资本主义一般利润率变动的长期趋势》，《南开大学学报》1988年第4期。
③ 高峰指出，存货价值是年底或年初的瞬间数字，包括企业在该时点存有的原材料、半成品和成品的价值，与一年期间所耗费的原材料价值之间的差别过大，不能用以代替耗费的原材料价值。参见高峰《马克思的资本有机构成理论与现实》，《中国社会科学》1983年第2期。

第二节 变量选取和数据处理

本章计算的利润率是实体经济部门利润率,在现代市场经济中,"实体经济是指物质产品、精神产品的生产、销售及提供相关服务的经济活动,不仅包括农业、能源、交通运输、邮电、建筑等物质生产活动,也包括商业、教育、文化、艺术、体育等精神产品的生产和服务。"[1] 由于现有统计资料尚未覆盖所有细分行业部门,因此本书将实体经济限定于农林牧渔业、工业、建筑业、交通运输仓储和邮电通信业这4大产业部门,这几个部门是最主要的物质生产部门,可以称为狭义的实体经济部门。[2] 作为国民经济的主要产业部门,1978—2009 年,上述 4 个产业部门的增加值占我国国内生产总值的比重达到 72.39%。即使是在最近的十年,它们占国内生产总值的比重也都在 60% 以上。因此实体经济部门利润率的走势基本上可以反映出中国经济一般利润率的走势。计算利润率等变量所使用的基础数据主要来自历年《中国统计年鉴》、《中国固定资产投资统计年鉴》和《中国劳动统计年鉴》,由于原始数据在概念和统计口径上并不能满足本书需要,因此,这些数据必须经过初步加工处理才能使用。

一 固定资本存量的计算

净固定资本存量是计算利润率的关键变量,但是,我国还没有官方正式发布的资本存量数据,不过,我们可以运用永续盘存法(PIM)去估算我们所需的数据。

(一)估计方法

国际较为通行地用于估算固定资本存量的方法是永续盘存法(PIM),运用这个方法计算资本存量不仅可以充分利用较长时期连续的,相对可靠的投资统计资料,还可以任意选择某个资料较为齐全的年份作为基期进行向前或向后递推,因而在实践中得到广泛应用。美国商务部于 20 世纪 70 年代开始运用 PIM 定期对年度资本存量进行估计,此后,大多数 OECD 国家都公布了官方统计的固定资本存量数据。永续盘存法的基本原理为:

---

[1] 李晓西、杨琳:《虚拟经济、泡沫经济与实体经济》,《财贸经济》2000 年第 6 期。
[2] 为了叙述的方便,接下来的部分省略"狭义"二字。

从每年投资数据中估算出资本存量的数据。用这种方法计算出的资本存量是以不变价格计算的过去投资的加权和，权重是不同役龄的资本品的相对效率，即

$$K_t = \sum_{t=0}^{\infty} d_T I_{t-T}$$

其中，K_t 表示 t 期资本存量，I_{t-T} 表示 T 年前的投资数目，d_T 表示役龄为 T 的资本品的相对效率，即旧资本品相对于新资本品的边际产出，一般假设新资本品的相对效率为 1，退役资本品的相对效率为 0，由于直接测量 d_T 非常困难，一般方法是假设资本品服从一定的相对效率模式，此处假设资本品服从相对效率几何下降模式，那么资本存量的估计公式可以表示为：

$$K_t = I_t + (1 - \delta_t) K_{t-1}$$

其中，K_t 表示 t 期期末的固定资本存量，I_t 表示 t 期的投资或新增固定资本流量，δ_t 表示固定资本的经济折旧率。

应用永续盘存法计算资本存量需要确定四个关键变量：基期资本存量 K_0、历年投资指标 I、投资品价格指数以及经济折旧率。

(二) 历年投资数据 I_t

就实体经济部门的固定资产投资而言，1996 年以来的分行业固定资产投资数据比较完整。因此，可以很方便地根据年鉴资料提供的原始数据计算出 1996 年以来整个实体经济部门的固定资产投资。但是，1996 年以前的相关统计资料就显得不尽如人意，实体经济部门的固定资产投资流数据需借助其他方法进行估算。在浏览相关的统计年鉴时，我们发现《中国固定资产投资统计年鉴（1950—1995）》和《中国固定资产投资统计数典（1950—2000）》提供有 1981—2000 年国有经济和城镇集体所有制单位[①]国民经济主要行业固定资产投资的统计数据，考虑那个时期国有经济和城镇集体经济固定资产投资占全社会固定资产的比重很大，经计算这个比重约接近 70%，因而我们可以根据国有经济和城镇集体经济固定资产投资占全社会固定资产投资的比重推算出实体经济部门的固定资产投资。具体来说，估算 1981—1995 年实体经济部门固定资产投资序列需要四步才能完成：第一步，计算 1982—2000 年国有经济和城镇集体经济中固定

---

① 城镇集体经济所有制单位从 1982 年开始有分行业的固定资产投资数据。

资产投资所包含的实体经济投资。《中国固定资产投资统计年鉴（1950—1995）》和《中国固定资产投资统计数典（1950—2000）》提供有1982—2000年国有经济和城镇集体所有制单位国民经济主要行业固定资产投资数据，我们把实体经济分行业投资数据进行相加得到第一步所需的数据。第二步，假设第一步计算出的实体经济投资占全社会实体经济固定资产投资的比重与国有经济和城镇集体经济固定资产投资占全社会固定资产投资的比重相同，利用这种方法可以估算出实体经济部门的固定资产投资。第三步，在对第二步估算出的1996—2000年实体经济部门投资数据与统计年鉴上发布的数据[①]进行比较后，我们发现，用上述方法估计出的数据要比统计年鉴上公布的投资数据平均每年高出1491亿元，统计年鉴上发布的1996—2000年的历年投资约占我们所估计的投资的91.26%，且这个比率比较稳定。考虑估计的1982—1995年的数据可能会偏大，把第二步估算出的1982—1995年投资序列乘以一个固定的系数91.26%。第四步，估算1981年实体经济部门的固定资产投资，假设1981—1982年实体经济部门的固定资产投资的名义增长率与全社会固定资产投资名义增长率相同，由此获得1981年的实体经济投资。经过上述四个步骤的估算，最终得到一个完整的1981—1995年的实体经济固定资产投资序列。

（三）构造投资品的价格指数

由于每年不同资本品的投入价格不一致，并且资本品的组成也不尽相同。在运用永续盘存法估算资本存量时，总量层次的处理方法是使用一个统一的价格指数调整各年的名义投资，将现价投资用一定的价格指数进行平减，折算成以不变价格表示的实际值。在SNA体系下，一般利用固定资产投资价格指数来缩减现价固定资产投资，但是我国在1992年才开始公布固定资产投资价格指数，对于1992年以前的固定资产投资价格指数，大多数研究采取的办法是自己估算或选用其他的价格指数代替。本书估算方法为：根据《中国国内生产总值核算历史资料（1995—2004）》提供的固定资本形成总额及其指数计算1981—1992年的投资价格指数，并处理为以1981年为基期的价格平减指数。

（四）固定资本经济折旧率的处理

经济折旧是在每个时期为了保持财产完整必须补偿的价值。经济磨损

---

① 当然先要对分行业投资数据相加。

体现为财产使用相对效率的下降，它取决于财产的有形损耗和无形损耗。根据相关文献以及中国企业折旧率偏低的实际情况，假定折旧率等于5%（Perkins, 1998；郭庆旺、贾俊雪，2004；郭玉清，2006）。

（五）固定资本存量 K_0 的选择

基期资本存量的确定一直是学术界争论的焦点所在，由于不同学者采取的估算方法不同，得出的基期资本存量数值往往会大相径庭。基期资本存量的估算在已有的研究文献中一般选择1952年和1978年，当然基年选择得越早越好，此时基期资本存量估计的误差对后续年份的影响就越小，限于数据可得性和研究的需要，本书将基期定于1981年。对于1981年的固定资本存量，采用霍尔和琼斯（Robert E. Hall, Charles I. Jones, 1999）提出的估计方法。二人在估计127个经济体1960年的资本存量时，采用的方法是用1960年的投资除以1960—1970年各国（实际）投资的几何平均增长率和折旧率之和。[①] 阿尔文·杨（Alwyn Young, 2003）估计1952年中国的物质资本存量时就应用这一方法。[②] 我们估计1981年中国实体经济资本存量的方法是用1981年的实体经济投资除以1981—1991年实体经济实际投资的几何增长率与折旧率之和，使用这种方法得出的基年固定资本存量为3616.49亿元。

一旦完成上述四个变量的估算，就可以计算实体经济部门的资本存量。具体的步骤为：先用固定资产投资价格指数将历年实体经济固定资产投资折算成1981年不变价投资，然后根据所设定的经济折旧率和估算的基期存量，运用永续盘存法的基本公式 $K_t = I_t + (1 - \delta_t)K_{t-1}$ 估算历年的资本存量，因此估算出来的资本存量数值均是按照1981年不变价来计算的。

二　可变资本的计算

可变资本除了包括一般生产性劳动者的工资报酬，还应包括管理人员的劳动收入。受原始数据可获得性以及统计口径和方法演变等因素的制约，估算实体经济的可变资本并不是一件轻松的事。我们的具体步骤为：

第一步，估算一般生产性劳动者平均工资。根据前述分析，假设管理

[①] Robert E. Hall and Charles I. Jones, "Why Do Some Countries Produce So Much More Output Per Worker Than Others", *Quarterly Journal of Economics*, Vol. 114, No. 1, 1999, pp. 83 – 116.

[②] Alwyn Young, "Gold into Base Metals: Productivity Growth in the People's Republic of China during the Reform Period", *Journal of Political Economy*, Vol. 111, No. 6, 1999, pp. 1220 – 1261.

人员的劳动收入与一般生产性劳动者工资水平相同,但是统计年鉴既没有公布实体经济管理人员的真实收入水平,也没有公布管理人员的人数或其所占比重。对此只好使用工业部门中管理人员占比代替。不过,工业部门管理人员占比数据并不是每年都会公布,目前只能在1985年和1995年两次工业普查资料中查到相关的数据,《中华人民共和国1985年工业普查资料(简要本)》显示:1985年全部独立核算工业年末职工人数为6604.5018万人,其中管理人员为694.1353万人,管理人员所占的比例为10.51%。[1]《中华人民共和国1995年第三次全国工业普查资料摘要》给出的1995年全部乡及乡以上独立核算工业企业从业人员年末人数为8575.58万人,其中管理人员为898.18万人[2],管理人员所占比例为10.47%,十年间管理人员所占的比重变化并不明显。非常巧合的是,西蒙·莫恩(Simon Mohun,2006)[3] 对美国生产性部门雇员构成的研究表明:1964—2001年,美国生产性部门监管雇员占总雇员的比率基本在11%—12%之间,而且比较稳定,这个数字与我国工业部门管理人员占比差别并不大,因此我们决定把10%这个比例应用到整个实体经济部门中。另外,由于我国的统计资料中并没有把管理人员和非管理人员的工资分别列出来,而管理人员的实际收入又包含着大量的非劳动收入。这意味着统计年鉴公布的"就业人员平均工资"指标包含应属于剩余价值的部分。一般说来,管理人员的收入水平肯定高于平均的收入水平。目前有些上市公司高管年薪数百万元,是一般生产工人年工资的几百倍;中层管理人员的年薪也有数十万元,大大超过一线工人工资。一些抽样调查也发现一线职工与中高层管理人员之间的收入差距明显拉大。据江苏省常州市统计局对企业内部职工收入的分配现状所进行的调查,"一线职工与企业经营者的工资收入差距比较悬殊,且呈逐年扩大的态势。2002年,被调查企业一线职工平均工资为13980元,相当于中层管理人员的60%、高层管理人员的32%;到2004年,一线职工平均工资已经下降为中层管理人员的

---

[1] 国务院全国工业普查领导小组办公室:《中华人民共和国1985年工业普查资料(简要本)》,中国统计出版社1989年版,第196—197页。

[2] 第三次全国工业普查办公室:《中华人民共和国1995年第三次全国工业普查资料摘要》,中国统计出版社1996年版,第168—169页。

[3] Simon Mohun, "Distributive Shares in the US Economy, 1964–2001", *Cambridge Journal of Economics*, Vol. 30, No. 3, 2006, pp. 347–370.

51.8%、高层管理人员的28.2%；2002年，被调查企业中收入差距最大的10家企业，其高层管理人员的平均收入大致相当于一线职工的9.3倍；到2004年，这一差距进一步扩大到了10.1倍。"[①] 但是，如何衡量实体经济部门管理人员和非管理人员的工资差距呢？我们浏览相关的统计年鉴时发现，统计年鉴公布了1985年以来高收入户和低收入户城镇家庭平均每人全年实际收入，可用这两组数据之比作为管理人员和非管理人员平均工资水平之比的替代变量。对于1985年以前的比例，假设与1985年相同。假设某个部门一般的生产性劳动者的平均工资为 w_p，管理人员工资和一般生产性劳动者平均工资水平之比为 α，则管理人员的工资水平为 αw_p，设该部门的就业人员数为 L，那么该部门所有人员的工资总额 $W = 0.9L \times w_p + 0.1L \times \alpha w_p$，经过简单的数学变换可得 $w_p = \dfrac{W/L}{0.9 + 0.1\alpha}$，其中，$W/L$ 就是该部门所有就业人员的平均工资，这组数据从已有的统计资料可以直接得到。因此，根据这个公式可以估算出一般生产性劳动者的平均工资 w_p。

第二步，估算整个实体经济部门所有就业人数。从中经网统计数据库、历年《中国劳动统计年鉴》中，可以查阅到1981—2002年各行业从业人员总数。2002年以后，统计部门不再公布全国第二产业和第三产业分行业从业人员数据，根据城镇单位分行业就业人员增长率估算出第二产业和交通运输、仓储和邮政业从业人员数。

第三步，用每个行业的就业人数乘以该行业一般生产性劳动者的平均工资就得到该行业的可变资本，把实体经济分行业的可变资本加起来就得到整个实体经济的可变资本。

用第二步计算出的分行业就业人员数乘以相应行业的"就业人员平均工资"，然后再相加就得到实体经济部门的工资总额，当然这个工资总额包含了管理人员的非劳动收入，用工资总额减去实体经济的可变资本就得到实体经济部门管理人员的非劳动收入，或者称其为监管类非生产劳动支出。

三 利润总额的计算

在国民经济核算中，国内生产总值是指按市场价格计算的一个国家或

[①] 《一线职工工资收入分配状况的调查与思考》，http://www.jssb.gov.cn/jssb/tjfx/tjfxzl/1200512200049.htm。

地区所有常住单位在一定时期内生产活动的最终成果,等于国民经济各部门的增加值之和,而每一个部门的增加值又等于劳动者报酬、生产税净额与固定资本消耗之和,其中生产税净额等于生产税减去政府补贴。"劳动者报酬指劳动者因从事生产活动所获得的全部报酬。生产税指政府对生产单位从事生产、销售和经营活动以及因从事生产活动使用某些生产要素(如固定资产、土地、劳动力)所征收的各种税、附加费和规费。生产补贴与生产税相反,指政府对生产单位的单方面转移支出,因此视为负生产税,包括政策亏损补贴、价格补贴等。固定资产折旧指一定时期为弥补固定资产损耗,按照规定的固定资产折旧率提取的固定资产折旧,或按国民经济核算统一规定的折旧率虚拟计算的固定资产折旧。它反映固定资产在当期生产中的转移价值。营业盈余指常驻单位创造的增加值扣除劳动者报酬、生产税净额和固定资产折旧后的余额。"由于生产税净额也是剩余价值的一部分。因此实体经济的剩余价值总额或者利润总额等于实体经济部门的增加值减去实体经济部门固定资本折旧与可变资本之和。实体经济固定资本存量、可变资本以及利润量计算结果如表4-1所示。

表4-1　　　　　　　　实体经济部门剩余价值总额　　　　　单位:亿元

年份	实体经济固定资本存量	实体经济部门增加值	可变资本	利润量
1981	3616.49	4035.66	2396.89	1457.94
1982	4315.30	4407.26	2574.30	1617.19
1983	5161.66	4899.53	2726.18	1915.27
1984	6316.31	5760.31	3194.45	2250.04
1985	8102.07	6852.71	3803.69	2643.93
1986	10226.51	7780.23	4609.16	2659.74
1987	12714.59	9052.96	5168.70	3248.53
1988	16792.47	11138.30	6040.72	4257.96
1989	20105.50	12356.66	6713.30	4638.09
1990	23113.79	13946.43	8269.20	4521.55
1991	27753.13	15864.70	9131.04	5346.00
1992	35235.44	19255.08	10189.48	7303.83
1993	49910.51	25592.19	11817.62	11279.04
1994	62050.22	34805.98	15700.85	16002.62

续表

年份	实体经济固定资本存量	实体经济部门增加值	可变资本	利润量
1995	73897.32	44059.57	19324.87	21039.83
1996	86326.23	51632.51	21623.61	25692.59
1997	97778.15	56133.45	22687.48	28557.06
1998	108902.13	58482.71	23786.44	29251.16
1999	119546.93	60978.78	25623.53	29377.91
2000	133157.38	66661.55	27765.15	32238.53
2001	147169.37	72163.81	30966.43	33838.92
2002	163303.19	77926.73	34858.32	34903.26
2003	187844.26	87731.22	37948.09	40390.91
2004	226722.77	104621.44	41976.61	51308.69
2005	269607.31	120684.26	47133.03	60070.86
2006	323335.95	139942.53	54934.83	68840.90
2007	397860.05	169059.40	65710.41	83455.98
2008	510656.32	199067.94	75645.51	97889.61
2009	601600.94	209922.49	85797.41	94045.04

资料来源：历年《中国固定资产投资统计年鉴》、《中国统计年鉴》、《中国劳动统计年鉴》，《中国国内生产总值核算历史资料（1952—2004）》、中经网统计数据库。

第三节 改革开放以来实体经济利润率长期走势及原因分析

我们将利润率公式 $p = \dfrac{s}{c+v}$ 进行简单的数学变换可得 $p = \dfrac{s/v}{c/v+1}$。等式右边的分子为剩余价值 s 与可变资本 v 之比，即剩余价值率，通常用 s' 表示。分母中的 c/v 为不变资本 c 与可变资本 v 之比，即资本有机构成，我们可以用 q 表示。[1] 因此，利润率反映的是剩余价值率 s' 与资本有机构成

---

[1] 在理论上可以区分资本有机构成和价值构成，但是，在经验证明上很难将二者区分开。因此，在实证分析部分，如果没有特别说明，我们所说的资本有机构成实际上是资本的价值构成。

q 之间的关系。从利润率的表达式 $p = \dfrac{s'}{q+1}$ 可以判断,利润率与剩余价值率同方向变化,与资本有机构成反方向变化。当剩余价值率不变或者剩余价值率增幅没有超过资本有机构成增幅时,资本有机构成的上升必然导致利润率的下降。当资本有机构成不变或者上升幅度较小时,利润率会随着剩余价值率的上升而提高。马克思认为,在资本主义生产方式下,随着劳动生产力的发展,单个劳动者所推动的生存资料不断增加,反映在价值关系上就是不变资本比可变资本增长得快。尽管剩余价值率也会随劳动生产力的提高而上升,但是剩余价值率上升幅度要受一定制约,所以资本有机构成最终会超越剩余价值率的反作用,促使利润率趋向下降。当然,正是由于利润率的下降趋势受到反作用因素的阻挠和抵消,所以"实际的一般利润率的动态是一个非连续的持续波动过程"。[①] 一般利润率的下降既不能理解为像自由落体那样直线下降,也不能理解为年复一年地逐年递减,而应理解为一种趋势。根据高峰教授的看法,经济趋势是经济变量向同一个方向的长期运动。[②] 就一般利润率而言,在一个较长的时期内,只要利润率在大多数时间内朝着某一个方向变动,我们就说利润率具有某种趋势。正如价格围绕着价值波动是价值规律的表现形式一样,一般利润率沿着下降趋势起伏不定正是一般利润率下降规律的表现形式。[③] 根据马克思利润率公式和上文计算出的固定资本存量、可变资本与剩余价值等数据,可以测算出中国实体经济部门的资本技术构成、资本有机构成、剩余价值率和利润率。

一 改革开放以来中国实体经济利润率的长期趋势

在宏观经济研究中,人们往往关心经济时间序列的长期趋势,而为了观测变量的长期趋势,必须剔除偶然或短期因素的影响,这里采用国际上广泛使用的 HP 滤波(Hodrick – Prescott Filter)技术来拟合实体经济利润率的长期趋势。在拟合之前,首先介绍 HP 滤波方法的基本原理[④]:

设经济时间序列 $\{Y_t\}$ 是包含波动成分和趋势成分的时间序列,$\{Y_t^*\}$

[①] 赵峰:《资本主义经济增长的逻辑》,经济科学出版社 2009 年版,第 139 页。
[②] 高峰:《资本积累理论与现代资本主义》,南开大学出版社 1991 年版,第 34 页。
[③] 王庭笑:《资本主义一般利润率变动的长期趋势》,《南开学报》1988 年第 4 期。
[④] 高铁梅:《计量经济分析方法与建模:Eviews 应用及实例》,清华大学出版社 2009 年版,第 40 页。

是该时间序列所包含的波动成分，$\{Y_t^T\}$是该时间序列所包含的趋势成分，则：

$Y_t = Y_t^c + Y_t^T$，t = 1，2，…，T

计算 HP 滤波就是从$\{Y_t\}$中将Y_t^T分离出来，一般来说，时间序列$\{Y_t\}$中的不可观测部分趋势Y_t^T常被定义为下面最小化问题的解：

$$\min\left\{\sum_{t=1}^{T}(Y_t - Y_t^T)^2 + \mu\sum_{t=2}^{T-1}[(Y_{t+1}^T - Y_t^T) - (Y_t^T - Y_{t-1}^T)]^2\right\}$$

HP 滤波依赖于参数 μ 的选择，$\mu = 0$ 时，满足最小化问题的趋势等于序列$\{Y_t\}$；μ 的值增大时，估计趋势中的变化总数相对于序列中的变化减少，即随着 μ 的增大，估计的趋势就越光滑，当 μ 趋于无穷大时，估计趋势接近于线性函数。一般来说，对于月度数据，μ 的值通常取 14400；对于季度数据，μ 取 1600；对于年度数据，μ 取 100。图 4-1 报告了对实际利润率进行 HP 滤波处理后得到的走势图。

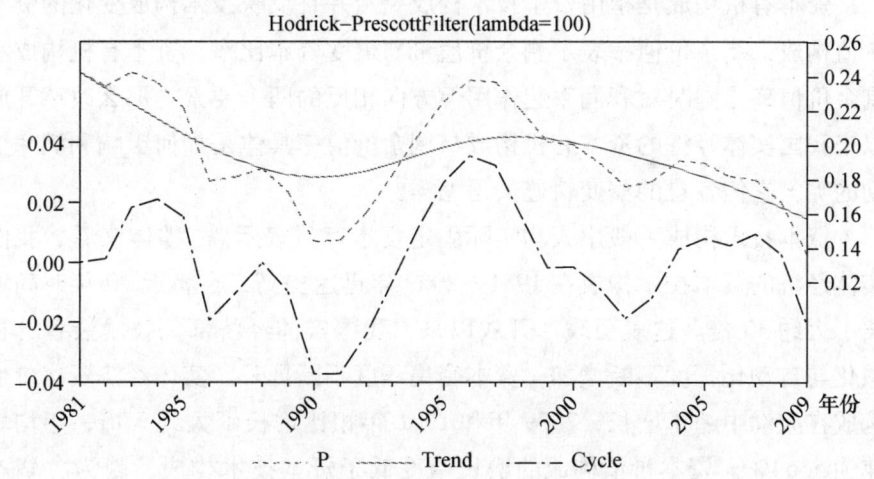

图 4-1　实体经济利润率 HP 滤波处理分解图示：1981—2009

如图 4-1 所示，如果剔除各年不规则变动和较短时期的周期变动，改革开放以来我国实体经济利润率的变动轨迹是：1981—1990 年，利润率趋于下降；1991—1998 年，利润率缓慢回升；1999—2009 年，利润率再度趋于下滑。整体来看，在将近 30 年的时间里，我国实体经济利润率基本呈下降态势。经过 HP 滤波处理过的利润率仅有 8 年上升，其余 21

年均在下降。可见，利润率在多数年份都是朝着一个方向变动。因此，我国实体经济利润率的走势符合马克思关于一般利润率下降规律的有关论断。为了更清晰考察利润率周期波动的特征，可以计算实体经济部门分周期或分阶段的利润率。根据实体经济利润率 HP 滤波处理分解图，并参考改革开放以来中国经济周期的划分标准①，把这 29 年分为三个时段，每个时段大约 10 年，来观察每一经济周期内的年平均利润率。计算结果表明：第一周期，1981—1990 年，利润率平均值为 20.43%；第二周期，1991—1998 年，年均利润率为 19.55%；第三周期，1998—2009 年，年均利润率为 18.45%。第二周期的平均利润率比第一周期的平均利润率低不到 1 个百分点，第三周期的平均利润率比第二周期的平均利润率低 1.1 个百分点。由此可见，自从我国进入新一轮经济周期以来，实体经济利润率下降的幅度和步伐都加快了。

二　改革开放以来实体经济利润率趋向下降的原因

资本有机构成是指由资本技术构成决定并且反映技术构成变化的资本价值构成，剩余价值率表示剩余价值量与可变资本比率，资本有机构成和剩余价值率是同时对利润率起作用但方向相反的两个要素。那么改革开放以来我国实体经济的资本有机构成与剩余价值率具体是如何影响利润率变动的呢？它们各自的演变轨迹又是怎样？

资本技术构成一般用人均实际固定资本存量表示。② 整体来看，我国实体经济的资本技术构成在 1981—2009 年迅速提高，在将近 30 年时间增长了大约 30 倍。这表明改革开放以来，我国实体经济部门技术装备的机械化与自动化程度不断增加，资本密集程度不断提升。实体经济资本价值构成在波动中趋于增长，2009 年和 1981 年相比增长了大约 3 倍，年均增速为 5.64%。资本价值构成的增长幅度低于资本技术构成，因为"资本价值构成的变化，只是近似地表示出资本的物质组成部分构成上的变化……原因很简单：随着劳动生产率的增长，不仅劳动所消费的生产资料

---

①　1981—1990 年通常划分为两个周期，我们将其合并一起。
②　米希尔认为，使用固定资本—劳动比率的原因在于这个比率最能抓住马克思坚持机械化程度会持续上升的观点。存货被排除在外，因为存货表现出周期波动的特征，与劳动过程的技术特征没有关系。参见 Thomas R. Michl, "The Two – Stage Decline in U.S. Nonfinancial Corporate Profitability, 1948 – 1986", *Review of Radical Political Economics*, Vol. 20, No. 4, 1988, pp. 1 – 22.

的量增大了，而且生产资料的价值比生产资料的量也相对地减小了。"①
我国实体经济资本技术构成与资本价值构成之间的动态关系同马克思揭示的资本有机构成变动规律一致。剩余价值率的变化趋势同资本价值构成一样，也随着劳动生产力的发展而提高，在所考察的样本期内增长了大约0.8倍。但是剩余价值率年均增速仅为2.12%，与资本价值构成相比则略显迟缓。由于资本价值构成，即资本有机构成上升的速度超过了剩余价值率，最终导致实体经济的利润率在这29年里趋于下降，统计分析显示，利润率的年均增速为−2%。总的来看，改革开放以来，我国实体经济的利润率、资本有机构成和剩余价值率的变化趋势与马克思所揭示的三者之间的动态关系完全一致。这三个变量的变化趋势如图4−2所示。

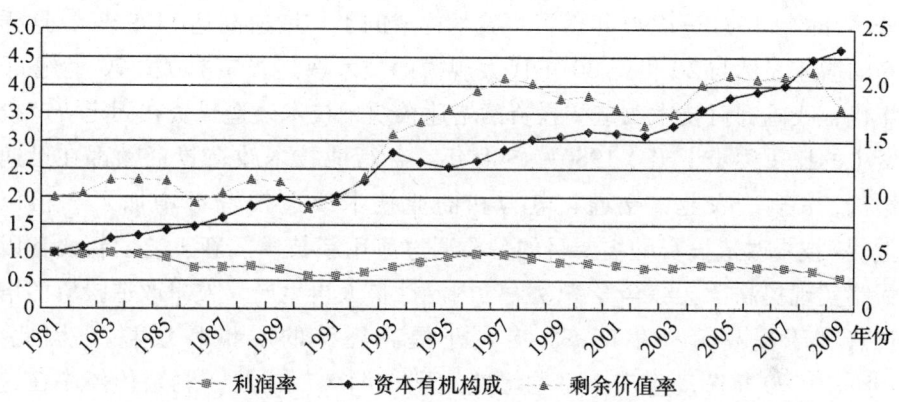

图4−2 实体经济的利润率、资本有机构成与剩余价值率（1981年=1）
资料来源：历年《中国固定资产投资统计年鉴》、《中国统计年鉴》、《中国劳动统计年鉴》、《中国国内生产总值核算历史资料（1952—2004）》、中经网统计数据库。

第四节 改革开放以来实体经济利润率短期波动研究

上一节对实体经济部门的利润率进行了初步的统计分析。实证研究结

---

① 《资本论》第一卷，人民出版社1975年版，第683—684页。

果表明，实体经济利润率在周期波动中表现出明显的下降趋势。利润率总的变化趋势与马克思的预测是完全一致的，但正如图4-1所示，由于反作用因素的力量有时会很强大，利润率在某些时期会有一定程度回升。根据前面的划分标准，把1981—2009年划分为三个阶段，然后具体考察每一个阶段的利润率状况。

一 1981—1990年的利润率变动趋势及原因分析

1981—1990年，实体经济利润率在波动中趋于下降，利润率的峰顶出现在1983年。就这10年来看，利润率平均值为20.43%，利润率的平均增长率为-5.62%；资本有机构成的平均增长率为7.09%；剩余价值率的平均增长率为-1.18%。因此，资本有机构成的上升和剩余价值率的降低直接导致了利润率的萎缩。资本有机构成的上升与技术构成的上升是分不开的。1981—1990年，资本技术构成的平均增速高达11.92%，这样高的增速显然与20世纪80年代大规模的技术改造投资有关。20世纪80年代，我国针对技术改造的投资额增速很快，技术改造投资在固定资产投资中的比重逐步上升。1980—1988年，各行业技术改造投资额都在迅速增长，工业、农业、交通、电力和商业技术改造投资额增加了3倍以上。[①] 技术改造投资的主要目的是要通过应用新技术、新工艺、新设备以最终实现提高社会综合经济效益的内涵性扩大再生产，技术改造投资的增加有利于提高劳动生产率，有利于提高经济的质量和效益。[②] 因此，1981—1990年劳动生产率平均增速达到4.41%。但是，剩余价值率在这一时期的增长率为负。根据马克思的分析，剩余价值率应该随着劳动生产力的提高而提高。要解释这个与理论预期相背现象，则需要结合当时中国的社会经济条件来说明。剩余价值率等于剩余价值与可变资本的比率。那么，可变资本和剩余价值在此期间的变动状况又是怎样？根据我们的测算，可变资本的名义增速为14.75%，剩余价值在这一时期的名义增速略微低于前者，为13.4%。进一步分析可知，推动可变资本快速增长的动力是实体经济部门高速增长的平均工资。据测算，劳动者名义工资增速达到10.87%。这一时期较快的工资增速具有归还历史欠账的性质，因为改革开放以前片面强调资本积累，过度抑制消费，忽视了广大职工生活水平

[①] 谢富胜、张余文：《改革开放以来中国不同行业技术改造投资的实证分析》，《上海经济研究》2005年第7期。

[②] 同上。

的提高。1980年以后，政府对此方面的不足有所纠正，为调动劳动者的积极性，职工的货币工资收入有所提高。收入水平快速增加也与20世纪80年代国民经济发展比较快有关，尤其是在80年代的上半期，随着经济体制改革由农村向城市推进，经济发展活力稳步增强，五年中有三年的国内生产总值以高达两位数的速度增长。不过，到了80年代的下半期，经济增长的波动幅度加大，从1988年开始，前期的高增长、低通胀局面发生了逆转，由于投资增速过快、物价大幅度上涨，以至于1988年的通货膨胀率达到两位数，经济运行出现混乱局面。当年第四季度，政府开始对经济运行进行治理整顿和调整。[1] 政府"一刀切"式的调控政策迫使投资增速快速下降。1988年，国有投资率先回落，其增长速度低于非国有部门，1989年和1990年投资增幅回落较大，1988年国有投资增速为-15.27%，非国有投资增速为-15.84%，1990年国有投资增速仅为0.77%，非国有投资仍然为负。[2] 投资需求的萎缩再加上西方国家对我国进行经济贸易制裁使得国内需求与国外需求同时减弱，总需求的降低导致1989年和1990年的经济增长速度急剧下滑至4.1%和3.8%。[3]

二 1990—1998年的利润率变动趋势及原因分析

1990—1998年，实体经济利润率出现了阶段性的回升。与上一轮利润率周期相比，本轮利润率周期持续的时间较短，就这9年来看，利润率平均值为19.55%，平均增长率为5.46%；资本有机构成的平均增长率为6.36%；剩余价值率的平均增长率为10.66%。由于剩余价值率上升很快，其反作用力量超过资本有机构成的影响，利润率开始逐步回升。

虽然资本有机构成平均增长率低于上一时段，但仍然继续上升，这与资本技术构成的提高有关。20世纪90年代，我国实体经济的资本技术构成继续上升，技术构成的增速为12.26%，比80年代略微高一点。资本技术构成上升反映出我们的投资规模和投资增速仍然较大。1992年召开党的"十四大"把我国经济体制改革的目标正式确立为社会主义市场经济。与我国建立社会主义市场经济体制建设相适应，工业、农业、电力和交通等行业技改投资经历了新一轮的上扬，工业和农业增加了1倍左右，

---

[1] 林兆木等：《经济周期与宏观调控》，中国计划出版社2008年版，第35页。
[2] 中国社会科学院经济研究所宏观课题组：《投资、周期波动与制度性紧缩效应》，《经济研究》1999年第3期。
[3] 林兆木等：《经济周期与宏观调控》，中国计划出版社2008年版，第35页。

电力、交通等行业技术改造投资额则翻了六番以上。① 与此同时，我国实体经济的劳动生产率也实现了两位数的增长，达到10.59%，大大高于前一个时期。利润总额的平均增速达到26.29%，高于可变资本7.07%的增长，由于这一时段的可变资本增长较慢，利润额增长较快。因此，剩余价值率增速得以大幅上升。

这一时期可变资本增长较慢原因归结起来有两个方面：第一，实体经济对就业的吸纳能力减弱，1998年和1990年相比，实体经济从业人员下降了5.28%。1993年以后，随着国有企业改革的深入和结构调整，特别是1996年以后买方市场格局的形成，国企优化改革和企业改组力度增大，企业开工不足、倒闭、破产，亏损以及与此相联系的职工下岗和失业问题越来越严峻。根据陈淮的推算，按照城镇登记失业率推算，如果把下岗职工计算在内，1997年城镇的社会实际失业率为9.36%，即使扣除下岗职工中"隐性就业"部分，实际失业率也应在8%以上。② 第二，实体经济就业人员工资增幅较慢。虽然实体经济部门平均工资的名义增长速度高达14.89%，但是实际增速仅为5.19%，名义工资增速与实际工资增速相差近10个百分点在很大程度是由于20世纪90年代高达两位数的通货膨胀率造成的。1992年邓小平南方谈话后，经济发展速度加快，当年经济增长率上升到14.2%。经济快速发展的同时出现了开发区热、房地产热、金融秩序混乱等问题，通货膨胀趋势明显。③ 通货膨胀率从1991年的3.4%上升至6.4%，1993年通货膨胀率更是高达14.7%，1994年攀升至24.7%的顶峰。经济过热的突出表现是固定资产投资规模过大，面对这种严峻的经济局面，政府在1993年开始采取抑制通货膨胀和经济过热的紧缩性政策，1996年年底成功实现经济"软着陆"，严重的通货膨胀得到有效抑制。④

1997年下半年以后，亚洲金融危机来袭，国际经贸形势骤变，国外需求下降加上国内需求不足，导致1998年我国经济运行遇到阻滞，经济

---

① 谢富胜、张余文：《改革开放以来中国不同行业技术改造投资的实证分析》，《上海经济研究》2005年第7期。
② 陈淮：《中国就业问题的分析与对策建议》，《管理世界》1999年第1期；武力：《中华人民共和国经济史》（下），中国时代出版社2010年版，第943页。
③ 林兆木：《经济周期与宏观调控》，中国计划出版社2008年版，第36页。
④ 刘金全、蔡志远：《我国改革开放以来三个快速经济增长周期模式和成因的对比分析》，《学海》2011年第1期。

增长率只有 7.8%，出现了轻微的通货紧缩，扩大内需成为国家面临的主要任务之一。① 然而，在市场经济条件下，投资需求对利润率和利润预期非常敏感，在产品过剩、盈利能力得不到改善且前景尚不明朗情形下，投资主体对增加投资异常谨慎，"1998 年上半年，占全社会固定资产投资规模近一半的非国有经济的投资为零增长。"② 面对经济的萧条运行和国内有效需求不足，政府采取了积极的财政政策和稳健的货币政策以扩大内需，以减轻经济大幅波动的影响。1998 年下半年财政部向国有银行增发了 1000 亿元人民币国债，与增发的 1000 亿元国债相配套，银行增发 1000 亿元贷款，除了继续加大农林水利、交通通信的投资外，重点加强对环境保护、城乡电网改造、粮食仓库和城市公用事业等需要国家投资的基础设施的建设。全年财政支出比上年增长了 19.3%，全年新增贷款近 1.45 万亿元。此外，银行在增加信贷规模的同时，还采取了诸如取消商业银行贷款规模限制、降低利率和存款准备金率、延长贷款期限等多项措施以扩大货币供给。③

三 1998—2009 年的利润率变动趋势及原因分析

中国经济运行于 1999 年完成筑底，2000 年开始缓慢复苏。1998—2009 年，我国实体经济的劳动生产率平均增速为 8.4%，略低于前一阶段，资本技术构成增速达到 14.62%。就这 12 年来看，利润率平均值为 18.45%，平均增速为 -4.2%；资本有机构成的平均增速为 3.95%；剩余价值率的平均增速为 -1.04%。因此，资本有机构成上升和剩余价值率的微弱下降导致利润率在这一时段内趋于下降。资本有机构成上升与这一时期重化工业发展有关，重化工业是资本密集型行业，需要大规模资本投资。2003 年以后，随着工业化和城市化程度的上升，我国的投资率一直居高不下，2007 年投资率高达 45% 以上。尽管劳动生产率的增速不低，但是剩余价值率出现了微弱下降，究其原因，最主要的还是在于可变资本的增速超过了剩余价值总额的增速。相关的统计资料显示，虽然实体经济在这一时期对就业的吸纳能力基本停滞，但是实体经济部门名义工资和实

---

① 刘金全、蔡志远：《我国改革开放以来三个快速经济增长周期模式和成因的对比分析》，《学海》2011 年第 1 期。

② 张连城：《我国经济周期的阶段特征和经济增长趋势》，《经济与管理研究》1999 年第 1 期。

③ 张连城：《我国经济周期的阶段特征和经济增长趋势》，《经济与管理研究》1999 年第 1 期；武力：《中华人民共和国经济史》（下），中国时代出版社 2010 年版，第 965—966 页。

际工资增速分别达到 12.49% 和 10.77%。在这种情况下，可变资本受单个劳动者工资增速加快的推动可以很快增长。同时，受我国消费率逐年走低、内需不足、人民币升值加快以及原材料价格上升等因素影响，企业的盈利空间受到多种因素的挤压，剩余价值的增速自然会减缓。

第五节　中国工业利润率的长期趋势与短期波动

　　本节实证分析重点集中在工业部门。工业包括采矿业、制造业和电力、燃气及水的生产和供应业，它是国民经济最重要的物质生产部门之一。改革开放 30 多年来，我国工业经济快速发展，工业综合实力不断提升，在国民经济中的作用不断增强，是中国经济增长的最重要引擎。工业经济发展的成绩主要表现在："一是规模迅速扩大。2008 年，工业实现增加值 12.9 万亿元人民币，工业增加值占 GDP 的比重达 43%。二是建立起了具有一定技术水平、门类齐全的完整工业体系，工业区域布局和产业组织结构得到优化，能源原材料工业、装备工业、消费品工业和电子制造业等快速发展。三是资源综合利用水平不断提高。2008 年，规模以上工业的万元增加值能耗为 2.19 吨标准煤，比 2007 年下降 8.43%；万元工业增加值用水量下降 7%；单位国内生产总值化学需氧量、二氧化硫排放量分别减少 4.42% 和 5.95%。四是工艺装备水平和产品附加值持续提高。2007 年，高技术产业增加值占工业增加值的 10.1%，新产品销售收入比重达 14.8%，发电设备、轨道交通、船舶、航空航天等装备保障能力明显提高。五是成长起以进入世界五百强企业为代表的一批世界级工业企业，分布在各行各业、各具特色的骨干企业和龙头企业发挥着重要作用。数量庞大、广泛吸纳就业的中小企业和民营企业充满活力。六是工业成为社会就业的重要方面。2007 年，全国工业行业就业超过 1.2 亿人，其中规模以上工业企业就业达 7800 多万人，大量农村富余劳动力进入采掘业和制造业。"[①] 工业是拉动我国经济增长的主要动力。工业和信息化部运行监测协调局、中国社会科学院工业经济研究所联合发布的《2010 年工业经济运行研究报告》显示：2010 年工业对经济增长的贡献率为 49.3%，

---

　　① 李毅中：《国际金融危机下的中国工业》，《中国发展观察》2009 年第 4 期。

比2009年提高9.3个百分点。改革开放以来,"中国积极承接国际产业转移,在长三角、珠三角、环渤海湾等地区形成了较强的生产制造能力。2007年中国制造业增加值占全球的比重上升到14%,工业制成品出口规模居世界第二。"[①]

一 变量选取和数据处理

(一)工业部门固定资本存量

目前我国还没有可用的官方发布的工业部门的资本存量数据。虽然《中国工业经济统计年鉴》使用了固定资产原值或固定资产净值两个概念,不过这两组数据在概念和统计口径上很难满足分析的需要。固定资产原值或固定资产净值是财务会计中的概念,是由不同时期和不同价格水平投资品的价值简单加总得到的,前者表示的是以历史购买价格表示的目前正在使用的资本品价值的总和,后者等于前者减去历年的累积折旧,两者均不能很好地反映资本存量的实际数值。历史成本计价没有剔除核算期内价格变动的影响,会导致资本存量价值在非一致的基础上进行加总,固定资产净值对折旧的扣除完全是税收制度下的做法,没有和资本品的相对效率联系起来。有鉴于此,必须对这些原始数据进行必要的矫正和调整,进而以符合永续盘存法的方法估算我国工业部门的资本存量,估算的企业统计口径在1998年以前是"乡及乡以上独立核算工业企业",此后调整为"国有及规模以上非国有工业企业"。永续盘存法的应用包括四个关键问题:(1)基期资本存量K_0的确定;(2)当年投资指标I_t的选取;(3)投资品价格指数的构造;(4)经济折旧率的确定。对于工业投资流,使用固定资产原值一次差分法获得。至于投资品价格指数,使用估算实体经济资本存量时所构造的固定资产投资价格指数。经济折旧率同样设定为5%。估算基期资本存量的方法是用1981年的工业投资除以1981—1991年实际工业投资的几何增长率与折旧率之和。使用这种方法计算出的基期资本存量为1880.39亿元。

(二)可变资本

可变资本为一般生产工人劳动报酬与管理人员的劳动收入之和。计算工业部门可变资本的具体步骤为:第一步,计算工业部门所有从业人员数。我们从《中国工业经济统计年鉴》、《中国统计年鉴》以及1985年和

[①] 李毅中:《国际金融危机下的中国工业》,《中国发展观察》2009年第4期。

1995年的两次工业普查资料可以获得1980年和1984—2009年规模以上工业全部从业人员年平均人数。由于1981—1983年的从业人员数在年鉴资料中无法查到，我们使用插值法取得。第二步，计算工业部门生产工人的平均工资。根据前面推导的公式 $w_p = \dfrac{W/L}{0.9 + 0.1\alpha}$，我们将统计年鉴上列出的采矿业、制造业以及电力、燃气及水的生产和供应业这三个行业的平均工资分别转化为这几个行业生产性工人的平均工资，把这三个行业的生产性工人的平均工资进行算术平均得到工业部门生产工人的平均工资。第三步，计算可变资本。把第一步和第二步估测出的数据对应相乘得到工业部门可变资本序列。

(三) 利润总额

商品价值由三大部分组成：$c + v + m$。c 是消耗的生产资料价值，v 是代表劳动力价值的补偿部分，m 是剩余价值。根据马克思的观点，剩余价值 m 仍然要进一步分解，而不是全部归产业资本家所有，像利息、地租等都是其他要素所有者对剩余价值的进一步分割。《中国工业经济统计年鉴》报告了历年国有及规模以上非国有工业企业的利润，年鉴列出的"利润"与我们计算一般利润率时所需要的利润总额虽然在字面意义上并无差别，其实含义相去甚远。我们要计算的利润总额不外乎是剩余价值的另一种说法，也就是企业所创造的新价值中除去支付给生产工人工资和补贴的部分，不仅包括留给企业的利润，还包括企业所缴纳的地租、税收，支付给股东的红利以及支付给银行的利息和其他非生产性开支。就中国工业部门而言，统计部门并未公布与剩余价值直接对应的指标。要想得到历年规模以上工业企业的剩余价值总额，我们需要把每年的利润、税收、地租、红利和利息进行相加。遗憾的是，统计年鉴并未统计地租和红利两项指标。因此，我们把所考察的剩余价值等于利润＋税收＋利息＋监管人员的非劳动收入，比本来意义上的剩余价值的范围窄。其中利润和税收在年鉴资料中有详细的统计，而利息数据的缺失状况非常严重，1981年的利息数据无从查找，我们假设为零，1982—2000年的利息数据来自蒋云赟、任若恩（2004）的研究，2001—2009年的利息支出数据来自《中国工业经济统计年鉴》，由于2004年的利息支出数据在统计年鉴中无法查到，假设2004年利息支出占利税总额的比例与2003年的占比相同，然后再根据2004年的利税总额估算出2004年的利息支出。最后，把历年的利息、税收、利润和监管人员的非劳动收入相加得到工业部门的剩余价值总额。

二 改革开放以来工业部门利润率长期走势及原因分析

根据马克思利润率公式 $p = \dfrac{s}{c+v}$ 和上文中估算出的工业部门的固定资本存量、可变资本和剩余价值等数据，可测算中国工业部门的平均利润率。为观察变量的长期走势，利用 HP 滤波技术剔除短期和偶然的扰动。结果如图 4-3 所示。

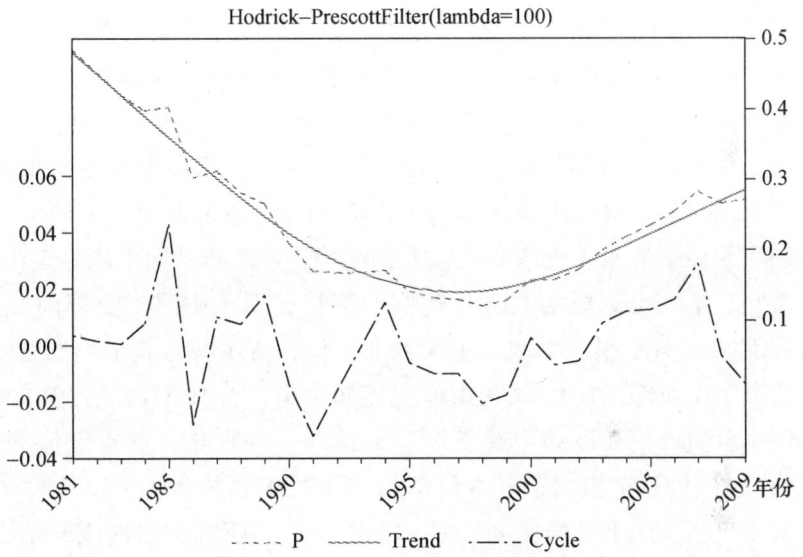

图 4-3 工业利润率 HP 滤波处理分解图示：1981—2009

观察图 4-3 不难发现，1981—2009 年，工业部门的平均利润率经历了一个先降后升的 U 形演进历程。经过 HP 处理过的利润率有 17 年在下降，有 12 年在上升。可见，工业部门的利润率在大多数年份是下降的。尽管工业部门的利润率下降趋势自 20 世纪 90 年代中后期以来得到扭转，但是直到目前为止，利润率水平仍然没有恢复到 80 年代的水平。具体来说，工业利润率从 1981 年的 48.5% 快速下滑到 1991 年的 16.98%。在接下来 4 年里，利润率水平始终停滞不前，在 17% 左右徘徊。1995 年利润率进一步跌落至 14.08%，然后在一个相对较低的水平跌跌撞撞前行了 3 年，最终在 1998 年探底回升。进入 21 世纪后，利润率强劲反弹，利润率从 1998 年的 12.06% 增加到 2007 年的 28.31%。令人遗憾的是，早期下降中只有 41.28% 得到了恢复。受美国金融危机影响，利润率在 2008 年和 2009 年又有轻微的回落。经验分析表明：1981—1990 年工业部门利润率平均值为 35.34%；1990—1994 年利润率平均值为 17.72%；1994—1998 年利润率平均值为 13.87%；1998—2009 年利润率平均值为 20.53%。第二阶段平均利润率比第一阶段低 50%，第三阶段平均利润率比第二阶段低 22%，第四阶段平均利润率尽管比第三阶段的表现要好得多，但也只恢复到 20 世纪 80 年代平均利润率的六成不到。可以说，经过 90 年代大规模的企业改制以来，我国工业企业的活力虽然有了一定程度的增强，经营效益不断改善，作为企业盈利表现的利润率也有了一定程度的恢复，但是与 20 世纪 80 年代的平均水平相比，差距仍然不小。

在马克思经济学分析框架内，随着资本积累发展和生产力水平提高，资本技术构成和资本有机构成将趋于上升，当剩余价值率不变或上升时，一般利润率趋于下降。改革开放以来，影响工业部门利润率趋势变化的各个变量经历了一个怎样的演进历程呢？测算显示，中国工业部门经过近 30 年的发展，劳动生产率增长了大约 8.4 倍，资本技术构成增长了近 17 倍，这表明工业部门的资本密集程度逐年上升。在技术构成提高的作用下，资本价值构成在波动中趋于增长，1981—1998 年，资本价值构成上升较快，与 1981 年相比，资本价值构成增长了大约 2.38 倍。1998 年以后，资本价值构成上升的速度趋缓，2001 年开始资本价值构成开始下降，截至 2009 年，资本价值构成大约下降了 36%，总的来看，资本价值构成在 1981—2009 年只增长了 1.16 倍，远远低于资本技术构成增长的幅度。剩余价值率的变化趋势与利润率非常类似。1981—1996 年，剩余价值率基本处于下降阶段；1997—2007 年，剩余价值率处于回升阶段；虽然在 2008 年和 2009 年剩余价值率有所下滑，但是 2009 年的剩余价值率依然比 1981 年高 8.76%。综观 1981—2009 年，资本有机构成的上升推动工业部门利润率在波动中趋于下降，利润率的年均增速为 -2.13%。可见，改革开放以来，我国工业部门的资本有机构成、剩余价值率和利润率变动的总体趋势均符合马克思的预测。

前已述及，剩余价值在产业资本循环的第二阶段被生产出来，但是最后留给产业资本家的只是其中的一部分，股息、利息、地租等都是剩余价值的转化形态，因而在统计年鉴资料中列出的"利润总额"一般来说小于剩余价值总额。如果把统计年鉴资料中核算的"利润总额"作为分子，分母仍然为不变资本与可变资本之和，这样计算出的利润率通常被称为净利润率。在这种情况下，还可以考察剩余价值的结构变化对净利润率的影响，如果利息或者税收增加或者其他类型的非生产性支出增加，或者它们同时增加，这都会对净利润产生不同程度的"侵蚀效应"。

在图4-4中，坐标的纵轴表示利润率的水平，横轴是以年为单位的时间，图中的两条曲线分别代表1981—2009年工业部门的平均利润率和净利润率的变动轨迹。从该图可以看出，1981—2009年两种利润率的走势基本相同，工业部门的平均利润率在将近30年的时间内下降了44%，净利润率下降的幅度更大一些，达到57%。尽管影响净利润率根本走势的变量仍然是资本有机构成和剩余价值率，但是剩余价值的结构性变化也对净利润率的变动产生了很大的影响。比如在利润率相对停滞的90年代，工业企业税收和利息负担都比较重。根据测算，利息支出在剩余价值中所占比重在1982年仅为3.14%，到了80年代末，它开始大幅增加，并于90年代达到顶峰，尤其是在利润率低迷的1993—1999年，利息支出占企业剩余的比重平均高达27%，最高的年份是1996年，达到30%。另外，整个工业企业的税收负担在90年代也相对加重。平均来说，20世纪80年代税收占剩余价值的比重为38.93%，90年代为45.85%，进入新世纪，工业企业的税收负担有所减轻。2001—2009年，税收占剩余价值的平均比重下降至37.64%，不仅远低于90年代平均水平，而且低于80年代平均水平。

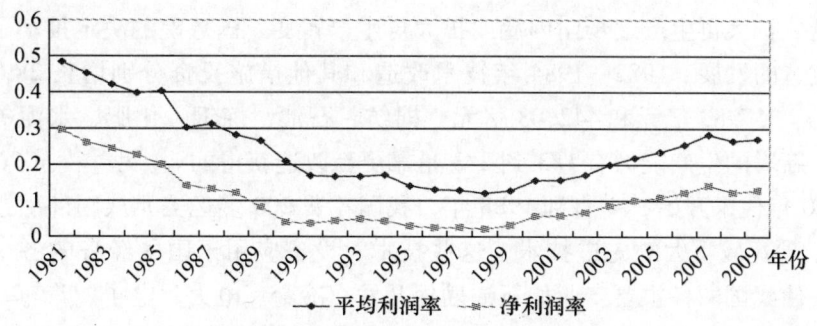

图4-4　中国工业部门的两种利润率

资料来源：历年《中国统计年鉴》、《中国劳动统计年鉴》、《中国工业经济统计年鉴》、中经网统计数据库。

三 改革开放以来工业部门利润率短期波动研究

在分析利润率的演变轨迹时,除了要观察利润率的长期走向,还应关注利润率的短期波动。前面已经对利润率波动的总体状况作了一个粗略概括,接下来将对利润率的短期波动进行一个较为细致的探讨。1981年以来,工业部门利润率的演进可以划分为四个时段,考虑到第二个时段持续的时间较短,且与第三个时段利润率的差距较小,把中间两个时段合并为一个时段,因此,1981—2009年就被划分为三个时段:第一个时段,1981—1990年;第二个时段,1990—1998年;第三个时段,1998—2009年。下面我们具体分析这三个阶段的利润率变动趋势及其原因。

(一)1981—1990年利润率下降的原因分析

20世纪80年代,工业利润率在大多数年份都处于下降态势,只在1985年和1987年经济过热时期有过微弱的上涨。就这10年来看:利润率平均值为35.34%,利润率的平均增长率为-8.87%;资本有机构成的平均增长率为5.7%;剩余价值率的平均增长率为-0.45%。因此,资本有机构成的快速提高和剩余价值率的下降直接导致利润率的下滑。决定资本有机构成上升的基本变量是资本技术构成,根据测算,1981—1990年,资本技术构成的平均增长率为11.62%。这一时期工业资本技术构成的上升有赖于新技术装备、新材料和新工艺的引进。在20世纪80年代初,针对我国工业企业设备老化、技术陈旧、产品落后的状况,国务院颁布了《关于对现有企业有重点、有步骤地进行技术改造的决定》(以下简称《决定》)。《决定》指出,改变过去以新建企业作为扩大再生产主要手段的做法,实行以技术改造作为扩大再生产主要手段的方针,工业的发展从外延式扩大再生产逐步向内涵式扩大再生产转变。国务院的决定推动了技术改造的发展。1982—1984年技术改造和其他措施投资分别增长289.78亿元、357.83亿元和442.03亿元。棉纺、石油、炼钢、化肥、水泥等行业,新增的生产能力有1/3到2/3是靠更新改造获得的。[①] 另外,从20世纪70年代末开始,一直到1988年,我国花费200多亿美元从国外引进了3520项比较重大的先进技术,这些技术、设备应用于国民经济的各个领域,使我国的各主要产业如石油勘探开发、冶金、电力、电子、汽车、化工、轻工业的设备制造和工艺技术都取得了重大进展,不少部门或产品达

---

① 汪海波:《中华人民共和国工业经济史》,山西经济出版社1998年版,第526—527页。

到或接近当时的国际先进水平。①

在经济调整、政府实行紧缩政策的1986年和1990年，平均利润率明显恶化，降幅增大，1986年利润率较1985年下降了大约10个百分点，1990年的利润率较1989年下降5.5个百分点。尽管利润率在下降，但剩余价值总额还在持续增加，剩余价值总额由1981年的1116.058亿元上升到1990年的2987.04亿元，总共增长了168%。不过，留给企业的净利润却减少了。1981年规模以上工业企业净利润额为682.4亿元，到1990年，这项指标不但没有增加，反而下降了17.97%，只有559.81亿元。通过分析剩余价值的构成，我们发现，净利润占剩余价值的比例在此期间下降了接近39个百分点，利息支出和税收占剩余价值的比重分别增加26个和11个百分点，利息和税收的大幅增加侵蚀了企业利润所得。

（二）1990—1998年利润率基本停滞原因分析

1990—1998年中国工业部门的利润率在停滞中继续下滑，经历了1990年的大幅跌落之后，平均利润率在1991—1994年并无明显下降趋势，1994年的利润率甚至有小幅回升。1995—1998年，利润率下降的幅度也很小，几乎每年减少约0.1个百分点。就这9年来看，利润率的平均值为15.65%，利润率的平均增长率为-6.71%，其中1991—1998年的利润率增长率为-4.78%；资本有机构成的平均增长率为8.78%；剩余价值率的平均增长率为0.7%。由于资本有机构成的增长速度大大超越了剩余价值率上升的速度，利润率持续下降。1990—1998年间净利润的平均值仅有3.43%，尤其是在企业盈利能力急剧恶化的1995—1998年，净利润率的平均值下降至3%以下，通过分析剩余价值的构成发现，利息成本的上升侵蚀了企业很大一部分的盈利。资料显示，从20世纪80年代中期开始到1993年，我国乡及乡以上独立核算工业企业仅流动资金贷款的利息支出占产品成本的比重就从1%左右上升到4%左右。利息支出抵消了40%的产品涨价净收入，成为仅次于原材料涨价、工资增加的第三大减利因素。再加上利率更高的基建贷款、技措贷款、专项贷款等利息支出，直接或随同转到工业的固定资产间接摊入产品的成本，使利息支出占成本的比重还大一些。② 1993—1995年，1年期贷款基准利率上调幅度高达342

---

① 汪海波：《工业经济效益问题探索》，经济管理出版社1990年版，第333页。
② 杨玉民、刘富江：《对1994年工业经济效益走势的判断》，《中国工业经济研究》1994年第7期。

个基点，重拳出击式的货币政策大大增加了企业的资金成本。根据刘洪的研究，1994 年乡及乡以上工业企业利息支出比 1993 年增长 75%，1995 年又比 1994 年增长了 30.3%。1993—1995 年，利息支出占产品销售利润的比重分别达到 20.8%、25.1%、29.7%。[①] 到了 1995 年，利息支出成为仅次于管理费用的第二大减利因素。一些负债资产比率较高的行业情况更为严重，如纺织工业利息支出产品销售利润比重高达 52.6%，即销售利润的一半被利息吃掉，过度负债经营成为这类行业亏损重要原因之一。[②]

利润率下降和生产能力过剩相伴相生，而生产能力过剩又作用于利润率的下降，二者相互作用，相互恶化，互为因果。据一项对 1995 年 104 种主要工业产品的调查，生产能力利用率达到 80% 以上的只占 30%；生产能力利用率在 50%—80% 之间的占 46%；生产能力利用率不到 50% 的占 24%。另据第三次全国工业普查资料显示，在涉及的 900 多种主要工业产品中，1995 年工业生产能力利用率未达 60% 的超过了全部产品半数以上。如彩色胶卷仅 13.3%，电影胶片 25.5%，家用洗衣机 43.4%，内燃机 43.9%。一些重要产品生产能力利用不充分，如大中型拖拉机为 60.6%，小型拖拉机 65.9%，钢材 62.7%。生产能力过剩在随后几年中不断加剧，根据对 1998 年部分耐用和大宗消费品全部产量与该产品当年重点企业生产能力的对比，发现其中不少产品，该比率甚至低于 1995 年生产能力利用率。生产能力利用率的降低必然会提高单位产品的资本成本和劳动成本。由于总有效需求不足，企业产成品库存总量也不断增加，1998 年中已达 4 万亿元，约相当于 GNP 的一半。[③] 为了销售积压商品，企业之间低价倾销，商品销售市场上的恶性竞争愈演愈烈，一些企业甚至将产品销售定价低于平均成本也毫不顾惜，以至于国家经贸委不得不出面干预，以维护市场秩序和公平竞争。[④]

在利润率下降规律作用下，企业经济效益大面积滑坡，投资预期收益

[①] 国家统计局工业交通统计司：《大透析：中国工业现状·诊断与建议》，中国发展出版社 1998 年版，第 168 页。
[②] 同上书，第 109 页。
[③] 武力：《中华人民共和国经济史》（下），中国时代出版社 2010 年版，第 975 页。
[④] 王国生：《马克思的经济危机理论与转型时期过剩经济的出现》，《南京大学学报》（哲学·人文科学·社会科学版）1999 年第 4 期。

下降。同时卖方市场向买方市场格局的转变,再加上体制性紧缩效应强化了对总需求的约束,总需求日益落后于总供给的扩张,有效需求越来越不足,生产能力的过剩到了20世纪90年代中期日趋严重。投资预期收益的下降极大地抑制了资本积累和企业投资需求的增长。根据霍华德·J.谢尔曼的观点,利润率从两个方面影响投资:第一,不断上升的利润率可能使投资者期望将来利润率会进一步上升（或者至少保持高利润率）,这是投资的主要动力;反之,下降的利润率和利润预期会减弱企业投资动力。第二,高利润率反映出高的利润总额,它是投资资金的源泉。然而,投资者不仅依靠这种由内部产生的资金,因为企业能从金融部门借到钱,所以便牵连着货币和信贷问题。信贷的一个指标是所有非金融借贷者借贷的总额⋯⋯在收缩期间,信贷的下降可能中断新的投资,并且使收缩情况比以前更加恶化。[1] 20世纪90年代中后期,不断萎缩的利润率减少了企业用于扩大再生产的资金,利润的减少和低利润预期削弱了企业进一步投资的动力,1997年全社会固定资产投资增长10.1%,其中国有投资增长11.3%,集体投资增长5.8%,居民个人投资增长6.7%,其他经济类型投资增长13.2%。与1996年相比,各类投资的增速均呈继续回落的趋势。1998年上半年,占全社会固定资产投资规模近一半的非国有经济的投资为零增长。不过,由于政府采取了增加投资、扩大内需政策,1998年全社会固定资产投资增长比1997年增长了4个百分点,但主要是由政府投资推动的,当年城乡集体投资下降3.5%,城乡个人投资仅增长6.1%。[2]

（三）1998—2009年利润率回升的原因分析

1998年工业部门的平均利润率和净利润率已经调整见底。1999年开始,中国工业部门逐步走出低迷,工业经济进入新一轮加速上升期。工业企业的利润持续大幅增长,净利润总额由1998年的1458.11亿元上升到2009年的34542.22亿元,11年增长了约22倍。利润率上升的势头一直持续到2007年。2008年受金融危机的影响,外需下滑,利润率相比上一年下降了1.7个百分点。就这12年来看,利润率的平均值为20.53%,其中2003—2007年的平均值高达23.83%,利润率在12年内平均增长率为

---

[1] 霍华德·J.谢尔曼:《美国经济周期特征的变化》,载外国经济学说研究会《现代国外经济学论文选》第15辑,商务印书馆1992年版,第96页。

[2] 武力:《中华人民共和国经济史》（下）,中国时代出版社2010年版,第976页。

7.64%；资本有机构成的平均增长率为－3.6%；剩余价值率的平均增长率为4%。因此，这一时期，资本有机构成的急剧下降和剩余价值率的小幅上涨推动了利润率回升。在这一时段，资本技术构成的方向同资本价值构成出现了不一致，出现这种情形并不意味着马克思的资本有机构成理论失效了。因为"从中期变动来看，资本价值构成和资本技术构成可能出现反向运动。这时资本价值构成的变化就不能直接反映资本技术构成的变化"。[①] 资本技术构成在此期间的平均增长率为7%，而资本价值构成增速为负，这暂时消除了资本构成变动促使利润率下降的压力。

1998年以来，我国工业部门的平均利润率逐年回升，讨论其形成的原因，我们认为至少存在以下几个方面的有利因素：其一，一批过剩产能被淘汰。清除过剩生产能力对于利润率的复苏起到了重要作用，20世纪80年代以来利润率的连续下降，尤其是90年代利润率的持续低迷加重了经济萧条对陈旧、缺乏效率的工厂的压力，很多企业走向破产，或被其他企业兼并。1997年，有报道说广州出现"将牛奶往河里倒"现象，"成千上万的纺纱锭被当作过剩的生产力砸掉"等。[②] 据统计，1988年到1993年，全国共破产企业940户。1994年国务院下达了《国务院关于在若干城市试行国有企业破产有关问题的通知》，1997年国务院又下达了《关于在若干城市试行国有企业破产和职工再就业问题的补充通知》。1996年58个"优化资本结构"试点城市兼并企业1192万户，资产总额292亿元。1997年破产终结的企业675万户，被兼并企业1022万户。[③] 企业的兼并、重组以及大量效率低的企业走向破产对于消除过剩产能、调整失衡的经济结构非常关键。强制性的调整手段诸如企业破产或重组可以将生产活动集中到效率更高的企业，极大地促进了生产的集中，有利于实现规模经济效益。生产要素流向高效率的企业也意味着资源的配置效率得到了改善，这有利于提高行业整体的生产率。尽管这是一个经济结构由失衡向平衡调整的合理化过程，但是这一进程同时也降低了资本对劳动力的需求，使得就业问题雪上加霜，因为前期利润率连续下降的过程本身就阻碍了新的投资并因此缩减了投资需求。其二，投资增长率的放缓有助于减轻资本有机构成上升的压力。20世纪90年代后半期经济形势的持续低迷、利润率的基

---

① 参见高峰《马克思的资本有机构成理论与现实》，《中国社会科学》1983年第2期。
② 刘骏民、宛敏华：《依赖虚拟经济还是实体经济》，《开放导报》2009年第2期。
③ 汪海波：《中华人民共和国工业经济史》，山西经济出版社1998年版，第743—745页。

本停滞,以及利润预期和投资前景暗淡削弱了企业进一步投资动力,因而企业投资增速放缓,使得投资没有像80年代那样相对于新增利润快速增加。统计资料显示,1996—2000年的五年中有三年投资为负增长,其中1998年的投资增长率为 – 30.1%,由于投资需求是社会总需求的重要组成部分,投资的负增长不但限制了总需求的扩大和生产的发展,使整个经济进入缓慢发展阶段,而且减轻了资本有机构成上升的压力,降低了资本有机构成提高的速度,进而为平均利润率的上升奠定了基础。其三,剩余价值率的上升是另一股促使利润率回升的重要力量。由于90年代后期投资动力不足,消费需求乏力,所以总的有效需求不足,需求放缓进一步导致经济增长速度放慢,就业形势恶化,大批工人被迫下岗或失业,1997年乡镇企业就业人数比上年下降458万人,1998年上半年全国城镇职工比上一年同期减少286万人。[①] 就业前景的暗淡和再就业的巨大压力使得劳资双方力量对比更加失衡,很大程度抑制了实际工资的增长,促进了剩余价值率的上升,剩余价值率的上升显然有助于利润率的回升。其四,近年来工业部门的劳动生产率迅速提高,其中生产资料部门的生产率也有较快增长,因而生产设备价值的下降程度也比较大,减缓了不变资本价值相对于可变资本增加的速度。

从以上四个方面简略分析可以看到,20世纪90年代末以来,一度促使利润率下降的力量被缓冲,而促使利润率上升的反作用力量比较强大。所以马克思揭示的资本有机构成与一般利润率变化的动态关系以颠倒形式表现出来。

四 与已有研究结论的比较

接下来将对本节研究结论与其他学者研究结果进行比较。在比较之前,先介绍一下两篇中国制造业利润率实证研究的代表性文献。张宇、赵峰 (2006)[②] 对中国制造业利润率研究表明,1978—1988年,利润率轻微下降,1989—1998年,利润率的下降比较迅速,1998—2004年,利润率

[①] 王国生:《马克思的经济危机理论与转型时期过剩经济的出现》,《南京大学学报》(哲学·人文科学·社会科学版) 1999年第4期。

[②] Zhangyu, Zhaofeng. The Rate of Surplus Value, the Composition of Capital, and the Rate of Profit in the Chinese Manufacturing Industry: 1978 – 2005, paper presented at the second annual conference of the international forum on the comparative political economy of globalization.

稳步回升,从19%上升到31%。李亚平(2008)① 的实证研究认为,制造业利润率的变化经历三个明显有区别的阶段:第一阶段1980—1990年,利润率下降幅度最大。第二阶段1991—1995年制造业利润率呈跳跃式变化,先在1991—1993年上升,1992—1995年又直线下降,达到20多年来的最低点。第三阶段1996—2006年,利润率缓慢回升。

这两篇文献研究范围都是中国的制造业,与本书对工业的分析可以进行比较,虽然本书研究范围更宽一些,但制造业一直是工业的主体,制造业的利润率变化趋势在很大程度上影响着工业利润率的走势。我们的划分阶段与上述学者的划分不完全相同,但基本相似,而且对利润率总体趋势的判断也比较一致。我们认为1981—1990年利润率的平均增长率为-8.87%,利润率下降速率相对较快,这与李亚平的判断相同。我们认为资本有机构成的快速提高和剩余价值率的下降导致了利润率在80年代的下降,这与李亚平的研究结果也是一致的,该文计算的资本有机构成从9上升到11.75,剩余价值率从3.84下降到3.22。尽管张宇和赵峰的研究认为1978—1988年利润率轻微下降。其实,观察他们所绘的利润率变化趋势图不难发现,利润率在1988—1990年下降了约10个百分点,下降幅度大于前十年的总和,正是阶段划分的不同致使他们的结论与本书不一致,不过根据他们所画的资本有机构成和剩余价值率演变轨迹图可以发现,导致这一阶段利润率下降的主要原因是剩余价值率的降低,资本有机构成在这一时期不但没有上升,反而还在下降。本书对资本有机构成趋势的判断与之恰好相反,造成这种悖反的原因可能在于该文把固定资本折旧也纳入可变资本范畴,进而其得出资本有机构成下降的结论。

本书认为,1990—1998年中国工业部门的利润率在停滞中继续下滑,其中1991—1994年平均利润率无明显下降,1994年利润率相对于前几年甚至有一定程度的回升。1995—1998年利润率下降的幅度也很小,几乎每年减少约0.1个百分点,导致利润率下降的主要原因是资本有机构成的上升。本书的研究结论认为,利润率的最低点是在1998年,与张宇、赵峰的研究是一致的,而李亚平的分析认为1995年是二十多年来利润率的最低点。但是,当时工业发展整体形势并不支持这一结论,从工业增加值的增长速度来看,1995—1998年工业增速别为14%、12.5%、11.3%和

---

① 李亚平:《中国制造业利润率变动趋势的实证分析》,《经济纵横》2008年第12期。

8.9%。可见，工业的增长速度是逐年递减的，那么作为工业经济效益的利润率指标不可能完全背离当时工业的整体发展状况。因此，本书的研究结论更符合当时中国工业的整体发展态势。

本书认为，1998—2009年利润率逐步回升，其原因在于资本有机构成的大幅下降和剩余价值率的小幅上升。对利润率趋势的判断与上述三位学者的判断是一致的，对原因的分析也与张宇、赵峰的研究相吻合。李亚平认为利润率回升主要是由于剩余价值率的反作用超越了资本有机构成的正向作用。根据她的实证分析，1998—2006年制造业资本有机构成从14.3上升至35.03，而同期剩余价值率从4.6上升至11.55。虽然本书认同剩余价值率在此期间趋于上升的观点，但不认为资本有机构成也是如此。李亚平的资本有机构成计算方法有待完善，该文给出的资本有机构成的计算方法为制造业总产值减去制造业增加值的差再除以制造业职工工资总额，也就是说，用制造业中间投入除以工资总额来表示资本有机构成，这与马克思关于资本有机构成的科学定义不符。

第六节 对利润率长期走势和短期变动的小结

我们在永续盘存法的基础上，基于1981—2009年的统计数据估算了中国实体经济部门和工业部门的资本存量，并通过对可变资本和剩余价值的处理，测算了实体经济和工业部门的一般利润率。

从对实体经济和工业部门利润率长期走势和短期波动的分析中，我们发现，在利润率长期趋势中，资本有机构成提高导致一般利润率下降的表现是明显的，也就是说，资本有机构成会打破一切反作用因素而驱使利润率下行。但是，在利润率的短期波动中，反作用因素能够在一定程度和一定范围内超过资本有机构成的影响，推动利润率回升。利润率的上升并不意味着利润率下降规律被取消了或者说消失了，在马克思看来，一般利润率下降规律绝不是利润率从某一时点到另一时点呈现"自由落体式"下降，一般利润率总是在波动中贯彻自身的下降趋势。对中国实体经济以及工业部门利润率变化模式进行的实证分析已经证实马克思的有关论断。平均利润率下降的趋势性意味着在某些时刻，利润率还会出现上升的势头，利润率在一定阶段的上升只是说明阻碍利润率下降的反作用因素取得了暂时的"胜利",但是最后这些起作用的因素会走向自己的反面,加速利润率的下降。因此,在分析利润率演变轨迹时,除了要把握利润率的长期走向,还要关注利润率的短期波动,揭示这些短期波动的背后原因,从而有助于更加深刻地理解一般利润率下降规律的作用机制。

一般利润率下降规律的表现形态说明,经济规律固然具有历史必然性,但是这种必然性就存在于各种偶然关系和因素的作用中,并通过这种偶然性为自己开辟道路,因而规律的不同表现形式和实现方式则具有具体性、多样性、多向性和特殊性。[1]

---

[1] 王峰明:《〈资本论〉与历史唯物主义微观基》,《马克思主义研究》2011年第11期。

第五章 对中国实体经济利润率的另一种透视：基于莫恩的方法

20世纪七八十年代以来，学者们在利润率下降规律理论模型的建立和演化、实证检验的测试和验证上取得了丰硕成果。学者们采用的研究方法，选择的研究视角多种多样。在众多的研究者中，西蒙·莫恩（Simon Mohun）因其分析思路的多层次特点而显得别具一格。他从30多年的较长视角对澳大利亚1965—2001年的利润率进行了实证研究，结果表明：由于多种因素的交替作用，利润率的变动起伏不定，有些阶段在下降，有些阶段在上升。莫恩的研究不仅解析了导致利润率波动的直接因素，还进一步分离和比较了影响这些直接因素的各类变量，从而可以更清晰地追溯和把握影响利润率波动的深层次原因。[①] 本章将借鉴莫恩的分析方法，从另一个角度透视中国实体经济利润率，深入探讨影响利润率波动的直接因素和间接因素。

第一节 利润率的分解

参照西蒙·莫恩的做法，把利润率分解为利润份额和产出资本比的乘积，即

$$R = \frac{S}{K} = \frac{S}{Y} \times \frac{Y}{K}$$

这里计算的利润率等于剩余价值额与固定资本净存量之比。显然，本章的利润率公式与上一章不同，因为其右边第一项的分母中缺少了可变资

[①] Simon Mohun, "The Australian rate of profit 1965–2001", *Journal of Australian political economy*, No. 52, 2004, pp. 83–112.

本，也可称其为固定资本利润率。① 其中，S 表示剩余价值，等于净产出减去可变资本；K 表示净固定资本存量。$\frac{S}{Y}$ 表示扩展利润份额②，$\frac{Y}{K}$ 表示产出资本比或资本生产率，是资本物化构成 $\frac{K}{Y}$（materialized composition of capital）的倒数。利润率分解公式表明，决定利润率变化的第一层因素是扩展利润份额和产出资本比。扩展利润份额表示在劳动者创造的新价值中剩余部分所占比重，其高低受分配制度、经济周期以及劳动力市场供求状况等因素制约。产出资本比在长期内主要由技术水平的变化决定，因此扩展利润份额和产出资本比的变动分别反映了收入分配和技术水平的实际状况。显然，利润率的波动是上述两个变量综合作用的结果。当仅仅需要考察产业资本的净利润率时，可依照下面的方式对净利润率进行分解，即：

$$r = \frac{\pi}{K} = \frac{\pi}{Y} \times \frac{Y}{K}$$

其中，π 为净利润，表示资本获得的净剩余价值，等于剩余价值减去非生产性支出，即 $\pi = S - U$，净利润就是将那些消费、实现或分配剩余价值的部分（包括政府税收）予以剔除之后剩下的剩余价值。③ $\frac{\pi}{Y}$ 代表利润份额。非生产性支出依然是生产领域生产的剩余价值的一部分，它包括税收、地租以及利息等，总的非生产性支出包含不同类型的非生产性支出。根据剩余价值和净利润的关系，将 $r = \frac{\pi}{K}$ 进行简单变形得到：

$$r = \frac{\pi}{K} = \frac{S - U}{K} = \frac{S/V - U/V}{K/V}$$

可见，净利润率高低不仅取决于剩余价值率 S/V 和资本有机构成 K/V，而且依赖 U/V。④ 早在 20 世纪 50 年代，吉尔曼就提出，在垄断资本主义时期，U/V 的增长快于 S/V 的增长，而资本有机构成却保持相对

---

① 这样做的原因有两点：一是工人总是生产过程结束之后才获得劳动报酬；二是相对于固定资本存量，工资总额较小。

② "扩展利润份额"的最早由 Simon Mohun 提出。参见 Simon Mohun, "Distributive Shares in the US Economy, 1964 - 2001", *Cambridge Journal of Economics*, Vol. 30, No. 3, 2006, pp. 347 - 370.

③ 高伟：《中国国民收入和利润率的再估算》，中国人民大学出版社 2009 年版，第 114 页。

④ Joseph M. Gillman, *The Falling Rate of Profit*, 转引自陈恕祥《论一般利润率下降规律》，武汉大学出版社 1995 年版，第 15 页。

稳定，因此净剩余价值与总资本的比例呈下降态势。在吉尔曼看来，垄断时期剩余价值实现的困难使非生产性支出 U 的不断增长具有必然性。随着日益加强的工业集中和垄断的不断扩张，销售、广告和各种管理费用不断膨胀，这些费用属于非生产性开支。就整个经济而言，U 的增长攫取了资本所获的剩余价值，使资本家实现的净剩余价值率下降，从而使得净利润率下降。萨纳西斯·马尼蒂斯（Thanasis Maniatis, 2005）认为，根据马克思生产劳动和非生产劳动理论，整个社会的非生产性支出 U 包括三个部分：贸易、金融、保险和房地产部门的工资；贸易、金融、保险和房地产部门的中间投入；公司利润税、净间接税。[1] 显然，无论是利润份额和产出资本比的下降，还是非生产性支出的增长都会降低净利润率。给定产出资本比，利润率的提高只有通过提高利润份额来实现，但是这样做削弱了国民经济的劳动份额，造成整个经济有效需求不足。

正是由于非生产性支出的多类型，也可以同时考察不同层面的净利润率，以甄别某种或某几种非生产性支出对净利润率的影响。其中最常见的净利润率就是剔除所有非生产性支出后的净剩余价值与预付总资本的比率。当然，如果单独考察税收等对利润率的影响时，也可以测算税后利润率，其他情况类似，此处不再赘述。净利润率是许多文献中常见的变量，净利润率小于一般利润率。萨纳西斯·马尼蒂斯（2005）指出，与一般利润率[2]相比，净利润率是反映资本家盈利能力的一个更为具体的衡量指标，因此它与资本积累的联系更紧密，净利润率只能在马克思一般利润率的界限内运动，并在很大程度上受后者的影响。更具体地说，如果一般利润率趋于下降，那么净利润率早晚也会趋于下降。同时，如果经济中结构变化导致非生产性劳动份额增加和剩余价值中非生产成本占比增加，不仅利润份额和利润—工资比率下降（尽管剩余价值上升），净利润率也会下降，并且比马克思的利润率下降得更快。[3] 净利润率概念是一般利润率概念的延续，是对于一般利润率概念公式进行进一步处理得到的另一

---

[1] Thanasis Maniatis, "Marxian Macroeconomic Categories in the Greek Economy", *Review of Radical Political Economics*, Vol. 37, No. 4, 2005, pp. 494–516.

[2] 在这里，一般利润率的表达式为 $R = \dfrac{S}{K}$。

[3] Thanasis Maniatis, "Marxian Macroeconomic Categories in the Greek Economy", *Review of Radical Political Economics*, Vol. 37, No. 4, 2005, pp. 494–516.

种形式的、对于私人资本家更具有参考价值的"一般利润率"。①

第二节 实体经济和工业部门利润率的初步分析

一 实体经济利润率的初步分析

本章测算的一般利润率等于剩余价值与预付总资本比率,净利润率等于扣除所有非生产性支出后的净剩余价值与预付总资本的比率。由于数据可得性的限制,对我国实体经济部门,只能分离出一种类型的非生产性支出——管理人员的非劳动收入,因而也只能考察一种类型的非生产性支出对净利润率走势的影响(见图5-1)。

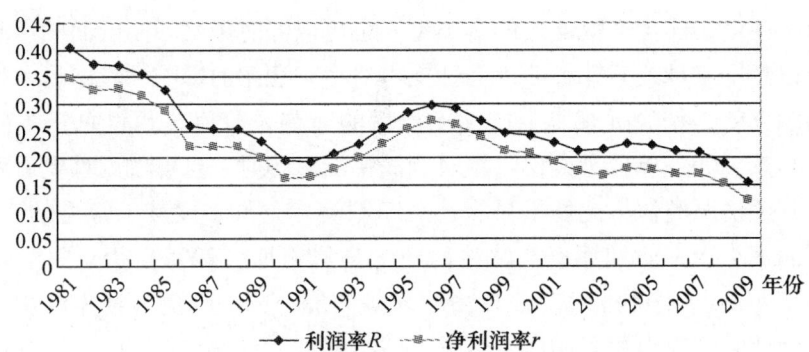

图 5-1 中国实体经济利润率:1981—2009

资料来源:历年《中国固定资产投资统计年鉴》、《中国统计年鉴》、《中国劳动统计年鉴》、《中国工业经济统计年鉴》、中经网统计数据库、《中国国内生产总值核算历史资料(1952—2004)》。

通常来说,一般利润率总是在波动中贯彻自身的下降趋势,中国实体经济利润率的演变轨迹与马克思的判断是完全相符的。从图5-1中我们可以发现,实体经济的一般利润率和净利润在我们所观察的整个时期是趋于下降的,当然,它们在某些时段也会有所上升。另外,也发现管理人员的非劳动收入使得净利润率的大小发生了改变,但并未改变净利润率的总

---

① 高伟:《中国国民收入和利润率的再估算》,中国人民大学出版社2009年版,第114页。

体走势，因而净利润率的变动形式与一般利润率的变动形式几乎是完全一致的。具体来说，实体经济部门一般利润率 R 的波动大致经历了三个阶段：1981—1991 年利润率处于下降阶段，1991—1996 年利润率处于上升阶段，1996—2009 年利润率再次出现一个长时期的回落。本章对利润率阶段的划分与上一章的划分大致相同，唯一的不同之处在于上一章利润率波动的第一阶段结束于 1990 年。

利润率的峰顶出现在 1981 年，高达 40.31%，在经历 1981—1991 年和 1996—2009 年两个较长时段的下降之后，2009 年的利润率达到最低，仅有 15.63%。在第一阶段，利润率从 1981 年的 40.31% 下降到 1991 年的 19.26%，十年间下降了一半还多。之后利润率下降的趋势得以扭转，到 1996 年利润率又回升至 31.01%。然而，利润率上升势头仅仅持续 5 年，便又踏上长达十年之久的下降之旅，从 20 世纪 90 年代中期至今，实体经济利润率一路下滑。需要指出的是，实体经济的利润率在 2002—2007 年下降的幅度相比前期大大缩小了。

为了分析实体经济一般利润率 R 和净利润 r 在长期和短期中波动的具体原因，我们根据利润率、（扩展）利润份额和产出资本比的经验数据，来判断技术因素和收入分配因素在多大程度上解释了利润率的波动。鉴于前文把整个时期的利润率动态划分为三个短时段，接下来分阶段考察影响实体经济部门利润率升降的直接因素。结果如表 5-1 和表 5-2 所示。

表 5-1　实体经济净利润率变化的百分点、技术因素和分配因素的贡献率

时期	1981—1990 年	1990—1996 年	1996—2009 年	整个时期
净利润率 r	-0.1854	0.1058	-0.1474	-0.22698
利润份额	-0.0326	0.1958	-0.0850	0.0782
产出资本比	-0.5125	-0.0053	-0.2492	-0.7670
利润份额的贡献	0.1425	1.0195	0.2442	-0.2351
产出资本比的贡献	0.8575	-0.0195	0.7558	1.2351

资料来源：历年《中国固定资产投资统计年鉴》、《中国统计年鉴》、《中国劳动统计年鉴》、中经网统计数据库、《中国国内生产总值核算历史资料（1952—2004）》。

表 5-2　　实体经济一般利润率变化的百分点、技术因素和分配因素的贡献率

时期	1981—1991 年	1991—1996 年	1996—2009 年	整个时期
利润率 R	-0.2105	0.1050	-0.1413	-0.24681
扩展利润份额	-0.0089	0.1737	-0.0201	0.1447
产出资本比	-0.5443	0.0265	-0.2492	-0.7670
扩展利润份额的贡献	0.0337	0.8850	0.0602	-0.4001
产出资本比的贡献	0.9663	0.1150	0.9398	1.4001

资料来源：历年《中国固定资产投资统计年鉴》、《中国统计年鉴》、《中国劳动统计年鉴》、中经网统计数据库、《中国国内生产总值核算历史资料（1952—2004）》。

根据表 5-1 和表 5-2 提供的分解数据，在所观察的整个样本期间里，决定利润率 R 和净利润率 r 变化的最主要因素都是产出资本比，利润份额对利润率的下降起微弱的抵消作用。利润率 R 和净利润率 r 不仅变动轨迹非常相似，而且阶段划分也大致相同，这表明管理人员的非劳动收入或者说监管类非生产性支出尚未对净利润率的走势产生根本性的影响。1981—1991 年，实体经济利润份额以及扩展利润份额降幅甚微，前者为 3 个百分点，后者不足 1 个百分点，因而产出资本比的下降直接导致了利润率的下滑，其对利润率 R 下降的贡献率为 97%，而扩展利润份额只贡献了其余的 3%。1991—1996 年，扩展利润份额的增加和产出资本比的上升推动了利润率 R 的反弹，这次对利润率走势起主导作用的是扩展利润份额，它贡献了利润率上升的 88%，而产出资本比只贡献了利润率上升的 12%。1996—2009 年，利润率再一次进入下滑通道，这一次，产出资本比和扩展利润份额的下降一同导致利润率 R 的下降，与第一时段相同，这一次对利润率 R 下降起主要作用的变量仍然为产出资本比，其解释了利润率 R 下降的 94%，当然由于扩展利润份额在此期间的降幅也有 2 个百分点，它对利润率下降的贡献率比第一时段高出 3 个百分点。

二　工业部门利润率的初步分析

前已述及，由于存在多种类型的非生产性，可以考察不同层面的净利润率。最常见的净利润率就是剔除所有非生产性支出后的净剩余价值与预付资本的比率。由于中国工业部门层面的数据相对比较齐全，所以我们可

以计算四种类型的净利润率，即 $r^0 = \frac{S-U}{K}$，U 包括所有的非生产性支出，以及 $r^1 = \frac{S-U_1}{K}$，U_1 表示利息支出；$r^2 = \frac{S-U_2}{K}$，U_2 表示税收；$r^3 = \frac{S-U_3}{K}$，U_3 表示监管类非生产性支出。为了便于比较，我们把这四种利润率绘制于同一张图中（见图 5 - 2）。

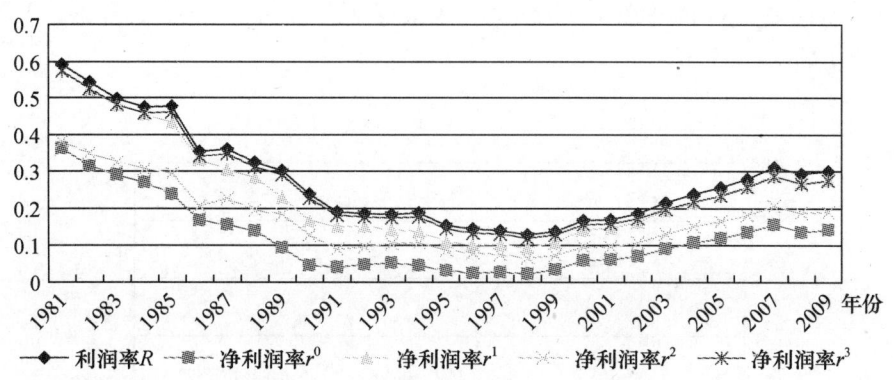

图 5 - 2　工业部门各种利润率指标

资料来源：《历年中国统计年鉴》、《中国劳动统计年鉴》、《中国工业经济统计年鉴》、中经网统计数据库。

从图 5 - 2 可以看出，工业部门的平均利润率 R 在整个 20 世纪 80 年代下降的幅度非常大，到了 1989 年，利润率减低至初始水平的一半左右。尽管在经济过热的 1985 年和 1987 年，工业部门的利润率曾有过短暂和小幅的回升，但因回升力度太弱，并不足以扭转利润率的总体下降趋势。1990 年的净利润总额为 559.8 亿元，低于 1981 年的 682.4 亿元，甚至比 1978 年的 599.3 亿元还要低 39.5 亿元。从图 5 - 3 来看，1989 年和 1990 年的净利润增速均为负增长，1990 达到 - 44%，由此可以推测当时工业经济的经营状况非常艰难。从 1991 年开始，工业经济的效益下滑的状况得以扭转，1992 年的净利润增速达到 51%，1993 年达到 65%，之后利润增速开始大幅收缩。1995 年、1996 年和 1998 年的利润增速均为负增长。总的来看，1990—1998 年，利润率下降的速度逐渐趋缓，与 1991 年相比，1998 年利润率的下降幅度约为 45.98%，如果与峰顶的 1981 年相比，利润率 R 从 59.35% 下降至最低点 12.89%，下降幅度约为 80%。不过，利润率的下降趋势在 20 世纪 90 年代末开始发生逆转。在经历 90 年代大规模企业改制、改组后，一度促使利润率下降的力量被缓解，而促使利润率上升的力量比较强大。我国工业部门的利润率于 1998 年触底回升，2007 年利润率达到另一个顶峰，当年利润率已经恢复至 1989 年的水平，在这一时段，利润率每年上升约 2 个百分点。2002—2007 年净利润额均呈两位数的高速增长。2008 年和 2009 年受金融危机影响利润率再度下滑。概言之，利润率在 1981—2009 年演绎了一个先下降后上升的"U"形历史轨迹。

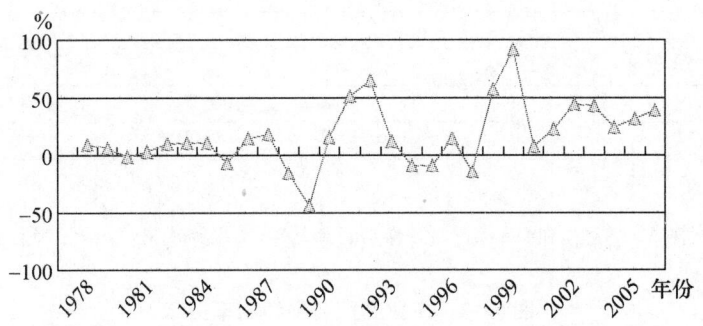

图 5-3　年度利润总额名义增速：1979—2007

资料来源：历年《中国统计年鉴》、《中国劳动统计年鉴》、《中国工业经济统计年鉴》。

各种类型的净利润率与利润率 R 的差距反映了非生产性支出对净利润率的侵蚀程度。对于工业部门而言，上述四种类型的净利润率与利润率 R 的变动模式基本相似，这表明非生产性支出并未改变净利润率总体走向。就净利润率 r^0 与利润率 R 而言，1981—1990 年，二者间的差距约为 20 个百分点。1991—1998 年，二者之间的缺口缩小至不到 13 个百分点。1998—2009 年，二者的缺口又小幅增加至 13 个百分点。观察图 5-2 不难发现，净利润率 r^2 与 r^0 最为接近，这说明除税收之外其他类型的非生产性支出对净利润率的作用相对较小。为了分析工业部门利润率 R 和各个层面的净利润率在长期和短期中波动的具体原因，根据利润率、（扩展）利润份额和产出资本比的经验数据，测算了技术因素和收入分配因素在多大程度上解释了利润率的波动。结果如表 5-3 所示。

表 5-3　　　　　　工业部门利润率的决定变量及其贡献

年份	利润份额的贡献				产出资本比的贡献			
	1981—1990	1990—1998	1998—2009	整个时期	1981—1990	1990—1998	1998—2009	整个时期
R	0.1493	-0.0343	0.1626	-0.0339	0.8507	1.0343	0.8374	1.0339
r^0	0.6079	0.0788	0.6017	0.2508	0.3921	0.9212	0.3983	0.7492
r^1	0.3887	-0.1116	0.3470	0.0734	0.6113	1.1116	0.6530	0.9266
r^2	0.2943	0.0321	0.3329	-0.0153	0.7057	0.9679	0.6671	1.0153
r^3	0.1702	0.0041	0.1491	0.0499	0.8298	0.9959	0.8509	0.9501

注：利润率 R 对应的为扩展利润份额，其余对应的为利润份额。
资料来源：历年《中国统计年鉴》、《中国劳动统计年鉴》、《中国工业经济统计年鉴》、中经网统计数据库。

从决定利润率变动的直接因素看，决定工业部门利润率 R 变化的主导因素是产出资本比，而扩展利润份额的小幅上升对利润率的下降起反作用。尽管决定净利润率 r^0 下降的主要因素也是产出资本比，但是利润份额也起一定的辅助作用。对净利润率变动的数学分解表明，产出资本比对整个时期净利润率 r^0 变动的贡献率为 75%，利润份额为 25%。分阶段观察，除了净利润率 r^0 外，决定各阶段利润率 R 以及净利润率 r^1、r^2、r^3 波动的主导因素均是产出资本比。r^0 波动的原因有些特殊，除了 1990—1998 年导致 r^0 波动的主要因素是产出资本比之外，其余时段导致其波动的主要变量均是利润份额。其原因究竟何在？经过初步的考察后我们发现，产生上述现象主要是因为在这两个时段里非生产性支出占净产出的比重（非生产性支出份额）波动较大。根据我们的测算，1981—1990 年工业部门的非生产性支出份额在短短十年时间里增加了近 24 个百分点，1990—1998 年增加了不到 2 个百分点，1998—2009 年非生产性支出份额又急剧降低近 15 个百分点。正是由于非生产性支出份额的大幅波动，这才导致利润份额上升或下降的幅度同时增大，并成为决定 1981—1990 年和 1998—2009 年净利润率 r^0 波动的主要因素。

第三节　利润份额的变化趋势及其决定因素

为了进一步揭示利润率变化的具体机制，有必要对（扩展）利润份额和产出资本比作更进一步的分解，剖析它们波动的具体原因。利润份额

$\frac{\pi}{Y}$ 可以被分解为：

$$\frac{\pi}{Y} = \frac{S}{Y} - \frac{U}{Y}$$

利润份额等于扩展利润份额减去非生产性支出份额。扩展利润份额为剩余价值占净产出的比重，它的变化趋势与剩余价值率的变动紧密相关，因为剩余价值率

$$s' = \frac{S}{V} = \frac{S}{Y-S} = \frac{S/Y}{1 - S/Y}$$

所以，扩展利润份额

$$\frac{S}{Y} = \frac{s'}{1+s'} = \frac{1}{1+1/s'}$$

当处于分母中的剩余价值率随着劳动生产力提高而上升时，扩展利润份额也会逐步提高。扩展利润份额表示剩余价值占新价值比重，在市场经济条件下，其大小与资本对剩余价值的攫取能力成正比，因而它是除剩余价值率以外，反映劳资双方力量对比变化的又一重要指标。在资本主义生产方式下，生产资料的资本主义私人占有制决定着劳动成果采取按资分配方式，分配的天平一般来说总要偏向资本一方，因而扩展利润份额一般会趋于上升，在社会主义初级阶段，以公有制为主体的所有制结构和按劳分配为主体的分配方式可以有效抑制剩余价值率和利润份额上升的速度。

一 实体经济利润份额变化趋势

上一章依据马克思的方法计算了实体经济的剩余价值率，现在我们把剩余价值率、利润份额以及扩展利润份额放在一张图中进行比较。结果如图5-4所示，剩余价值率和扩展利润份额的变动轨迹基本是一致的，当剩余价值率上升时，扩展利润份额也随着上升，当剩余价值率出现下滑时，扩展利润份额也跟着下跌。1981—2009年，利润份额与扩展利润份额的走势基本相同，二者之间的差距反映了管理类非生产性支出的影响。另外，从图5-4中还可发现，扩展利润份额与利润份额之间的差距在1997年以前比较稳定，但是自从1997年之后，这个差距逐年扩大，表明监管类非生产支出占净产出的比重在此期间增大了，其背后的原因无外乎是管理人员与普通雇员之间的收入扩大了。

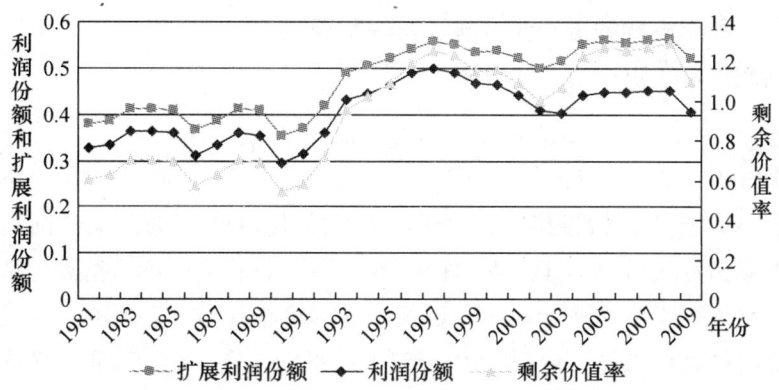

图 5-4　实体经济的利润份额、扩展利润份额和剩余价值率：1981—2009

资料来源：历年《中国统计年鉴》、《中国劳动统计年鉴》、中经网统计数据库。

二　工业部门利润份额变化趋势

把计算出来的工业部门的剩余价值率、利润份额以及扩展利润份额放在一张图中进行比较，以观察这三个变量的走势和关联度。结果如图 5-5 所示。观察该图不难发现，由于非生产性支出占比较大，工业部门的利润份额与扩展利润份额的变动轨迹呈现出较大的差异，后者的波动幅度明显小于前者。具体而言，1981—1990 年，扩展利润份额下降了将近 9 个百分点，而同期利润份额下降的幅度则高达 32 个百分点。1990—1998 年二者均在较小的范围内波动。1998—2009 年，二者均呈上升趋势，扩展利润份额回升了 9 个百分点，而利润份额则达到 24 个百分点。

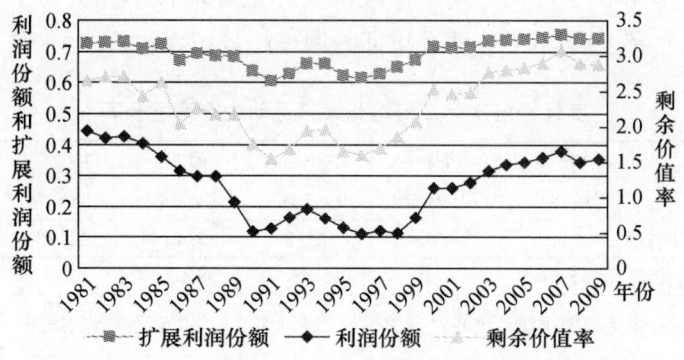

图 5-5　工业部门扩展利润份额、利润份额与剩余价值率

资料来源：历年《中国统计年鉴》、《中国劳动统计年鉴》、《中国工业经济统计年鉴》、中经网统计数据库。

三 利润份额的进一步分解及其决定因素

利润份额 $\frac{\pi}{Y}$ 可以进一步分解为：

$$\frac{\pi}{Y} = \frac{S}{Y} - \frac{U}{Y} = \frac{p_y y - w_p L}{p_y y} - \frac{U}{Y} = \frac{y/L - w_p/p_y}{y/L} - \frac{U}{Y}$$

P_y 表示产出品价格指数，对于实体经济用 1981 年为基期的国内生产总值平减指数代替。对于工业部门，我们用工业品出厂价格指数代替。实际净产出 y 等于名义净产出 Y 除以产出品的价格指数。L 表示实体经济或工业部门的就业人员，w_p 表示生产工人的平均工资，w_p/P_y 表示平均实际工资率，y/L 表示实际劳动生产率。利润份额的分解公式表明，决定利润份额变化的基本要素不仅有劳动生产率、实际工资水平，还有非生产性支出。在其他条件不变时，劳动生产率相对于实际工资的更快上升将提高利润份额，而非生产性支出的增长如果比剩余价值的增长更快也会减少利润份额，蚕食产业资本盈利水平。接下来只考察劳动生产率和实际工资对扩展利润份额影响程度和方向。

劳动生产率表示每小时的真实产出，实际工资表示经过价格水平调整之后的工资，由于其扣除了价格变化的影响，因此这个指标反映的是生产工人真实购买能力的变化情况。劳动生产率增长率和实际工资增长率变动的对比关系决定着扩展利润份额的变化方向。如果前者增长率超过后者，扩展利润份额就会上升；反之，扩展利润份额就会降低。

（一）实体经济扩展利润份额的波动与分解

表 5-4 列出了不同时期实体经济实际工资增长率和劳动生产率的增长率，图 5-6 则绘出了这两个指标的增长趋势图。

表 5-4　　　实体经济实际工资增长率和劳动生产率增长率　　　单位：%

时期	1981—1988 年	1988—1991 年	1991—1997 年	1997—2002 年	2002—2008 年	1981—2009 年
劳动生产率增长率	6.58	-0.34	12.18	5.46	11.25	7.72
实际工资增长率	5.70	2.10	5.75	8.05	8.75	6.70

资料来源：历年《中国统计年鉴》、《中国劳动统计年鉴》、中经网统计数据库。

如图 5-6 所示，大约从 1992 年开始，实体经济实际工资增长与生产率增长之间开始出现了脱节。并且，随着时间推移，实际工资越来越滞后于劳动生产率的增长。而在 20 世纪 80 年代，工资增长与生产率增长几乎

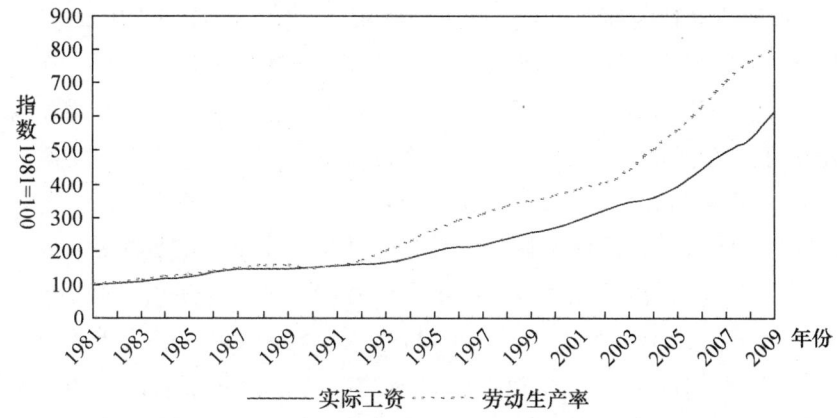

图 5-6 实体经济实际工资与劳动生产率：1981—2009

资料来源：历年《中国统计年鉴》、《中国劳动统计年鉴》、中经网统计数据库。

同步。在所考察的整个样本区间，实体经济劳动生产率增长率快于实际工资增长率大约 1 个百分点，导致扩展利润份额在 1981—2009 年上升了大约 2 个百分点。接下来根据扩展利润份额的拐点分时段考察生产率与实际工资偏离程度。

1981—1988 年，劳动生产率与实际工资增长率都比较高，且二者之间的差距也不到 1 个百分点，这表明在经济增长的同时，劳动者的收入水平也得到了提高。这主要受益于 80 年代我国比较平均化的国民收入分配结构，它为劳动者收入的快速增加提供了制度保障。

1988—1991 年，实际工资相对于前一个时段下降了 3.6 个百分点，劳动生产率的增速为负。之所以出现劳动生产率的负增长，因为这几年正是宏观经济运行低谷时期，1988 年经济运行出现过热，通货膨胀问题非常严重，政府采取紧缩性调控政策，调整产业结构，整顿经济秩序。这次"急刹车"式的宏观调控力度很大，效果虽然非常显著，但是经济出现了"硬着陆"，国内生产总值增长率由 1988 年的 11.3% 骤降至 1989 年的 4.1%。社会需求急剧放慢导致企业开工不足，生产规模缩减，生产能力利用率下降，但是就业人员不会减少很多，因为大量公有制企业的存在承担了就业保障的功能，所以劳动生产率增速大大下滑了。根据公式 $\frac{S}{Y} = \frac{y/L - w_p/P_y}{y/L}$，如果实际工资不变，生产率的减速也会导致扩展利润份额下滑，这种原因导致的利润份额降低通常被称为"生产率拉低的利润挤压"。

1991—1997年，实际工资增长率又恢复到第一阶段的水平，劳动生产率的增长更为迅猛，达到了12.18%的水平。如此之高的生产率增速可归结为两个方面的原因：第一是经济周期的自然调整过程。在度过了1989—1990年的经济低迷期后，进入90年代，我国经济进入新一轮经济周期的上升阶段，经济状况逐步好转，劳动生产率增速的提高是向正常水平的回归。第二是市场经济体制改革目标的确立和邓小平南方谈话激发了市场主体的活力和积极性。1992年以后，各地先后出现了房地产热、开发区热、高投资膨胀和高工业增长，与此同时，企业之间的竞争日趋激烈，为了在竞争中确立不败之地，企业引进新技术、新工艺、新设备，加强经营管理，大大促进了劳动生产率的提高。

20世纪90年代后半期，中国经济进入新一轮调整时期。一方面分配结构失衡导致有支付能力的需求赶不上生产的急剧扩大，国内居民消费需求不足，而消费需求不足又遏制了投资需求的增长，投资增长率放慢；另一方面受亚洲金融危机的不利影响，外部需求也在下滑。这样，对于前期已经急剧扩张的生产能力及其进一步的发展要求来说，社会总有效需求显得相对不足，需求不足造成产品价值实现困难，库存增加，国民经济的增长速度大大放慢，国内生产总值的增长率从1991—1996年的12.43%下降为1997—1999年的8.23%。因此，国内经济形势的低迷，需求不振以及投资增长率锐减共同导致劳动生产率的减速。但是，这一次劳动生产率并没有像80年代后期那样出现负的增长，可能的原因是：在此期间企业改革进程加快，过去处于隐性失业状态的体制性冗员被大量排出，从而减少了在岗职工人数，这样即使在产出降低的同时也会使得根据统计数据计算出来的劳动生产率出现较高的正增长。

2002年以后，国民经济运行比较平稳，而且一度出现高增长、低通胀的良好局面。与此同时，劳动生产率也迎来新一轮的快速增长，2002—2008年，劳动生产率以高达两位数的速度强劲增长。这一时期劳动生产率的快速上升与社会总需求扩张、劳动者素质提高、资源配置效率改善以及内部和外部竞争压力不断加大显然是分不开的。尽管实际工资增速较上一时段有所提高，但仍然比劳动生产率的增速低2.5个百分点左右。

(二) 工业部门扩展利润份额的波动与分解

表5-5列出了工业部门各个时段实际工资和劳动生产率的增长率，

接下来我们比较在不同阶段这两个指标的对比关系，在此基础上，进一步揭示影响这两个指标变动的具体因素和经济背景。

表5-5　　　　　工业部门劳动生产率和实际工资增长率　　　　单位:%

时期	1981—1990 年	1990—1998 年	1998—2009 年	1981—2009 年
劳动生产率增长率	2.05	7.20	14.65	8.34
实际工资增长率	5.28	6.71	11.51	8.10

资料来源：历年《中国统计年鉴》、《中国劳动统计年鉴》、《中国工业经济统计年鉴》、中经网统计数据库。

整体来看，1981—2009 年工业部门的实际工资增速低于劳动生产率的增速。当然在某些时段里，这两个指标之间的动态关系会发生变化。

（1）1981—1990 年，低劳动生产率与低工资增长率并存。在 20 世纪 80 年代，劳动生产率增速低于实际工资增速达到 3 个百分点，表面看来是由于国有企业通过各种途径使职工工资外收入畸形膨胀，工人实际工资增长过快[①]，但是，经过纵向比较不难发现，相对于后来的实际工资增速，这一时期的增速并不高，而是保持在一个较为温和的水平。既然不是实际工资增长过快的问题，那就是劳动生产率增速过慢的问题了。这一时段的劳动生产率增速仅相当于 1981—2009 年的平均增速的 1/5 多一点，劳动生产率增速放慢必然会降低扩展利润份额。至于劳动生产率增速缓慢的原因，我们认为，以下两个因素值得注意：

第一，企业冗员的存在，由于当时企业办社会的问题比较突出，很多国有企业承担着职工的住房、医疗、养老、教育等社会职能，企业自办学校、医院等后勤服务单位并安置企业的富余人员。由于企业在教育、卫生方面的投资属于非生产性投资，这些投资不能直接给企业创造真实财富，不利于企业未来劳动生产率的提升，最终发展为这些企业沉重的包袱。

第二，企业生产设备陈旧老化。一般来说，新设备包含更高的科技含量，效率比原有设备更高。但是，在 20 世纪 80 年代，我国工业企业的折旧率偏低，折旧基金常被挪用于搞基本建设，致使设备更新缓慢。

（2）1990—1998 年，劳动生产率增速加快，与工资增速差距缩小。

---

① 当时有"工资侵蚀利润"一说，参见戴园晨、黎汉明《工资侵蚀利润》，《经济研究》1998 年第 6 期。

1990—1998年，实际工资和劳动生产率一同上升，二者之间的差距逐渐缩小。与前一时段相比，实际工资增速大约上升1.5个百分点，而劳动生产率增速更快，并且超过了实际工资增速，这样劳动生产率变动与实际工资变动的对比关系就发生了逆转，而且越到后期，劳动生产率增速与实际工资增速之间的差距越大。1992年邓小平南方谈话以后，市场主体的活力、动力和压力比之前有较大幅度增长，各地先后出现了房地产热、开发区热、高投资膨胀和高工业增长。与此同时，民营企业的发展如雨后春笋，市场空间显得越来越狭窄，企业之间的竞争日趋白热化，为了在竞争中确立不败之地，企业引进新技术、新工艺、新设备，加强经营管理，大大促进了劳动生产率的提高。同时，受有效需求不足的不利影响，实际工资增速在90年代中期放缓，《中国劳动统计年鉴》提供的统计资料显示，1994—1997年，制造业工人的实际工资上涨极为缓慢，分别为2.3%、3.3%、0.3%、2%。尤其值得注意的是，1996年，城镇国有和集体单位的职工的实际工资为负增长。

（3）劳动生产率与工资增速一同扩张，二者之间缺口增大。1998—2009年，劳动生产率又比前一时期增长了1倍，这一时期劳动生产率的快速上升与社会总需求的扩张，劳动者素质的提高，资源配置效率的改善以及内部和外部的竞争加剧是完全分不开的。90年代中期以后，买方市场向卖方市场的转变使得生产和消费的矛盾开始尖锐起来，越来越多的企业不再盲目扩大生产能力，而转向提高劳动生产率。劳动生产率的快速提高扩大了生产率增长与人均工资增长的差距，大大降低了企业的单位劳动成本，成为推动利润份额迅速上升的主要因素。这一时期，实际工资增速也比前一时段增加了5.5个百分点，由于实际工资的增长是伴随着劳动生产率的更快提高而同时发生的，所以二者之间的差距不但没有缩小，反而比前一时段扩大了近2.7个百分点。

关于这一时段实际工资增长落后于生产率增长的具体原因，我们将其归结为以下三个方面：

第一，所有制结构向多元化方向发展一定程度抑制了普通工人收入增长步伐。20世纪90年代中期以前，中国的公有制企业占整个工业部门的比重比较大，在公有制企业，分配方式以按劳分配为主体，因此劳动者的工资会保持比较稳定的增长。不过，随着经济体制改革的深入，尤其是20世纪90年代以来，非公有制经济迅速发展，所有制结构趋于多元化，多种经济成分竞争的格局快速形成,越来越多人员进入非公有制企业部门,非公有制企业成为广大劳动者就业的一条重要渠道。根据相关学者的研究,"20世纪80年代以来,以乡镇企业、民营企业和外资企业为代表的非国有工业主要在轻工业部门得到了快速发展……非国有工业总产值比重在改革后增长很快,1993年首次超过了国有工业。"① 90年代中期以后,"城镇新增就业岗位70%以上是由非公有制企业提供的,从农村转移出的劳动力70%以上也在非公有制企业就业。"② 到2009年,在规模以上的工业增加值中,国有及国有控股企业只占31.8%,非公有制制企业上升至65.3%。③ 由于相关法律法规不够完善,工会形同虚设,非公有制企业就业人员的工资水平被压得很低,有些私营企业甚至将职工的工资标准锁定在最低工资标准或其上方附近,也有些私营企业通过种种方式将职工工资压低到最低工资标准之下,损害劳动者权益。④ 私营企业部门相对较低的工资水平拉低了整个工业部门平均工资水平。

第二,劳动力市场供需失衡抑制了工人工资水平的上升。伴随着我国市场经济体制改革目标的确立和市场化进程的不断推进,劳动用工制度趋于灵活,传统经济体制下大量的"隐性失业"逐渐显性化。国有企业减员增效改革所导致的大量职工下岗,农村剩余劳动力向城市转移和大量大学毕业生加入劳动力市场,三股劳动力供给所形成的叠加效应导致劳动力供过于求,失业率逐年走高,就业形势不容乐观。1986—1995年,城镇登记失业率低于3%,1996年达到3%,1997—2000年平均为3.1%,2001年又迅速攀升至3.6%,2002年至今一直在4%以上(包括4%)。一个显而易见的事实是,由于统计制度的缺陷,城镇登记失业率一定程度会低估实际的城镇失业率。根据郭飞的研究,2002年,我国的城镇真实失业率约为9%,是官方统计数字的两倍。按照国际划分标准,当时的失业状况属于失业问题严峻型。⑤ 一方面,失业的压力降低了在岗人员的工资期望值,削弱

---

① 张军、陈诗一、Gary H. Jefferson:《结构改革与中国工业增长》,《经济研究》2009年第7期。
② 中共中央宣传部理论局:《六个"为什么"——对几个重大问题的回答》,学习出版社2009年版,第84页。
③ 汪海波:《中国现代产业经济史》,山西经济出版社2010年版,第536页。
④ 郭飞、王飞:《中国低工资制度的阶段特征与中期对策》,《教学与研究》2011年第12期。
⑤ 郭飞:《我国失业的五大特征与对策》,《经济学动态》2003年第11期。

了工人在企业利益分配中的谈判能力，并且在很大程度抑制了在岗工人特别是非熟练工人工资的提高。另一方面，在劳动力供大于求的背景下，求职者能够找到工作勉强糊口已经相当不易，更别提在劳资谈判中提出增加工资的要求，往往只能被动接受企业单方面确定的工资水平。一句当时非常流行的标语是：今天工作不努力，明天努力找工作。所以，在此情形下，低端劳动力实际工资增长幅度缓慢，"地板工资"处处可见。

第三，地方政府招商引资的激烈竞争强化了资本的谈判地位，进而导致劳动者谈判地位的弱化。①

1998年以来，尽管工业部门的实际工资增速与前两个时段相比非常高，但是如果把它同改革中各种收费项目的增加和生活总开支的迅速增长联系起来考察，就会看出这样的工资增长率对普通工薪阶层远远不够。20世纪90年代以来，我国从计划经济体制向市场经济体制转轨，由于在劳动者就业、分配、养老、医疗、教育和住房等方面实行了一系列重大改革，过去城镇企业职工享受的一些实物工资和福利待遇被取消，现在必须从货币工资中支付。大量实物工资和补贴的取消实际上伴随着普通职工收入的相对萎缩，一部分低工资职工、下岗和退休人员的实际收入增长缓慢，甚至有所降低。②

第四节　产出资本比的变动趋势及其决定因素

同利润份额一样，名义产出资本比 Y/K 作为决定利润率变化的直接变量，可以进行再分解，以便于剖析其波动的深层次原因。名义产出资本比与马克思的资本有机构成有一定程度的相关性。因为名义产出资本比 Y/K 可以分解为 $Y/K = (Y/V) \times (V/K)$，这里 Y 表示净产出，V 表示可变资本。V/K 是可变资本与资本存量之比，其倒数 K/V 就表示资本有机构成。当 Y/V 保持不变时，资本有机构成提高将通过产出资本比的下降而导致利润率下降，因而产出资本比的变化一定程度反映了资本有机构成的影响。不过，由于马克思的资本有机构成反映的是产业资本循环进入第二

---

① 张军、刘晓峰：《工资与劳动生产率的关联：模式与解释》，《哈尔滨工业大学学报》（社会科学版）2012年第2期。

② 郑志国：《中国企业利润侵蚀工资问题研究》，《中国工业经济》2008年第1期。

阶段之前不变资本与可变资本的比例关系，而产出资本反映的生产过程结束时产出与不变资本的比例关系。在一定条件下，当资本有机构成发生变化时，产出资本比可以保持不变。①

由于名义资本存量等于实际资本存量和资本品价格指数乘积，名义产出是实际产出和产出价格水平的乘积，因此名义产出资本比可以按照下面的方式进行分解：

$$\frac{Y}{K}=\frac{P_y y}{P_k k}=\frac{P_y}{P_k}\times\frac{y}{k}=\frac{P_y}{P_k}\times\frac{y/L}{k/L}$$

前文提到，P_y 表示产出品价格指数，对于实体经济，我们用1981年为基期的国内生产总值平减指数代替，工业部门则用1981年为基期的工业品出厂价格指数代替。实际净产出 y 等于净增加值 Y 除以产出品的价格指数。L 表示实体经济或工业部门的就业人员。P_k 表示资本品的价格指数，等于现价资本存量 K 除以实际资本存量 k。因此，名义产出资本比可以表示为一个价格变量和另一个真实变量乘积，它的波动受产出品与资本品的比价关系和实际产出资本比的综合影响，而实际产出资本比的波动又是实际劳动生产率与资本技术构成共同作用的结果。在实际产出资本比不变的条件下，产出品价格相对于资本品价格的更快上涨将导致名义产出资本比上升；而当劳动生产率的增长率超过资本技术构成的增长率时，在相对价格比不变的情况下，名义产出资本比也会上升。

一 实体经济名义产出资本比变化趋势

名义产出资本比受制于相对价格比率和实际产出资本比的综合作用。实证分析表明，1981—2009年，实体经济部门的名义产出资本比在波动中趋于下降，中间经历了大致三个阶段：

第一阶段，1981—1993年，名义产出资本比大约下降了57%，从最初的1.07下降到1993年的0.46。对名义产出资本比的数学分解表明，实际产出资本比的下滑贡献了其下降的74%，而相对价格变化贡献了其余的26%。

第二阶段，1993—1996年，名义产出资本比经历了一个比较短暂的回升。其中相对价格贡献了名义产出资本比上升的108%，而实际产出资

---

① 详细讨论参见鲁保林、赵磊、林浦《一般利润率下降的趋势：本质与表象》，《当代经济研究》2011年第6期。

本比对名义产出资本比变化的贡献率为 -8%。在这一阶段，尽管实际产出资本比的下滑继续推动名义产出比下降，但是相对价格比率的变动阻止了名义产出资本比的下降。相对价格的有利变化是因为资本品价格水平上涨比产出品慢。在此期间，资本品的价格只上升了 22%，而同期产出品的价格上涨了 46%。资本品价格上涨较慢的原因可能在于，资本品生产部门在这一时段的技术进步较快，劳动生产率加速提高，导致单位资本品的价格下降。

第三阶段，1996—2009 年，名义产出资本比逐步下降，到 2009 年降低到最低值。与 1996 年相比，2009 年的名义产出资本比下降了 45%。在这一时段，名义产出资本比变化完全是由实际产出比的下降所致，它的贡献率为 120%，而相对价格比率贡献为负值。

二 实体经济实际产出资本比变动趋势

马克思的资本有机构成理论讨论了资本技术构成和劳动生产率之间的有机联系。"在大多数场合，马克思对资本技术构成提高趋势的分析，是从劳动生产率不断增长这个事实出发的。"[①] 在马克思看来，资本技术构成提高和劳动生产率增长不过是同一过程的两个方面。工人用来进行劳动的生产资料的量，随着工人的劳动生产率的增长而增长。在这里，这些生产资料起着双重作用。一些生产资料的增长是劳动生产率增长的结果，另一些生产资料的增长是劳动生产率增长的条件……因而，劳动生产率的增长，表现为劳动的量比它所推动的生产资料的量相对减少，或者说，表现为劳动过程的主观因素的量比它的客观因素的量相对减少。[②] 爱德华·沃尔夫（Edward N. Wolff, 2003）[③] 认为，资本—劳动比[④]的上升会导致劳动生产率提高，一方面是因为物质资本—劳动比率增加会导致平均每人时产出[⑤]增加；另一方面是由于新投资往往是新技术的载体，从而新技术的迅速推广会促进劳动生产率上升。通常说新技术、新设备以及新工艺的采用和推广不可避免地要进行较大规模的固定资产投资，大规模固定资产投

---

① 高峰：《资本积累理论与现代资本主义》，南开大学出版社 1991 年版，第 67 页。
② 《马克思恩格斯全集》第 44 卷，人民出版社 2001 年版，第 718 页。
③ Edward N. Wolff, "What's behind the Rise in Profitability in the US in the 1980s and 1990s", *Cambridge Journal of Economics*, Vol. 27, No. 3, 2003, pp. 479 – 500.
④ 即资本技术构成。
⑤ 即劳动生产率。

资通常又与技术进步和固定资本更新结合在一起，而且现代化高技术设备的采用往往会更有效地利用现有的劳动力资源或者减少就业人员数量，以机器劳动取代活劳动，倾向于提高资本—劳动比率。[1] 由于实际产出资本比等于劳动生产率除以资本技术构成，因此，实际产出资本比的增长率等于劳动生产率的增长率减去资本技术构成的增长率，即 $\left(\dfrac{\dot{y}}{k}\right)=\left(\dfrac{\dot{y}}{L}\right)-\left(\dfrac{\dot{k}}{L}\right)$，当劳动生产率的增长率超过资本技术构成的增长率时，实际产出资本比的增长率就会上升，此时资本积累是有效率的；反之，实际产出资本比增长率就会下降，此时资本积累是无效率的，因为生产率的增长需要更多的资本投入。[2]

改革开放以来，实体经济部门实际产出资本比除了在20世纪90年代初期经历了一个短暂上升之外，在其余年份均处于下降态势。与1981年相比，2009年的实际产出资本比下降了74.3%，实际产出资本比的年平均增速为-4.73%。分时段来看，1981—1991年，资本技术构成的增长率达到11.59%，劳动生产率的增长率为4.46%。由于劳动生产率的增速低于资本技术构成的增速，实际产出资本比下降，实际产出资本比年均下降6.39%；1991—1995年，资本技术构成的增长率达到12.29%，略高于前一时段，劳动生产率的增长率也大为上升，达到13.75%。由于劳动生产率的增速高于资本技术构成的增速，导致这一时期实际产出资本比小幅提高了4.55%；1995—2009年，资本技术构成的增长率继续提高，达到14.32%，劳动生产率的增长率比前期降低，为8.41%，但速度仍然较高。资本技术构成的增速高于劳动生产率的增速，导致实际产出资本比下降了52.43%。

三 工业部门名义产出资本比变化趋势

实证研究结果表明：1981—2009年，工业部门的名义产出资本比在波动中趋于下降，决定名义产出比下降的主要变量是实际产出资本比，其对名义产出资本比的贡献率为89%，而相对价格比率的贡献仅有10%。

---

[1] A. 谢苗诺夫、C. 库兹涅佐夫：《论促进劳动生产率提高的因素》，《国外财经》1999年第2期。

[2] Angelo Reati, "The Rate of Profit and the Organic Composition of Capital in the Post-War Long Wave", *International Journal of Political Economy*, Vol. 19, No. 1, 1989, pp. 10-32.

名义产出资本比的波动大致经历了三个阶段：

第一阶段，1981—1990年，名义产出资本比快速下滑，1990年的名义产出资本比大约相当于1981年的45.82%，年均下降8.31%。对名义产出资本比数学分解表明，相对价格贡献了名义产出资本比下降的-3.6%，而实际产出资本比解释了名义产出资本比下降103.6%。

第二阶段，1990—1998年，名义产出资本比下降的速度趋缓。在这一阶段，名义产出资本比的平均增速为-7.6%，导致名义产出比下降的主要因素是实际产出资本比，它贡献了名义产出资本比下降94%，其余的6%为相对价格比率的变化所致。

第三阶段，1998—2009年，名义产出资本比逐步回升，年均增长率为6.7%。在这一阶段，导致名义产出资本比回升的主要因素是实际产出资本比，它对名义产出资本比回升的贡献率为107%，而相对价格比率的贡献率为负值。

四 工业部门实际产出资本比变动趋势与分解

改革开放以来，工业部门实际产出资本比与名义产出资本比变动轨迹基本一致。实际产出资本比在整个80年代快速下降，到了90年代下降速度减缓，然后在90年代末期开始回升。前已述及，当劳动生产率的增长率超过资本技术构成的增长率时，实际产出资本比的增长率就会上升；反之，实际产出资本比的增长率就会下降。表5-6列出了工业部门不同时段劳动生产率和资本技术构成的增长率。

表5-6　　　　1981—2009年工业部门劳动生产率增长率和
资本技术构成增长率　　　　　　单位：%

时期	1981—1990年	1990—1998年	1998—2009年
劳动生产率增长率	2.05	7.20	14.65
资本技术构成增长率	11.62	15.54	7.00

资料来源：历年《中国统计年鉴》、《中国劳动统计年鉴》、《中国工业经济统计年鉴》、中经网统计数据库。

从表5-6中可以看出，1998年以前，相对较高的资本技术构成与相对较低的劳动生产率并存的局面使得实际产出资本比的增长率下降，而此后的情形正好相反。这里可以思考如下两个问题：其一，1981—1998年，为什么工业部门较高的资本技术构成并未形成较高的劳动生产率？其二，1998—2009 年，为什么劳动生产率可以在资本技术构成增长率下降的背景下实现高速增长？归结起来，有以下几点原因：

第一，不变资本使用上的节约。不变资本使用上的节约作为生产资料相对增长的一种抵消因素，会不同程度地影响生产资料对劳动力的比率，影响资本技术构成提高的速度。一般的规律是：如果不变资本使用上节约的作用不显著，资本的生产率不变或下降，资本技术构成的增长速度就会接近甚至快于劳动生产率的增长速度；反之，如果不变资本使用上的节约大大增强，资本的生产率趋于上升或上升较快，资本技术构成的增长速度就会小于甚至大大小于劳动生产率的增长速度。[1] 20 世纪 90 年代中期以来，不变资本的节约对我国工业部门资本技术构成增长产生了较大影响，这主要体现在建筑物使用上的节约方面。因为随着我国工业化的推进和逐步完成，对建筑物的投资会逐步减少，而且企业生产规模的扩大，规模经济效益的显现也会节约建筑物的使用。这方面的变化反映在我国固定资产投资构成的变化上。1981—1996 年，建筑安装工程投资额占投资总额的比重平均约为 66.34%，而 1997—2009 年，这一比重已经降至 61.44%。此外，生产工艺的改进也会降低资本技术构成提高的速度。21 世纪以来，快速增长的能源消耗促使政府在 2006 年年初提出节能减排的目标。在生产过程中，节能设备的应用会降低企业对资源能源的消耗，废旧设备等的循环利用也可减轻企业成本支出，等等。

第二，20 世纪 90 年代中后期以前，企业的固定资产中包含大量的非生产性资产。由于当时企业办社会的问题比较突出，很多国有企业承担着职工的住房、医疗、养老、教育等社会职能，企业在职工的医疗保健和子女教育等方面的大量投资就形成了工业部门的非生产性资产。据统计资料记载，全民所有制工业在 1985 年的固定资产投资为 870.4342 亿元，1981—1985 年为 2892.1 亿元。1985 年生产性固定资产投资为 732.3781 亿元，1981—1985 年为 2387.9823 亿元。[2] 除去生产性固定资产投资，非生产性固定资产投资为分别为 138.0561 亿元（约占 15.86%）和 504.1177 亿元（约占 21.11%）。在那个时期，企业自办学校、医院等后

---

[1] 高峰：《资本积累理论与现代资本主义》，南开大学出版社 1991 年版，第 73 页。
[2] 国务院全国工业普查领导小组办公室：《中华人民共和国 1985 年工业普查资料（简要本）》，中国统计出版社 1989 年版，第 246 页。

勤服务单位并安置企业的富余人员。据统计，医疗、教育等社会化服务体系尚未形成，企业承担着大量应由政府承担的公共产品供给职能。据统计，截至1996年，全国企业自办中小学校达1.8万所，在校生610万人，教职工60万人，每年需要教育经费30亿元。全国企业及非卫生部门自办的卫生机构11万个，职工140万人，约占全国卫生机构的1/3。[①] 由于企业在教育、卫生方面的投资是属于非生产性投资，这些投资不能直接给企业创造真实的财富，过多的非生产性支出反倒会降低企业的生产性投资，不利于企业未来劳动生产率的提升，最终成为这些企业的沉重包袱。20世纪90年代中后期以后，国有企业实施全面改革，转换经营机制，改革中很重要一个环节就是剥离附属于原有企业的非生产机构，非生产机构与企业脱离减轻了企业的负担，客观上有利于企业劳动生产率的提高。

第三，20世纪90年代末以来，市场化改革的推进使得各类企业之间的竞争程度更为激烈。我们知道，改革开放前我国的所有制结构比较单一。始于20世纪70年代末的中国经济体制改革一开始就采取了扶持和引导非公有制经济发展的方针和政策，之后随着市场化改革的全面推进，投资领域对社会资本更加开放，非公有制企业可以进入的产业行业逐步放宽。90年代中后期，国有经济发展步履维艰，主流舆论将其归结为国有企业自身产权不明晰所引致的效率低下，因此，国有企业民营化等举措在很多地区被视为增强企业活力，提升企业效率的唯一选择。有学者指出，20世纪90年代后期的"国有经济战略性调整"实际上是把没有必要保持国有性质的国有企业改革为非国有企业。[②] 随着"抓大放小"、"减员增效"等一系列政策的出台实施，大部分中小国有企业要么破产、改制，要么被收购。"国有经济战略性调整"使得公有制企业所占比重急剧收缩，按工业总产值计算，2000年，国有和国有控股工业企业下降至不足50%。进入21世纪以来，跨国公司、民营企业与国有企业一道角逐中国市场。至此，多种经济成分竞争的格局更加完善，企业追逐利润的欲望更加强烈，企业之间的竞争程度更加激烈。如此一来，提高劳动生产率，降低产品价格便成为企业争夺市场份额最好的武器。此外，90年代中期以后，买方市场向卖方市场的转变使得生产和消费的矛盾开始尖锐起来，越

---

① 汪海波：《中华人民共和国工业经济史》，山西经济出版社1998年版，第744页。
② 金碚：《中国工业改革开放30年》，《中国工业经济》2008年第5期。

来越多的企业不再盲目扩大生产能力，而转向提高劳动生产率，提升品牌和质量。21 世纪初期，中国成功加入世界贸易组织，从此，国内市场和国外市场更加紧密地结合起来，外资进入中国的门槛比之前更低，企业面临的竞争压力空前加剧，外资企业的压力倒逼内资企业不断成熟壮大。激烈的市场竞争使企业越来越意识到：要么杀出重围，要么被淘汰。激烈的市场竞争压力迫使各种类型企业都不得不研发或（和）采用新的技术、新的工艺，以及新的管理方法。在国有企业户数不断减少和结构不断优化的情况下，国有资产总量大幅度增加，经济效益明显提高，市场竞争力显著增强，形成了一批具有国际竞争力的大型企业。

第四，20 世纪 90 年代中后期以后就业形势恶化，工人劳动强度增加。20 世纪 90 年代中后期所推行的大规模"减员增效"和劳动用工制度改革降低了公有制企业的就业份额，增加了劳动力市场的竞争程度。在劳动力尤其是低端劳动力市场供大于求背景下，失业压力迫使在业工人付出更多的劳动，从而一定程度使劳动的供给不依赖工人的供给。一些企业特别是那些私营企业，甚至可以无所顾忌地延长工人的劳动时间。国家统计局在 2006 年 11 月抽样调查的数据表明：城镇就业人员周平均工作时间为 47.3 小时，其中商业、服务业人员周平均工作时间高达 52 小时。而且学历越低，就业人员劳动时间就越长，据统计，初中教育水平的就业人员周平均工作时间最高接近 50 小时。另外，在所有的行业中，制造业、建筑业、交通运输、仓储、邮政业、批发和零售业的就业人员每周平均工作时间均达到或超过 50 小时。2010 年，《瞭望》周刊记者在东部沿海一带劳动密集型企业调查发现，不少代工企业员工在超长工时、超低底薪、准军事管理叠加效应下，承受着巨大身心压力，陷入"有生产无生活"的精神煎熬之中。由此可见，工人的劳动强度可见一斑。[1] 劳动强度的增加意味着每个工人单位时间内的劳动会形成更多的价值，这样企业可以在不增加设备投入的条件下提高单位产出。

第五，20 世纪 90 年代末以来技术创新对工业劳动生产率增长的贡献上升。劳动生产率高低的主要决定因素有：劳动者平均熟练程度，科学技术发展水平及其在生产中的应用程度，生产过程的社会结合形式（分工协作、劳动组织与生产管理）等。从长期看，技术进步是推动劳动生产

---

[1] 杨琳：《劳资关系调整新节点》，《瞭望》2010 年第 25 期。

率增长的主要源泉。据有关学者的研究，1999—2008 年，技术进步对工业劳动生产率提高的贡献最大，由其引致的劳动生产率的年均变化率达到了 8.9%，对劳动生产率增长的贡献达到 74%。[①] 这表明我国工业领域持续的技术革新，大大促进了工业经济的发展。曲玥对中国 2000—2007 年制造业的劳动生产率情况进行了全面测算。他的研究表明，进入 21 世纪以来，制造业总体劳动生产率增长速度很快，这一快速增长主要是由技术进步而非要素投入驱动的，技术进步已成为劳动生产率增长的主要力量。[②] 辛永容等的研究成果显示：1999 年开始，技术进步率对制造业劳动生产率增长率的贡献率基本上都保持在 50% 以上（2000 年除外）。2002 年后，当我国制造业劳动生产率开始以两位数的增长率高速增长时，技术进步率的贡献率开始超过 60%，2004 年以后保持在 100% 以上，2006 年竟高达 174.23%，技术进步率对生产率增长的贡献值逐年增加，有效地促进了生产率的提高。我国加入世易贸易组织后，企业积极利用外资并参与国际技术交流，不仅引进了新设备、新技术和新工艺方法，还通过国外技术人员的引进、外资企业的示范作用、人员流动的技术扩散作用和企业间的竞争作用，加速新技术在制造业的传播，促使国内企业采用新技术，提高了整个制造业的生产前沿面。[③] 此外，20 世纪 90 年代以来，我国信息技术产业发展迅猛。以信息技术产业为基础的技术革新渗透性很强。例如，用信息技术改造传统产业可以挖掘传统产业的潜力。对传统产业的产品开发、研制、生产、销售等所有的环节进行改造升级，可以实现生产装备数字化、生产过程智能化以及经营管理网络化，这样的生产和经营模式可以使得各种资源得到更为充分有效的利用。一般来说，在信息经济条件下，企业对机器设备、原材料、燃料动力等有形要素的投入会减少，这一类的不变资本支出在整个生产中趋向下降，进而企业整个生产成本也会相应降低。与此同时，信息产业本身劳动生产率的加速提高也会使得信息技术设备价格大幅度下降，为企业能够以较小成本采用新的信息技术设备提供了可能。

---

① 杨文举、张亚云：《中国地区工业的劳动生产率差距演变》，《经济与管理研究》2010 年第 10 期。

② 曲玥：《制造业劳动生产率变动及其源泉》，《经济理论与经济管理》2010 年第 12 期。

③ 辛永容、陈圻、肖俊哲：《我国制造业劳动生产率因素分解》，《系统工程》2008 年第 5 期。

第六章 中美实体经济利润率比较分析

作为世界上最大的发达资本主义国家，美国经济的利润率趋势，特别是实体经济部门的利润率趋势，历来是国内外学界关注焦点。美国实体经济主要集中在非金融公司部门（NFCB）。1948—2010年，美国国民收入的58.41%来自公司部门，公司部门收入的91.52%来自非金融公司部门，公司部门利润的80.3%来自非金融公司部门。因此，非金融企业部门创造了国民收入的53.45%，创造了国内净营业盈余的35.33%。[①]

第一节 1966年以来美国实体经济利润率演变轨迹

上一章参照西蒙·莫恩的做法，把利润率分解为利润份额和产出资本比的乘积，即：

$$R = \frac{S}{K} = \frac{S}{Y} \times \frac{Y}{K}$$

另外，当仅需要考察产业资本的净利润率时，我们可依照下面的方式对净利润率进行分解，即：

$$r = \frac{\pi}{K} = \frac{\pi}{Y} \times \frac{Y}{K}$$

前已述及，将利润率分解为产出资本比和利润份额的乘积可以更好利用经验数据甄别利润率下降直接因素和间接因素，在研究美国实体经济利润率时，学者们更多关注美国实体经济净利润率的变化趋势，而忽视了对实体经济一般利润率的研究，有些学者甚至把前者的变动规律与后者的变

[①] 35.33%是1959—2010年的平均值。

动规律混同。本章将延续上一章的做法，不仅关注净利润率的变化趋势，还格外关注一般利润率的变化趋势。

一 相关变量处理方法

计算中国实体经济和工业部门的利润率面临的一个很大难题是缺乏直接可以拿来使用的资本存量数据，因此在计算利润率之前必须使用永续盘存法估算中国实体经济部门和工业部门的资本存量。而美国的非金融公司部门有官方发布的资本存量数据，并且其他的基础数据也比较齐全，因而只需对变量的来源和处理方法作一简要介绍即可。K 表示非金融公司部门现价非住宅净固定资本存量，π 表示包括资本消耗和存货价值调整的税后利润。S 表示剩余价值，除了包括前文所说的 π，还包括税收[①]、利息（包括杂项支付）以及监管雇员的非劳动收入。净产出 Y 等于剩余价值 S 与可变资本 V 之和。关于可变资本 V 这里需着重强调一点，在计算利润率时，不少学者直接将国民经济核算资料所报告的雇员劳动报酬 W 作为可变资本。事实上，二者并非同一概念。可变资本，从狭义的角度来讲，只包括支付给生产工人的劳动报酬总额，不包括支付给监管人员的劳动报酬。而雇员劳动报酬的外延稍广，不仅包括生产雇员劳动报酬，还包括监管人员收入。之所以强调 V 与 W 的差别，原因在于，在过去 30 年的新自由主义时期，美国管理人员的收入高歌猛进、一路飙升，完全把管理人员的收入纳入可变资本范畴在经验分析上会造成劳动份额被高估，歪曲剥削率上升的事实。大卫·科茨曾指出，在新自由主义时期，公司管理雇员的收入比生产工人的工资上升得快，最好把生产雇员的报酬和其他雇员的报酬分开。[②] 另外，有充分的资料显示，在新自由主义时期收入份额从工人向管理层转移。根据米舍尔等的报告，1979 年的 CEO 薪金是普通工人的 38 倍；到 2005 年，这一比例达到了 262 倍。根据别布丘克和格林斯泰的报告，20 世纪 90 年代，在标准普尔 500 强公司中，薪金位于前五位的管理者的薪金之和占公司利润的 5%；到了 21 世纪初，这一比例超过了 10%。[③] 美国统计年鉴只公布所有雇员每年总劳动报酬数据，并没有提供

[①] 公司收入税。

[②] David M. Kotz, "Contradictions of Economic Growth in the Neoliberal Era: Accumulation and Crisis in the Contemporary U. S. Economy", *Review of Radical Political Economics*, Vol. 40, No. 2, 2008, pp. 174 – 188.

[③] 托马斯·I. 帕利：《金融化：涵义和影响》，《国外理论动态》2010 年第 8 期。

与可变资本相对应的统计指标。沿着第四章的思路，我们认为，尽管监管雇员也是"总体工人"的一部分，但由于其劳动性质与生产雇员存在显著的区别，因此只能将其收入中的一部分计算为可变资本。所以美国实体经济部门的可变资本除包括生产和非监管雇员的劳动报酬之外，还应该包括监管人员的一部分收入。而问题的关键是如何区分管理人员的劳动收入和非劳动收入呢？由于统计年鉴没有提供非金融公司部门生产雇员和监管雇员小时薪酬的数据，这里的处理方法如下：（1）假设非金融公司部门生产雇员的小时薪酬与制造业部门生产雇员的小时薪酬相同。（2）假设监管雇员小时薪酬与生产雇员小时薪酬相同，超出部分即为非劳动收入或剥削收入，也可以称为监管类非生产性支出。因此，可变资本的计算方法是用非金融公司部门的所有雇员年劳动小时数 H[①] 乘以制造业部门生产和非监管雇员的每小时劳动报酬 w_p。

二 非金融公司部门利润率的变化趋势及其原因分析

第五章提到，由于存在多种类型的非生产性支出，我们可以同时考察不同层面的净利润率，从而有助于判断和评估某种或某几种非生产性支出对净利润率的影响。在实际研究中，最常见的净利润率就是剔除所有非生产性支出后的净剩余价值与预付资本的比率。同第五章中计算工业部门的利润率类似，利用非金融公司较为齐全的数据，也可以同时考察四种层面的净利润率，即 $r^0 = \frac{S-U}{K}$，U 表示各种非生产性支出的总和；$r^1 = \frac{S-U_1}{K}$，U_1 表示利息支出；$r^2 = \frac{S-U_2}{K}$，U_2 表示税金；$r^3 = \frac{S-U_3}{K}$，U_3 表示管理类非生产性支出。把一般利润率 R 和上述四种类型的净利润率绘制于同一张图中，结果如图 6-1 所示。

从图 6-1 中可以看出，利润率 R、净利润率 r^1 以及 r^2 的走势基本一致，而净利润率 r^0 和 r^3 的走势基本一致。这种情形说明，利息支出和税金支出仅影响净利润率的大小，这反映在净利润率 r^1、r^2 和利润率 R 的差距上。但这两个指标并没有改变净利润率的走势。而与利润率 R 相比，净利润率 r^0 和 r^3 的波动幅度明显小于前者，且变动形式与前者表现出显著的差别，这说明总体非生产性支出的扣除影响利润率基本走势，而在所

[①] 此组数据由美国劳工部劳工统计局的 John L. Glaser 提供。

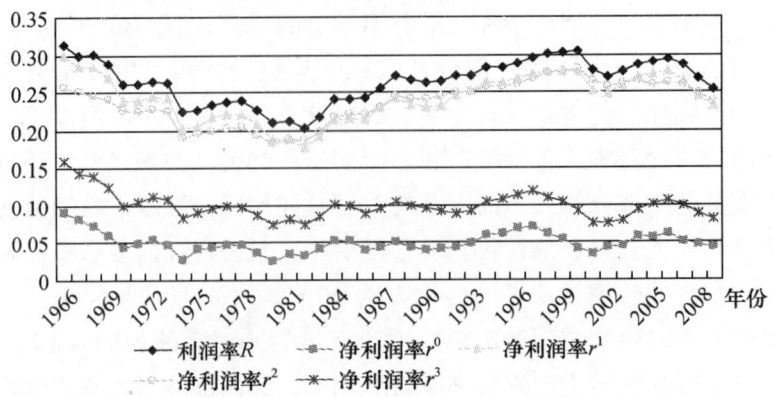

图 6-1 非金融公司部门一般利润率和净利润率：1966—2009

资料来源：根据美国商务部经济分析局、美国劳工部劳工统计局的有关数据计算并绘制。

有类型非生产性支出中，监管类的非生产性支出对净利润率走势的影响最大。根据我们的测算，监管类非生产性支出占总非生产性支出的比重最高，在1966—2009年，其所占比重超过了60%，所以扣除了监管类非生产性支出后的净利润率 r^3 的走势发生了改变。鉴于利润率 R 和净利润率 r^1 以及 r^2 的走势基本一致，而净利润率 r^0 和 r^3 的走势基本一致，下文仅详细分析利润率 R 和净利润率 r^0 的演变过程，对于其他三种类型的净利润率不再分析。

纵观1966—2009年，一般利润率 R 和净利润 r^0 的平均增长速度分别为 -0.48% 和 -1.73%，二者在长期中均趋于下降。在80年代中期前，二者有着相似的变动轨迹。从80年代中期一直到90年代末，一般利润率 R 上升很快，而净利润率 r^0 的波动明显大于前者，之后二者逐渐发生背离，前者的上升速度更快，产生这种现象的主要原因在于非生产性支出的大幅上升减缓了净利润率 r^0 的复苏程度。例如，1990年和1991年，净利润率 r^0 有不同程度的下滑，而利润率 R 在此期间受到的影响甚微，在1997—2000年 R 和 r 的变动趋势竟完全相悖，前者趋于上升，总共上升了约1个百分点，后者趋于下降，共下跌了近3个百分点。这种情形表明非生产性支出在这一时段大幅增加，加速上升的非生产性支出对净利润率 r^0 产生了非常强大的挤压效应。

为了分析 NFCB 部门利润率 R 和净利润率 r^0 在长期和短期中波动的具体原因，根据利润率、（扩展）利润份额和产出资本比的经验数据，估算了不同时期技术（表中以产出资本比作为技术因素的代表）和分配（表中以产出资本比作为收入分配因素的代表）因素对利润率波动的贡献。结果如表6-1和表6-2所示。

表6-1 净利润率 r^0 变化的百分点、技术因素和分配因素的贡献率

时期	1966—1982年	1982—1997年	1997—2001年	2001—2006年	2006—2009年	整个时期
利润率 r^0	-0.0569	0.0379	-0.0366	0.0263	-0.0184	-0.0476
利润份额	-0.0630	0.0494	-0.0578	0.0542	-0.0247	-0.0418
产出资本比	-0.2037	0.1222	-0.0380	-0.0313	-0.0598	-0.2106
利润份额的贡献	0.6325	0.6912	0.9047	1.1067	0.6604	0.4990
产出资本比的贡献	0.3675	0.3088	0.0953	-0.1067	0.3396	0.5010

资料来源：根据美国商务部经济分析局、美国劳工部劳工统计局有关数据计算整理。

表6-2 利润率 R 变化的百分点、技术因素和分配因素的贡献率

时期	1966—1982年	1982—2000年	2001—2006年	2006—2009年	整个时期
利润率 R	-0.1097	0.1020	0.0141	-0.0390	-0.0586
扩展的利润份额	-0.0182	0.0434	0.0308	-0.0058	0.0483
产出资本比	-0.0915	0.0586	-0.0167	-0.0332	-0.1069
扩展利润份额的贡献	0.1659	0.4260	2.1847	0.1484	-0.8240
产出资本比的贡献	0.8341	0.5740	-1.1847	0.8516	1.8240

资料来源：根据美国商务部经济分析局、美国劳工部劳工统计局有关数据计算整理。

表6-1和表6-2列出的数据显示：1966—2009年，利润率 R 和净利润率 r^0 均趋于下降，后者的下降幅度略微小于前者，驱动二者下降的最主要的直接因素都是产出资本比。区别在于，利润率 R 的下降完全是由于产出资本比的下降所致，而净利润率 r^0 的下降是由产出资本比和利润份额的共同作用所致。1966—2009年，非金融公司部门净利润率 r^0 的演变大体上可以划分为五个阶段：1966—1982年，净利润率处于持续低迷阶段；1982—1997年，净利润率处于缓慢回升阶段；1997—2000年，净利润率处于短期收缩阶段；2001—2006年，净利润率再度回升；

2006—2009 年，净利润率又一次回落。

  20 世纪 60 年代中期是美国经济增长的一个"分水岭"。第二次世界大战结束至 20 世纪 60 年代中期，由于生产力的快速发展、国家干预以及各种社会福利政策的实施，各种社会矛盾在一定程度上出现了缓和迹象，美国经历了一段经济增长的"黄金时期"。然而，随着时间的推移，情况逐渐发生变化，资本主义生产方式内生的矛盾和冲突逐渐累积，反映在利润率指标上就是利润率的上升势头逐渐发生逆转。从 1966 年开始美国经济运行进入下行区间，进入 70 年代，资本积累开始减慢，过去那种固定资产投资大量增加的势头不再，劳动生产率的增长明显放慢了，工人大量被解雇，市场呈现大幅萎缩。这表明，经济增长失去了足够动力，并逐步陷入停滞状态，战后高速增长时期暂时告一段落。作为宏观经济状况重要指标的实体经济利润率也从 60 年代中期的峰顶逐步回落，一直持续到 1982 年。其中净利润率 r^0 从 1966 年的 15.89% 回落至 1982 年的 7.48%，在不到 20 年里，下降了大约 63.04%，利润率的滑坡引发 70 年代的经济衰退，美国陷入长达数年之久的增长停滞与通货膨胀加剧并存的"滞涨"泥沼而不可自拔。不少西方学者倾向于把本次利润率的下降归因为"利润挤压"。[①] 该理论基本逻辑为：在战后资本主义的经济繁荣时期，资本对劳动力需求增加，相对过剩人口减少，失业率比较低，工人谈判实力增强，导致实际工资增长率超过劳动生产率增长率，进而造成资本收入在国民净收入中所占份额减少，导致利润率下降。我们的实证分析表明，利润份额在此期间的确回落了近 6 个百分点，对净利润率 r^0 下滑的贡献率为 63%，产出资本比的贡献率只有 37%。我们的结论支持了利润份额收缩导致利润率下降的观点，但是，单纯考察利润份额就忽略了非生产性支出对利润率的影响，当把非生产性支出的上升考虑进来以后，剩余价值占净产出的比重即扩展利润份额实际只下降了不到 2 个百分点，扩展利润份额对利润率 R 下降的贡献率也只有 17%。因此，决定该时段一般利润率下降的主要变量依然是产出资本比，利润份额的作用位居其次。

  在经历了 70 年代的利润率持续低迷之后，非金融公司部门的利润率

---

① Andrew Glyn and Bob Sutcliffe, *British capitalism, workers and the profit squeeze*, London: Penguin Books, 1972; Raford Boddy and James Crotty, "Class Conflict and Macro-Policy: The Political Business Cycle", *Review of Radical Political Economics*, Vol. 7, No. 1, 1975, pp. 1–19.

从80年代初开始逐步回升。其中净利润率 r^0 的上升势头持续到1997年后停止，利润率 R 的转折点要比净利润率晚3年。当然并不是说净利润率 r^0 在这14年中完全没有波折，事实上净利润率 r^0 在1986—1987年和1989—1992年都曾有过小幅下降。和1982年相比，1997年净利润率 r^0 上升了114%。到1997年，净利润率 r^0 已经回升至1968年的水平。相比之下，利润率 R 回升速度似乎更快，在2000年它就已经接近1966年的水平，利润份额的大幅上升推动了这一时段净利润率的回升。不过，对促使利润率 R 上升的因素进行数学分解后发现，产出资本比的贡献比扩展利润份额更大一些。当然，可以确定的是，资本份额在这一时期上升了，劳动份额在这一阶段绝对下降了，尤其是生产雇员和非监管雇员，他们的劳动收入份额下降的幅度更大。学界普遍认为，以自由化、私有化和市场化为目标的新自由主义经济政策的施行大大削弱了劳工阶级的力量，使得强资本、弱劳动的局面进一步恶化，进而导致资本收入在国民收入分配中的比重不断上升，利润份额日趋增大，而利润份额的扩张推动了利润率回升。

然而，资本主义经济由于其内在的规律和逻辑，并不能保证永久的繁荣。经过一定时期的经济发展，资本积累条件必然发生变化，一度促使资本积累和利润率上升的各种因素必然会逐渐减弱，最终走向自身的反面。[①] 1998年实体经济的净利润率 r^0 开始出现转折，在接下来的三年里，净利润率下降了约41%，推动这一时段净利润率收缩的主导原因是利润份额的缩减，进一步分析则发现导致净利润率收缩的主要因素是非生产性支出的上升。1991—1996年，非生产性支出的年平均增长率为4.52%，到了1997—2000年这个增速竟飙升至8.77%，非生产性支出的加速上升吞噬了非金融公司部门的利润所得。

2001—2006年，实体经济利润率又逐步回升。这一时段在1966—2009年的整个时期中比较特别，因为无论就利润率 R 还是就净利润 r^0 而言，导致它们回升的决定性要素都是（扩展）利润份额，它平均解释了 r^0 变化的111%，R 变化的218%。对于利润占比的上升，罗伯特·布伦纳曾指出，"在整个非金融企业部门，从2001年第四季度周期性扩张开始到2006年第三季度收入增长达到顶峰，利润增长了83.5%，而报酬仅增

[①] 高峰：《资本积累理论与现代资本主义》，南开大学出版社1991年版，第370页。

长 20.5%。换句话说，非金融企业净增加值在这一时期的全部增长中，利润竟占到 40%。"①

2001 年以来，这种以广大生产工人的被剥夺和贫困化为基础的资本价值的保存和增值有其内在的局限性，它只能在一定限制内运动，这种"贫血式"的利润率增长不过是美国实体经济的"阿喀琉斯之踵"。最后，这个始于 2001 年年末的利润率繁荣仅仅维持不到 5 年就草草收场，利润率的再度下滑最终引爆了 2008 年席卷全球的国际金融危机。根据我们的经验分析可知，导致这一时段净利润率 r^0 下降的主要原因是利润份额的下降，它对净利润率下降的贡献率为 66%。

三 非金融公司部门利润份额的变动趋势及其原因分析

第五章分析了剩余价值率与扩展利润份额的关系，并且指出了扩展利润份额与利润份额的差异。为了便于比较剩余价值率、扩展利润份额与利润份额这三者之间的关系，将 1966—2009 年美国非金融公司部门的利润份额②、剩余价值率和扩展利润份额绘制于图 6-2 中。

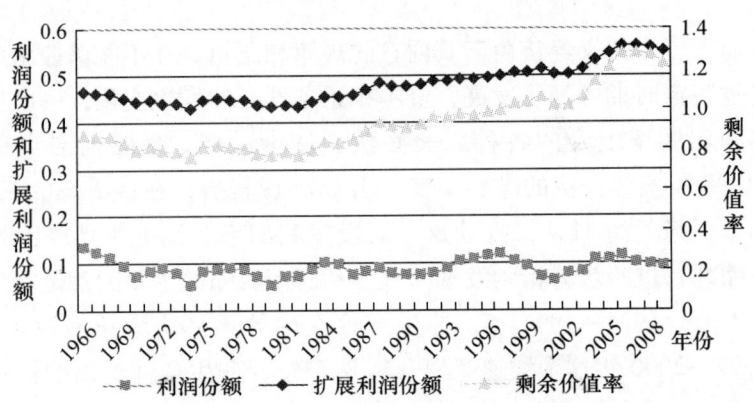

图 6-2 非金融公司部门的利润份额、扩展利润份额和剩余价值率

资料来源：根据美国商务部经济分析局、美国劳工部劳工统计局的有关数据计算并绘制。

图 6-2 显示，1966—2009 年利润份额的波动相对比较频繁，整体来看略有下降。截至 2009 年，利润份额的变化经历了平稳下降、逐步回升、

---

① 罗伯特·布伦纳：《高盛的利益就是美国的利益——当前金融危机的根源》，《政治经济学评论》2010 年第 2 期。

② 利润份额为剔除所有非生产性支出后的净剩余价值与占净产出的比重。

急速下滑、再回升和小幅回落五个阶段：1966—1982年，利润份额回落约6个百分点，从1966年的13.41%降至1982年的7.11%。1982—1997年是利润份额出现恢复性上涨的15年，在此期间利润份额增加了近70%，其中利润份额的增长主要发生在1982—1984年和1990—1997年。到1997年时利润份额已经回升至1967—1968年的水平，但仍低于1966年。1998—2001年，利润份额骤降，2001年的利润份额只相当于1997年的49%，与经济状况很不景气的1982年相当。2001—2006年，由于实际工资增长率几近停滞，利润份额又开始扶摇直上，与2001年相比，2006年利润份额又回升近3个百分点，2006年的利润份额水平略低于1997年。2006—2009年，受国际经济危机的冲击，利润份额再次下滑。

图6-2中的另外两个变量剩余价值率和扩展利润份额的变动轨迹不仅极为相似，而且从纵向来看，这两个指标在1966—2009年趋于不断增长，从而验证了马克思关于剩余价值率随着劳动生产力的发展而趋于上升的论断。尽管扩展利润份额总体呈现不断增加的趋势，然而其在不同时期的变化趋势以及变化速度并不相同。1970—1985年，扩展利润份额在比较窄的范围内波动，但是从80年代中期开始，扩展利润份额紧随剩余价值率的上升而迅速扩大，剩余价值率在1985—2000年上升了28%，在2002—2007年又上升了26%，而扩展利润份额则从1985年的45.32%攀升至1998年的50.54%，而后又从2003的51.57%上升至2007年的56.18%。2008年金融危机爆发，受此影响美国经济增长放缓，但是正如图6-2所展示的那样，扩展利润份额并未受到较大冲击。2007—2009年，扩展利润份额小幅收缩1个百分点。说明即使是在产出增长缓慢的经济下行时期，资本家仍然能够攫取较大份额的剩余价值。

根据利润份额和扩展利润份额关系可知，既然非金融公司部门的利润份额在我们所考察的整个时期显示出微弱的下降，那么扩展利润份额的上升一定意味着非生产性支出占净产出的比重在此期间里趋于上升。而在所有的非生产性支出中，监管类非生产劳动所占比重最大，1966—2009年，其所占比重超过了60%，因此主导非生产性支出增加的变量一定是监管类非生产劳动。监管类非生产劳动在此期间的变化情况究竟是怎样的呢？图6-3绘出了1979—2009年美国非金融公司部门的监管类非生产劳动与生产劳动之比、监管雇员占所有雇员[①]的比重，以及监管类非生产性支出在净产出中所占的比重。

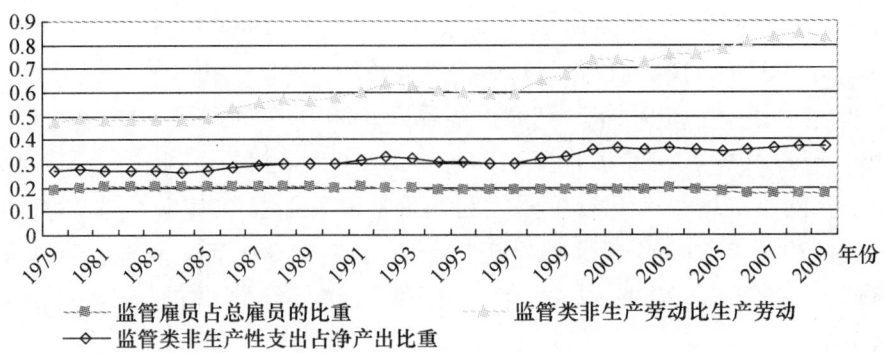

图 6-3 有关非金融公司部门监管类劳动一些指标

资料来源：根据美国商务部经济分析局、美国劳工部劳工统计局的相关数据计算并绘制。

如图 6-3 所示，尽管监管雇员占总雇员比重在最近 30 年间基本保持稳定，甚至最近几年一度有所减少，但是监管类非生产劳动与生产劳动之比在此期间却提高了 75%，监管类非生产性支出的上升主要发生在 80 年代中期以后，并且上升的速度从 90 年代中期开始加快。1985—1996 年，监管类非生产劳动与生产劳动之比在 11 年间只提高了 6 个百分点，但是在 1997—2009 年的 12 年里，这个比值就大幅度增加了 24 个百分点。另外，1985—2009 年，监管类非生产性支出占净产出的比重也提高了 10 个百分点。这个比重在前 10 年增速较慢，到了 90 年代中期突然加快，1997—2009 年，监管类非生产性支出占比增加了近 8 个百分点。产生这种状况的背景是：非金融公司部门监管人员的工资率增速在 90 年代中期以后开始加快，进而导致管理人员和普通雇员收入差距急剧扩大，财富向上层集中的趋势日渐凸显。

结合上一章的利润份额 $\frac{\pi}{Y}$ 分解公式，给出非金融公司部门利润份额的

---

① 美国劳工局提供的生产和非监管雇员人数只包括非农业非金融公司部门的统计指标，假设非农业非金融公司部门的生产和非监管雇员人数占金融公司部门所有雇员的比重与非农业非金融公司部门的固定资本消耗提存占非金融公司部门固定资本消耗提存的比重相同，然后根据消耗提存占比推算非金融公司部门生产和非监管雇员人数。

分解公式：

$$\frac{\pi}{Y} = \frac{S}{Y} - \frac{U}{Y} = \frac{p_y y - w_p H}{p_y y} - \frac{U}{Y} = \frac{y/H - w_p/p_y}{y/H} - \frac{U}{Y}$$

与上一章公式不同之处在于，此处计算劳动生产率使用的是劳动小时数 H，而不是就业人数。接下来我们介绍其他变量的处理方法：P_y 表示产出品价格指数，等于非金融公司部门的名义净增加值除以实际净增加值，y 表示实际产出，等于名义产出除以产出品价格指数，H 表示非金融公司部门所有雇员的劳动小时数。

前面已经分析了非生产性支出对利润份额的影响，接下来利用经验数据来考察劳动生产率和实际工资对非金融公司部门扩展利润份额周期波动作用的程度和方向。表 6-3 列出了生产性雇员每小时实际工资和劳动生产率在整个时期以及各阶段的增长率。

表 6-3　　　　劳动生产率和生产雇员每小时实际工资增长率　　　　单位:%

时　期	1966—1982 年	1982—1997 年	1997—2001 年	2001—2006 年	2006—2009 年	整个时期
劳动生产率增长率	1.31	1.83	2.32	3.01	0.25	1.71
每小时实际工资增长率	1.68	0.10	2.02	0.51	1.14	1.30

资料来源：根据美国商务部经济分析局、美国劳工部劳工统计局的有关数据计算并整理。

纵观 20 世纪 60 年代中期至 2009 年，由于实际工资的增长率整体上低于劳动生产率的增长率，所以扩展利润份额在整个样本期里趋于上升。即使是分时段来考察，实际工资的增长率除了在 1997—2001 年超过 1966—1982 年之外，在其余的时段均低于 1966—1982 年的增长率。不过劳动生产率的表现要好得多，1966—2006 年所划分的四个时段里，劳动生产率的平均增长速度节节攀升。接下来分析每个时段劳动生产率和实际工资增长率的变化状况。

1966—1982 年，美国工人的实际工资是不断增长的，且实际工资增长率快于劳动生产率的增长率，导致扩展利润份额收缩。实际工资增速过快主要是因为工人阶级所处的有利地位，可以保证实际工资水平保持相对较快增长。首先，前一时期美国经济的快速发展和资本形成导致资本对劳动力的需求增加，产业后备军的规模缩小，失业率降低，1948—1969 年美国的平均失业率只有 4.67%，因此劳动力市场在这一时期里一直处于比较紧张的状态。其次，工会实力的增加使得工人的谈判地位提高，有助于改变强资本、弱劳动的局面。最后，发达资本主义"黄金时代"发展时期，凯恩斯国家干预主义理念深入人心，由于政府加强对微观经济的干预和宏观经济领域的调节，工人福利水平增长较快。不过，劳动生产率增长速度在此期间却不断减缓。其中工业部门劳动生产率平均增速从 1948—1965 年的 3.2% 下降至 1965—1973 年的 2.4%，1973 年爆发石油危机，工业部门劳动生产率平均增速又迅速下滑至 1973—1978 年的 1.1% 和 1978—1982 年的 0.2%。① 导致劳动生产率增速趋缓的主要原因可以归纳为以下三点：第一，战后科技革命已经达到一定水平，科技增长潜力放缓，随着战后技术革命高潮的消失，科技创新对劳动生产力的促进效应趋于减弱。第二，奠定在新技术基础上的生产能力逐渐饱和，新部门已日臻成熟，新产品充斥市场，市场日趋饱和，剩余价值实现条件开始恶化，企业投资需求减弱，固定资本投资增长放缓造成企业设备趋于老化。② 1965—1973 年美国非金融部门私人非住宅固定资产投资的增长率为 5.71%，1974—1977 年为 1.55%，1978—1982 年为 1.49%。第三，20 世纪 60 年代末偏紧的劳动力市场和工会力量的增强使得雇主更难以增加工作强度和实施重新组织的计划，③ 这表现在工人努力程度下降、缺勤率上升等方面。

经济最终走出 70 年代的"滞胀"阴影后，美国从 20 世纪 80 年代初开始又迎来了新一轮经济繁荣。前期资本利润份额下降的态势被成功扭转，1982—1997 年扩展利润份额增加了 6 个百分点。扩展利润份额的回升既源于实体经济劳动生产率的复苏，也得益于实际工资增长率的停滞不前。与前一时段相比，劳动生产率的平均增速上升了大约 0.5 个百分点，相反实际工资增速却如同蜗牛爬行，仅有微弱的 0.1%。导致劳动生产率

---

① Claude R. Duguay, Sylvain Landry and Federico Pasin, "From mass production to flexible/agile production", *International Journal of Operations and Production Management*, Vol. 17, No. 12, 1997, pp. 1183 – 1195.

② 李琮：《论当代资本主义世界结构性经济危机》，《中国社会科学》1987 年第 3 期。

③ [英] P. 阿姆斯特朗、A. 格林、J. 哈里逊：《战后资本主义大繁荣的形成和破产》，史敏等译，中国社会科学出版社 1991 年版，第 220 页。

增长和实际工资增长脱节的具体原因,将在下文阐释。先说劳动生产率,劳动生产率的复苏与信息技术革命的兴起、企业组织管理体制的变革和国内国际竞争程度加强密切相关。

自20世纪80年代开始,首先,美国对信息技术产业的投资加快。信息处理和设备软件的投资占整个私人非住宅设备和软件投资的比重从1980年的30%提高到1990年的43%,再到2000年的50%,而相应的设备投资占比则从1980年的26.69%降低至2000年的17.09%。90年代初信息技术领域曾同时出现多项突破,如计算机硬件、计算机软件、电信技术等,使得高技术能够以各种方式重新组合起来,以便更好实现和显著提升技术创新的潜在价值。而且信息技术产业本身就直接对劳动生产率的增长做出了贡献。此外,信息技术在整个经济体系的扩散,导致应用信息技术的其他产业部门劳动生产率增长加速。IT设备投资在90年代前半期以年均14.2%的增长率高速增长,在1995—2000年IT设备的年增长率更高达20.2%,信息技术的革命每年都提供可能会大大节约成本并为企业带来其他益处的新设备。[①] 尽管信息产业产值在整个国民收入中的份额仍然比较小,在2000年占GDP的比重只有8.3%,但它却体现了1995—1999年间整个国民产出增长中的近1/3。[②] 其次,美国业主们全面改造企业组织管理机制。企业组织创新和改善为劳动生产率的提高提供了坚实微观基础。一般来说,技术革新只有在组织管理创新跟进之后,才能发挥出最大的潜力,这些组织管理创新包括:激励性报酬、弹性工作任务、人力资源培训等。推动劳动生产率复苏的最后一个因素是竞争程度的加剧。经济全球化和美国政府旨在促进竞争的经济政策能刺激一些企业尽快采用新技术,同时也鞭笞其他一些企业要么创新,要么被淘汰。全球化将只有少数竞争者的国内市场转变成为有众多竞争者的世界市场。在美国,政府制定的放松管制、开放竞争、降低市场准入门槛等政策措施导致其市场高度竞争,从而为企业采用新技术、新工艺提供了强大的外部压力。

战后经济增长的黄金时期,美国形成了一种相对和谐的劳资协调关系。大公司与工会进行议价谈判,工人承认以资方对生产过程的控制权换

[①] 大卫·科茨:《新自由主义和20世纪90年代美国的经济扩张》,《国外理论动态》2003年第8期。

[②] 《美国总统经济报告:2001年》,萧琛译,中国财政经济出版社2003年版,第22—30、78、79页。

取工资随着生产率的提高而增长。但自从70年代美国经济陷入困境以后，大公司的管理层逐渐改变态度，开始对工人采取强势的进攻策略。经济全球化以及自由主义经济政策的重新得势助长了资本策略的这种转变。[1] 与劳动生产率的复苏形成鲜明对比的是，普通雇员的实际工资率在1982—1997年增长极为缓慢，非金融公司部门生产雇员每小时实际工资年均增长率下降至0.1%，而私人部门生产雇员在1997年的每小时实际工资按1982年美元计算只有7.69美元，低于1964年的7.86美元，1982—1998年，私人部门的每小时实际收入都没有超过1980年的8美元水平。[2] 究竟是哪些因素阻碍了这一时期实际工资水平的增长呢？我们将其概括为以下四个方面。

第一，持续10年之久的结构性失业抑制了工人谈判能力。积累率的下降和机械化水平提高所导致的结构性失业在1969年开始上升，并持续十年，失业率从1969—1973年的5%上升至1975—1982年的7.3%，截至1980年美国失业人数达800多万，国内到处都有工厂停产。经济停滞削弱了有组织的劳工的地位，破坏了福特制下制造业核心部门在生产率增长和实际工资增长之间所确立的联系。[3]

第二，全球化负面影响。全球化是指与自由贸易、资本流动、跨国公司、全球采购有关的政策总和。[4] 英国学者大卫·哈维明确指出，全球化是新自由主义的全球化。当代全球化是新自由主义帮助资本打破资本积累中的一切空间障碍的努力。西方左翼学者普遍认为，新一轮全球化浪潮是伴随着市场自由化到来的，资本把市场自由化的逻辑推向全世界，图谋打破民族国家及其一切壁垒，建立资本畅通无阻的全球市场。[5] 开放市场的资本自由化促使跨国公司在全球范围寻求最廉价的劳动力市场和投资地，造成发达国家资本外逃，工作岗位大量流失。[6] 崔学东指出，"脱工业化

---

[1] 高峰：《"新经济"，还是新的"经济长波"》，《南开学报》（哲学社会科学版）2002年第5期。

[2] Economic Report of the President 2010, Table B-47.

[3] Karl Beitel, "The Rate of Profit and the Problem of Stagnant Investment: A Structural Analysis of Barriers to Accumulation and the Spectre of Protracted Crisis", *Historical Materialism*, Vol. 17, No. 4, 2009, pp. 66-100.

[4] 托马斯·I. 帕利：《金融化：涵义和影响》，《国外理论动态》2010年第8期。

[5] 周穗明：《国外左翼论全球化与资本主义、社会主义》，《理论视野》2003年第2期。

[6] 同上。

使得大量新增就业岗位来自低工资、低福利、高流动性的服务业。服务业的工会化和集体协商程度非常低,工人要么选择低工资,要么失业。"①

第三,工会实力遭受重创。为摆脱经济危机困扰,政府把矛头对准工人阶级,取消和修改各种保护工人利益的法律、弱化工会权力,破坏工会的议价能力。政府直接打击公共部门的工会,并纵容资本家打击私人部门的工会,解雇工会的领导人和组织者,集体谈判趋于分散化。1981 年,里根总统对空运管理人员的罢工进行干预,解雇了 11301 名罢工参与者。克鲁格曼写道,20 世纪 60 年代似乎与工会运动达成了和解的企业利益集团,从 20 世纪 70 年代开始对工会发动反击。我们并不是在谈论温文尔雅的劝服,而是真刀真枪的手段。例如,试图组织或支持工会活动的工人就常常遭到非法解雇。70 年代后期到 80 年代初期,投票支持工会的人至少有 1/20 遭到非法解雇,一些估计甚至认为是 1/8。② 由于统治集团的打压,工会成员率在新自由主义阶段大幅下降,在 20 世纪 70 年代还有将近 25% 的工人参加工会,但是到 21 世纪初,这一数字低于 13%。③ "工会密度"的下降在私营部门中更为迅速,到 1992 年,工会会员比例仅为大约 11%。工会及其成员在资方的攻势下日益转为守势,不得不在工资和福利等方面做出让步。④ 米歇尔等三位经济学家估计,美国拉大了的工资差距中约有 1/3 应归因于工会的削弱和最低工资购买力的下降。⑤

第四,最低工资水平降低。战后美国经济的黄金发展时期,联邦最低工资的法定水平和实际价值不断提高。1968—1979 年,虽然最低工资的法定价值几乎每年都在提高,但由于急剧的通货膨胀,最低工资的实际价值却降低了 8%。1981 年开始,随着里根入主白宫和公司院外游说集团对国会的威胁,联邦最低工资的法定水平竟然冻结了七年多,实际最低工资直线下降,从 1979 年的 5.81 美元(按 1994 年美元)跌落到 1989 年的 4.00 美元,十年下降了几乎 1/3。虽然法定最低工资在 1989—1991 年有

---

① 崔学东:《金融危机是美国劳资关系的转折点吗》,《教学与研究》2011 年第 10 期。
② 克鲁格曼:《美国怎么了?》,转引自孟捷《新自由主义积累体制的矛盾与 2008 年经济—金融危机》,《学术月刊》2012 年第 9 期。
③ 李民骐、朱安东:《新自由主义时期的世界经济》,《高校理论战线》2005 年第 7 期。
④ 高峰:《"新经济",还是新的"经济长波"》,《南开学报》(哲学社会科学版)2002 年第 5 期。
⑤ 申丹虹:《劳动力市场与收入分配研究综述》,全国高校社会主义理论与实践研讨会第 25 届年会论文,沈阳,2011 年 9 月。

所提高，但随后又被冻结直到90年代中期。70年代后最低工资实际价值的长期下降必然导致平均实际工资的下降。① 政府对资本的偏袒和工会密集度的下降削弱了工人的议价能力，导致实际工资和劳动生产率之间的差距逐步扩大。1982—1997年，实际工资的缓慢增长和劳动生产率的复苏结合在一起，推动了相对剩余价值生产的发展和扩展利润份额的提高，为利润率上升和资本积累创造了必要条件。

1997—2001年，实际工资增长率和劳动生产率增长率之间的缺口缩小。自从20世纪90年代中期开始，美国的技术创新速度加快，投资加速增长，信息技术对其他产业的渗透和带动效应日趋增强，劳动生产率出现了第二次世界大战后最快的持续增长势头。非金融公司部门劳动生产率的增速超过了3%，比前二十年的平均增速几乎高1倍。显然，信息技术对这一时期生产率的加速增长起到直接推动作用。一些学者的计量分析发现，20世纪90年代后半期，非农商业部门劳动生产率的增速比前半期增加了1.1个百分点，其中信息技术资本的贡献率就高达2/3。② 与此同时，随着网络经济的繁荣走向高潮，劳动力市场逐渐发生变化，大量劳动后备军重新被吸收，美国的失业率逐渐降到较低水平，事实上从1992年开始美国的失业率不断降低，到2000年，美国的失业率已经下降到4%以下，是近30年来的最低水平。③ 失业率的降低加强了工人阶级的实力和谈判地位，从90年代中期开始，私人部门的小时实际工资得到了一定程度的恢复，到2001年，私人部门的小时实际工资率达到8.12美元，与1997年相比，私人部门的每小时实际工资增长了5.59%。另外，实际工资的增加也可以认为是对前一阶段劳动生产率快速增加的滞后反映。

2001年美国"网络泡沫"破灭，经济出现短暂衰退，对信息技术的投资也急剧减少，但是劳动生产率增长势头不但没有减缓反而进一步加速，2001—2006年非金融公司部门的劳动生产率比1997—2001年高出约0.7个百分点。同时，私人部门劳动生产率的平均增速也达到了2.8%。信息技术所促进的全要素生产率的增长和居民消费需求的强劲增长能够解

---

① 高峰：《"新经济"，还是新的"经济长波"》，《南开学报》（哲学社会科学版）2002年第5期。

② Stephen D. Oliner and Daniel E. Sichel, "The Resurgence of Growth in the Late 1990s: Is Information Technology the Story", *Journal of Economic Perspectives*, Vol. 14, No. 4, 2000, pp. 3–22.

③ 《美国总统经济报告：2001年》，萧琛译，中国财政经济出版社2003年版，第18页。

释这一现象的发生。全要素生产率的增长对劳动生产率的提高具有重要的作用，2001 年以来，全要素生产率的增长是信息技术向其他产业扩散而产生"溢出"效应的结果。① 这种"溢出"效应除了有一部分在当期产生以外，还有一部分需要经过一段时间之后才能完全发挥出来，即有一个"延迟反应"。IT 技术作为一项通用技术，可以在不同行业得到广泛运用，但其完全效应的产生有一个较长时滞。另外，受房地产泡沫带动的并由美联储促进的居民消费需求的强劲增长，美国的生产能力利用率提高，过剩生产资料闲置减少，能力利用率的上升有利于劳动生产率的提高。霍华德·舍曼（Howard Sherman）② 曾指出，短期内劳动生产率是产能利用率 CU 的某种正函数，即劳动生产率 $y/H = a + f(CU)$。劳动生产率在生产能力利用率迅速上升时提高，当产能利用率只有微小变化时几乎保持不变，在生产能力利用率迅速降低时便有些降低。美国产能利用率在 2001—2006 年的表现也正好证实了这一观点，整个行业的生产能力利用率从 2002 年的 74.6% 上升至 2006 年的 80.9%，制造业部门的产能利用率则从 2002 年的 72.7% 上升到 2006 年的 79.4%。③ 这一时期，非金融公司部门劳动生产率提高了 13.6%。

然而，工人未能持续分享劳动生产率提高的好处，实际工资在经历前 4 年的快速增长之后，伴随着 21 世纪初"网络泡沫"的破裂再度陷入停滞。私人部门的实际工资在 2001—2006 年只增长了 1.45%，布伦纳指出，"在这次利润率扩张之初，面对市场供给过剩与盈余的萎缩，企业减少投资和工作岗位。为了削减成本，企业采取了停工、加快工作速度、压低工资等一系列恶毒手段来对付工人，以推升剥削率来提高收益率。"④ 另外，每小时实际工资只是随着生产能力利用率的提高和失业的减少而缓慢提高，这是因为复苏开始时存在着很多的失业者，固定的工资合同

---

① 金乐琴：《1995 年以来美国劳动生产率加速增长的原因》，《经济理论与经济管理》2007 年第 8 期。

② Howard Sherman, "A Marxist Theory of the Business Cycle", *Review of Radical Political Economics*, Vol. 11, No. 1, 1979, pp. 1 – 23.

③ Economic Report of the President2010, Table B – 47.

④ 罗伯特·布伦纳：《高盛的利益就是美国的利益——当前金融危机的根源》，《政治经济学评论》2010 年第 2 期。

等。① 在短期内，较高的生产能力利用率对利润份额的净作用是正的。每当生产能力利用率提高时，工资份额就下降，利润份额会上升。2001—2006年，劳动生产率增长率和实际工资增长率之间的差距再一次扩大，而且这个差距比1966—2009年的其他任何时期都要大，这意味着生产率增长获得的好处大部分流向了资本。这种偏爱资本的收入分配格局限制了工人实际消费能力，阻滞了居民消费保持相应的规模和增速。因此，在实际工资增长停滞背景下，美国工人阶级利用信用卡与房屋再融资去满足像卫生保健、教育和购买汽车这些不能靠基本收入来支付的长期项目开销。也就是说，美国人在透支未来消费能力，花明天的钱满足今天的消费需求，同时，为了刺激这种"虚假的"消费需求，金融机构在金融创新名义下降低了贷款的门槛，一些资质较差的低收入家庭可以更方便地获得贷款，特别是在2003—2004年以后，这些家庭受到鼓动去借来无须首付、只需付息的抵押贷款……这正是典型的庞氏金融。② 据统计，美国家庭债务占其税后收入的比重，已从1980年的60%上升至2000年的110%。1971—2007年，美国民众的消费信贷从1200亿美元激增至2.5万亿美元，增加了近20倍。如果加上11.5万亿美元的住房债务，总共负债达14万亿美元，平均每个美国人负债近5万美元。美国民众的工资40%用来偿还住房贷款，15%偿还上学贷款，用于日常生活消费的不足19%。③

2006—2009年，美国建立在房地产泡沫之上的虚假繁荣烟消云散。2007年次贷危机爆发并引爆全球经济和金融危机，总需求和实际产出的增长大大放慢，疲软的需求和萧条的市场把劳动生产率拖向深渊。从短期看，这一时段生产率的下降与生产能力利用率的下降有一定关系，而下降的生产能力利用率则反映了相对疲软的社会需求，此时要使已经扩大的生产能力进一步发展，有支付能力的消费需求已经相对不足。随着金融危机的加深，资产大幅贬值，导致资产财富效应下降，居民在房地产泡沫膨胀时期累积的债务又使其积重难返，美国消费需求的下降首先反映为高端商

---

① Howard Sherman, "A Marxist Theory of the Business Cycle", *Review of Radical Political Economics*, Vol. 11, No. 1, 1979, pp. 1 – 23.
② 罗伯特·布伦纳：《高盛的利益就是美国的利益——当前金融危机的根源》，《政治经济学评论》2010年第2期。
③ 朱炳元：《资本主义发达国家的经济正在加速金融化和虚拟化》，《红旗文稿》2012年第4期。

品和服务业部门的销售萧条，高端行业的生产下降以及失业的增加导致美国居民的可支配收入的下降，进而使得美国居民的真实消费需求以及美国居民的消费总量大幅下滑。[①] 根据霍华德·舍曼的研究，当生产能力利用率下降时，解雇工人并不像产量下降那么快，所以充分利用的是雇用工人劳动力的较小百分比，因此，劳动生产率随着生产能力利用率的下降而下降。[②] 从长期看，本次生产率的下降和信息技术革命趋于饱和、科技创新的边际效益递减，以及新技术已经得到充分利用有关。IT 产业作为过去20 多年来美国资本高速积累的重要支柱，在经过几十年发展之后，对生产率增长的贡献逐步降低，对扩大投资的带动作用也日趋减弱。不过，由于实际工资增长的滞后效应，其并没有随劳动生产率的下降而下滑，增速反而比前一时段加快一个百分点。因此，劳动生产率的急剧缩减拉低了这一阶段的利润份额。

四 非金融公司部门产出资本比的变动趋势及原因分析

根据第五章给出的名义产出资本比的分解公式，对其稍作改动：

$$\frac{Y}{K} = \frac{p_y y}{p_k k} = \frac{p_y}{p_k} \times \frac{y}{k} = \frac{p_y}{p_k} \times \frac{y/H}{k/H}$$

在计算劳动生产率和人均资本时，这里使用的是劳动小时数，不是就业人数。p_y 表示产出品的价格指数，等于非金融公司部门的名义产出 Y 除以实际产出 y。p_k 表示资本品的价格指数，等于非金融公司部门现价资本存量 K 除以实际资本存量 k。

实证分析表明，1966—2009 年，非金融公司部门的名义产出资本比的波动经历了三个阶段：第一阶段，1966—1982 年，名义产出资本比大约下降了30%，从最初的 0.67 下降到1982 年的 0.47。对名义产出资本比的数学分解表明，相对价格变化导致了名义产出资本比 68% 的下降，而实际产出资本比解释了另外 32% 的下降。相对价格的不利变化可能是因为：生产过程需要越来越多的资本投入，导致资本品的价格急剧上升。实际上，在这一阶段资本品的价格上升了 215%，大大高于 1947—1966年的 62%。而产出品的价格由于受到有效需求不足的牵制而上升幅度有

[①] 雷达、赵勇：《虚拟需求时代的终结与美国金融危机》，《中国人民大学学报》2009 年第 2 期。

[②] Howard Sherman, "A Marxist Theory of the Business Cycle", *Review of Radical Political Economics*, Vol. 11, No. 1, 1979, pp. 1–23.

限。第二阶段，1982—1999 年，名义产出资本比迅速回升，1999 年的名义产出资本比比 1981 年提高了 27.18%，年均增速为 1.42%。其中相对价格解释了名义产出资本比上升的 -7.8%，而实际产出资本比解释了名义产出资本比回升的 107.8%。第三阶段，1999—2009 年，名义产出资本比迅速回落，2009 年名义产出资本比甚至比 1982 年还要低。与 1999 年相比，2009 年的名义产出资本比下降了 22.53%。在这一阶段，相对价格和实际产出资本比的综合作用导致了名义产出资本比的下降。其中实际产出资本比解释了名义产出资本比下降的 54%，而相对价格解释了名义产出资本比下降的 46%。在这一时段，资本品价格上涨了 34.6%，而产出品价格仅上涨了 19%。接下来，我们分析实际产出资本比的变动趋势。

根据上一章的分析，实际产出资本比的增长率等于劳动生产率的增长率减去资本技术构成的增长率，即 $\left(\dfrac{\dot{y}}{k}\right) = \left(\dfrac{\dot{y}}{L}\right) - \left(\dfrac{\dot{k}}{L}\right)$，当劳动生产率的增长率超过资本技术构成的增长率时，实际产出资本比的增长率就会上升；反之，实际产出资本比增长率就会下降。

1966—1982 年，非金融公司部门的资本技术构成总共增长了 38.37%，年均增长 2.05%，劳动生产率在此期间增长了 23.18%，年均增长 1.31%，由于劳动生产率的增速低于资本技术构成的增速，实际产出资本比下降。实际产出资本比的下降表明技术进步已力竭势衰，短期内难以出现能使劳动生产率大幅度增长的技术创新和产品创新。

20 世纪 80 年代初以来，美国实体经济实际产出资本比总体处于上升态势，从 1982 年的 0.41 上升到 2009 年的 0.54，平均每年的增长速度为 1.54%。实际上，从 1982—1999 年，也就是在信息技术高速发展的"新经济"时期，实际产出资本比上升较快，我们的实证研究表明，1982—1999 年，劳动生产率的平均增速为 1.97%，比前一个时期高出许多，资本技术构成的平均增速为 0.43%，大大低于前一个时期。前已述及，在马克思看来，资本技术构成提高和劳动生产率增长不过是同一过程的两个方面。那么，为什么在"新经济"时期劳动生产率可以在资本技术构成增速减慢情况下加速增长？我们认为，有如下几点原因。

第一，信息技术革命节约了有形生产设备的投入。信息技术革命与传统技术革命的不同之处在于：社会生产信息化是一种高效率、高产出、低投入、低能耗，以信息、知识、技术为核心的全新的生产方式。传统机器大工业生产主要依赖机器设备、原材料、燃料动力等有形要素的投入，信息技术产业则主要依赖知识、信息技术及以此为基础的创新。① 由于经济变得更"轻"，以往产品体现的更多的是物质资本，而现在却正向更多的知识资本转化。另外，信息技术具有高度创新性、高度渗透性和高度倍增性的特征，通过对传统产业的设备研制、产品开发、生产、销售等所有的环节进行改造升级，可以使各种资源得到更为充分有效的利用，降低了生产成本，节约了不变资本。②

第二，信息技术革命提高了劳动复杂程度。信息技术的推广和应用对劳动力的素质提出了更高的要求，在信息技术开始大规模应用时期，"资本增值也变为主要是通过提高劳动力的素质而不是主要通过发展生产资料来实现……知识型劳动力就开始取代生产资料的主导性作用和地位，一跃而成为决定资本增值的关键性因素。并且，技术进步也主要是通过促使劳动力素质的提高，而不是主要通过发展生产资料来促进资本增值的。"③ 因此，这一时期典型特征是，不变资本的增加相对减慢，人力资本投资相对增加，劳动复杂程度提高。由于复杂劳动等于自乘的或多倍的简单劳动，在同一时间内复杂劳动能够比简单劳动形成更多的价值，从而促进了劳动生产率的提高。

第三，20世纪80年代以来美国劳动生产率的加速提高，相当程度还依赖后福特主义劳动过程的应用。高峰认为，劳动组织和企业管理的改进，即使在既定设备条件和技术条件下，也能大大提高劳动生产率，节省不变资本特别是固定资本的使用。④ 后福特主义是指以满足个性化需求为目的，以信息和通信技术为基础，生产过程和劳动关系都具有灵活性（弹性）的生产模式。⑤ 后福特主义的"全面质量管理"、"工人自主参与"等措施可以发挥每个劳动者的主动精神，增加劳动强度，加快工作节奏，提高劳动效率。

---

① 陈智：《马克思的资本有机构成理论与当代中国的经济发展》，《学术探索》2011年第2期。
② 牛文俊：《战后美国长期利润率变动研究》，博士学位论文，南开大学，2009年，第107页。
③ 刘佑铭：《论技术进步在劳资关系演变中的作用》，《教学与研究》2010年第8期。
④ 高峰：《资本积累理论与现代资本主义》，南开大学出版社1991年版，第136页。
⑤ 赖士发：《从福特主义到后福特主》，《福建论坛》（人文社会科学版）2004年第11期。

后福特主义通过各种工作轮训,将车间工人培养成能自我管理的多技能的劳动者,从而减少工作岗位。通过将研发、生产和销售等部门的代表组成工作团队,在这三个部门之间建立紧密的联系,提高工艺创新和产品创新的速度和应用性。① 信息技术促进了劳动方式的变革,给予员工更多的决策参与权,并为技术熟练者带来更多的嘉奖,因而企业也日益转向根据业绩支付薪酬,包括利润分享和股权计划。

后福特主义从制度上确立了对降低不变资本成本的持续性追求:通过努力协调供应、制造和销售三个环节,将原材料、零部件、在制品、产成品库存和浪费降低到最低限度,信息化使供应、生产和销售三个环节都能快速地对下一个环节做出反应,减少了各种不必要的生产消耗以及生产和销售中的过剩人员。使用通用性机器或程控机器、自动化设备,提高了将原材料制成最终制品的速度。交叉并行职能开发团队缩短了产品设计、开发和投产周期,从而缩短了资本周转或循环的时间。② "即时配送"方式使得企业既能够降低库存和减少成本,又不会影响到为生产者和消费者提供及时必要的服务。

福特制向后福特的转变,使工人在既定设备和技术条件下,每小时的产出增加,不仅节省了不变资本的使用,还提高了劳动生产率。研究表明,当信息技术和相关的人力资源管理机制的相应改进结合起来的时候,就会大大改善公司的业绩。一项有关美国的全国性统计采用了 1600 多个样本以调查信息技术的使用情况。该报告认为,当员工使用计算机比例从 10% 上升到 50% 的时候,劳动生产率会上升 8%;当电脑的使用、利润分享及雇员参与管理计划(如自我管理的团队)同时进行的时候,在非工会的工厂中劳动生产率可以上升 6%,而在有工会的工厂中可以上升 15%。另一项对客户电话服务中心的服务销售班组的调查显示,自我管理团队的销售效率可以提高 9.3%,而采用新技术效率可以提高 5.3%。如果自我管理和新技术同时使用,效率就会提高 17% 以上,超过了各因素单独作用的效果之和。③

2000—2009 年,非金融公司部门资本技术构成继续上升,年均增速

---

① 谢富胜:《从福特主义向后福特主义转变》,《中国人民大学学报》2007 年第 2 期。
② 同上。
③ 《美国总统经济报告:2001 年》,萧琛译,中国财政经济出版社 2003 年版,第 111、112 页。

3.29%，劳动生产率年均增速为1.88%，由于资本技术构成的增长率大大超过了劳动生产率的增长率，因此这一阶段实际产出资本比的增长率为负，实际产出资本比的下降意味着技术进步日益困难，信息技术推动生产力增长的潜力逐步耗尽。

五 对美国实体经济利润率动态的总结

基于对非生产性支出的计算和分离，我们详细测算和分析了1966—2009年美国实体经济的一般利润率 R 和净利润率 r^0，初步揭示了导致利润率长期下降和短期波动的直接因素和间接因素。研究发现，导致不同阶段一般利润率和净利润率波动的直接因素和间接因素不尽相同。经验研究表明，资本技术构成提高，进而产出资本比的下降是整个时期一般利润率和净利润率趋于下降的根本性力量。区别在于，前者的下降完全由产出资本比的下降所致，而后者是由产出资本比和利润份额的联合互动作用所致，只是利润份额起辅助作用而已。由于反作用因素的制约，一般利润率和净利润率在趋向下降的过程中出现了波动，净利润率的周期波动主要但不全由利润份额的升降来解释。当把非生产性支出纳入我们的分析框架之后，我们发现除了在2001—2006年一般利润率的上升完全是由利润份额的上升来解释之外，其余时期一般利润率的波动主要由产出资本比的变动来解释。根据前文分析，我们发现：第一，面对20世纪70年代席卷西方资本主义国家的"滞胀"危机，凯恩斯主义及其政策不仅对缓和与治理那次危机不能提供实践上的有效方法，而且理论上也不可能提供理解为什么出现这种经济停滞和通货膨胀并存的分析基础。随着凯恩斯经济学的退潮，新自由主义思潮从20世纪80年代初开始尘嚣日上，资本家通过新自由主义强化了其相对于工人阶级的力量优势，在资本对雇佣工人形成全面攻势的格局下，劳工实力大为削弱，实际工资增长极为缓慢，普通劳动者的收入份额逐年收缩，相反，（金融）资本攫取剩余价值的能力在这同一进程中逐年增强，收入份额大幅度向管理层转移所导致的非生产劳动支出急剧增加不仅抑制了净利润率的复苏，而且扩大了管理人员和普通雇员收入差距，财富往上层集中趋势日渐凸显。美国成了一个顶层"1%"最有权势的人占有巨额财富，底层"99%"的人受穷的两极严重分化的国家，其基尼系数从1980年的0.40上升至2006年的0.47。在普通民众收入增长停滞的背景下，透支消费、债务增长和资产投机（股市和楼市）成为新的拉动经济增长的引擎。所以，这种建立在两极分化之上的利润率增长与经济繁荣必然不可持续，因为其内部潜藏着一系列严重的危机诱发因素。这表明竭力宣扬自由化、私有化和反对国家干预的新自由主义经济理论和政策主张并非是保持资本主义繁荣与稳定的一剂良药，而是完全以资本利益为依归的，为大垄断资产阶级利益服务的一种意识形态，如果不对经济政策、内部结构，以及生产关系进行重大调整，美国就无法彻底摆脱经济萧条困扰。第二，20世纪最后的20年，信息技术革命所带来的利润率回升和经济增长由于市场饱和与创新速度下降已经成为"明日黄花"，信息技术革命所推动的资本技术构成的提高，进而产出资本比的下降，必然促使利润率趋于下降，同时非生产性支出的上升恶化了资本不断下降的盈利能力。当21世纪初期资本家试图通过提高剥削率来减缓利润率下降时，利润率水平虽然有过短时期的回升，但是最终还是未能扭转利润率的下降趋势，利润率趋于下降的压力呼唤一场新的技术革命和产业革命。

第二节　中美实体经济利润率比较分析

根据马克思的理论框架和利润率计算公式，第四章计算了中国实体经济以及工业部门的一般利润率和净利润率。在第五章以及本章的前半部分借用莫恩的分析框架，使用新的方法分别测算和分析了中国和美国实体经济的一般利润率和净利润率。综合前文实证研究，得出以下结论。

一　两国实体经济的一般利润率演变趋势均验证了马克思的论断

第四章以马克思的分析工具为基础，利用中国的经验数据实证研究了实体经济的利润率动态。研究结论表明：我国实体经济资本价值构成在波动中趋于增长，2009年和1981年相比增长了大约3倍，年均增速为5.64%，剩余价值率在此期间增长了大约0.8倍，年均增速为2.12%，与资本价值构成相比略显迟缓。由于资本有机构成上升的速度超过了剩余价值率，最终导致实体经济利润率在这29年中趋于下降，年均增速为-2%。总的来看，1981年以来我国实体经济资本技术构成、价值构成和剩余价值率的变化趋势均与马克思的预测相一致。由于我国当前依然处于工业化中后期阶段，工业部门仍是国民经济最重要的物质生产部门之一。第四章又单独考察了改革开放以来我国工业部门平均利润率的现实水平和演变走势。经验分析显示，经过近30年的发展，我国工业部门的劳动生产率增长了大约 8.4 倍。在技术构成提高的作用下，资本价值构成在波动中趋于增长，1981—2009 年大约增长了 1.16 倍，剩余价值率在此期间呈现前降后升的变动模式，总体趋于上升，2009 年的剩余价值率比 1981 年高出约 8.76%。纵观 1981 年至今，资本有机构成的上升推动工业部门利润率在波动中趋于下降，利润率年均增速为 -2.13%。因此，1981 年以来，我国工业部门资本技术构成、价值构成和剩余价值率变化总体趋势与马克思的预测基本一致。

第五章借用西蒙·莫恩的分析框架再次计算了中国实体经济部门和工业部门的利润率，结果表明，实体经济利润率 R 在经历了 1981—1991 年和 1996—2009 年两个较长时段的下降之后，从 1981 年的 40.31% 下降至 2009 年的 15.63%。在第一个下降阶段，利润率从 1981 年的 40.31% 下降到 1991 年的 19.26%，十年间下降了一半还多。第二个下降阶段从 20 世纪 90 年代中后期开始，利润率 R 一路下滑，从 1996 年的 29.76% 下降到 2009 年的 15.63%。从工业部门来看，利润率 R 在 1981—2009 年演绎了一个先下降后上升的 U 形历史轨迹。在第一时段，利润率 R 从 1981 年的最高点 59.35% 下降至 1998 年的最低点，为 12.89%，下降幅度约为 80%。在经历了 90 年代大规模的企业改制、改组后，我国工业部门的利润率于 1998 年触底回升，2007 年利润率开始达到顶峰，当年利润率已经恢复至 1989 年的水平，在这一时段，利润率每年上升约 2 个百分点，但是仍然没有恢复至 80 年代初期的水平。可见，无论采用哪一种分析方法，中国实体经济以及工业部门的利润率演变趋势都证实了马克思关于利润率趋势的相关论断。

本章前半部分采取与第五章同样的方法计算了美国实体经济的利润率 R，在美国，实体经济主要集中在非金融公司部门（NFCB），根据我们的经验分析可知，1966—2009 年，一般利润率 R 在整个时期中趋于下降，其平均下降速度为 0.48%。如果采用第四章的分析方法，美国实体经济一般利润率的平均下降速度为 0.21%，低于中国实体经济一般利润率的下降速度。但是，不管是采用哪一种方法，利润率趋势均遵循马克思的一般利润率下降规律。

二 两国实体经济一般利润率长期下降原因相同

第四章使用经典马克思主义的利润率公式来计算中国实体经济和工业部门的利润率，对利润率变动的数学分解显示，导致中国实体经济部门在

1981—2009年下降的原因是资本有机构成的提高，资本有机构成在此期间上升了365%，剩余价值率上升了80%，尽管剩余价值率的上升对利润率的下降幅度有一定的抵消作用，但是资本有机构成上升的速度最终超过了剩余价值率增速，导致实体经济的利润率在这29年趋于下降，下降的幅度约为45%。工业部门的情况也是如此，在我们分析的样本区间里，工业部门的资本有机构成上升了116%，剩余价值率上升了8.75%，在资本有机构成上升的制约下，工业部门的平均利润率下降了44%。如果使用同样的方法来计算美国实体经济部门的资本有机构成、剩余价值率和利润率，我们发现资本有机构成在此期间上升了73%，剩余价值率上升了40%，利润率下降了8.5%，导致利润率下降的主要变量也是资本有机构成。

为了更好利用经验数据甄别利润率下降的直接因素和间接因素，第五章参照西蒙·莫恩的做法，把利润率分解为利润份额和产出资本比的乘积，对中国实体经济利润率的实证研究发现，1981—2009年，导致实体经济利润率下降的主要变量是产出资本比，其对利润率下降的贡献率为140%，扩展利润份额对利润率的贡献为负。使用同样方法对中国工业部门利润率的分解显示：导致工业部门利润率下降的主要变量同样为产出资本比。同时我们还发现导致美国非金融公司部门1966—2009年利润率下降的主要变量也是产出资本比，其解释了利润率下降的182%。

使用马克思的分析方法发现，导致利润率下降的主要原因是资本有机构成，使用莫恩的分析方法，我们得出的结论是，导致利润率下降的主要变量是产出资本比。需要注意的是，名义产出资本比 Y/K 可以分解为 $Y/K=(Y/V)\times(V/K)$，当 Y/V 即劳动份额的倒数保持不变时，资本有机构成 V/K 提高会导致产出资本比 Y/K 的下降，因而产出资本比的变化在一定程度上反映了资本有机构成的影响。不过，由于现实中的情形是劳动份额趋于减小，也就是说，Y/V 不断增大，因而 Y/K 不仅反映了资本有机构成或者技术进步的作用，还受利润份额波动的影响。

三 两国实体经济净利润率长期下降原因基本相同

由于数据可得性的限制，无法完全剔除中国实体经济部门剩余价值中所包含的非生产性支出，而只能分离出管理人员的非生产劳动，因此只能分析管理人员的非劳动收入对利润率走势的影响。第五章的经验分析表明，净利润率的变动形式与一般利润率的变动形式基本一致，管理人员的非劳动收入使得实体利润率的大小发生了改变，但并未改变利润率的总体走势。在整个样本考察期，决定我国实体经济净利润率下降的主要变量同一般利润率一样，也是产出资本比。我国工业部门的数据相对而言比较详细，这给我们的研究提供了极大的方便，我们可以分析各种类型的非生产性支出对工业部门净利润率的影响，计算不同层面的净利润率，其中最常见的净利润率就是剔除所有非生产性支出后的净剩余价值与预付资本的比率，在第五章中用 r^0 表示。数学分解显示，决定净利润率 r^0 下降的主要变量也是产出资本比，但是利润份额也起一定的辅助作用，它们对利润率下降的贡献大约是 3∶1。这表明非生产性支出的上升降低了利润份额，从而在一定程度上对工业部门的保留利润产生了"挤压效应"。不过非生产性支出的变动并未改变净利润率的变化轨迹，净利润率 R 与平均利润率的变动模式基本相似。

对美国非金融公司部门净利润率 r^0 的数学分解表明，决定其下降的主要变量也是产出资本比，该指标对利润率下降的贡献率为 50.1%，利润份额对净利润率下降的贡献率略低于产出资本比，为 49.9%。这表明，在美国非金融公司部门，非生产性支出占净产出的比重比较大，从而使得利润份额的波动幅度比较大。前已述及，非生产性支出的增加并未改变中国实体部门或工业部门的利润率变动轨迹。而美国不同，在非金融公司部门，非生产性支出的上升减缓了净利润率 r^0 的上升幅度。例如，1990 年和 1991 年净利润率 r^0 有一定程度下滑，而利润率 R 在此期间受到的影响甚微，在 1997—2000 年二者的变动趋势竟完全相悖，前者趋于上升，总共上升了约 1 个百分点，后者趋于下降，共下跌了近 3 个百分点。

综上，决定两国实体经济净利润率下降的主要变量都是产出资本比。

四 两国实体经济一般利润率和净利润率短期波动原因比较

下面以第五章和本章前半部分的实证分析为基础，分析两国实体经济（包括工业部门）一般利润率和净利润率短期波动的异同。

首先看一般利润率，可以将中国实体经济一般利润率 R 的波动划分三个阶段：1981—1991 年，实体经济利润率下降了 21 个百分点，导致其下降的主要变量是产出资本比。1991—1996 年，一般利润率回升了 10 个百分点，这次对利润率走势起主导作用的是扩展利润份额。1998—2009 年，利润率再一次进入下滑通道，导致这一次利润率下降的主要原因是产出资本比的下跌。我国工业部门的利润率波动也划分了三个时段：1981—

1990年，工业部门的平均利润率 R 处于下降阶段。导致这一时期利润率下降的主要变量是产出资本比，扩展利润份额也起辅助作用。1990—1998年，利润率继续下滑，速度逐渐趋缓，导致其下降的主导因素同第一阶段一样。1998—2009年利润率处于上升阶段。工业部门利润率下降趋势在1998年开始发生逆转，2007年利润率达到顶峰，在此期间，利润率每年上升约2个百分点，驱动利润率回升的主要原因是产出资本比的回升。美国非金融公司部门一般利润率的变化可以大体上划分为四个阶段：1966—1982年利润率处于持续低迷阶段；1982—2000年处于持续上升阶段；2001年"网络"泡沫破裂，利润率下滑；2001—2006年，利润率再度回升；2006—2009年，利润率又一次回落。第一阶段利润率下降主要原因是产出资本比的下降，利润份额的作用位居其次。第二阶段一般利润率回升速度很快，在2000年它就已经接近1966年的水平。利润率回升的原因是产出资本比的上升和扩展利润份额的增加，前者的贡献为57%，后者的贡献为43%。第三阶段利润率上升的主要原因是利润份额的大幅增加，因为此时产出资本比下降了。第四阶段产出资本比继续下降，导致一般利润率减低。

再看净利润率的情形。由于非生产性支出占净产出的比重较小，中国实体经济部门净利润率短期波动的主要原因与一般利润率相同。但是工业部门就不同了，中国工业部门剩余价值中非生产性支出占比平均为62%，非生产性支出占净产出的比重平均为42.8%，因此非生产性支出的大幅增加或减少必然会导致利润份额发生波动，而利润份额的大幅波动必然会对净利润率的变动产生较大影响。根据我们的实证分析，1981—1990年中国工业部门的非生产性支出份额增加近24个百分点，1998—2009年非生产性支出份额减低了近15个百分点。由于非生产性支出份额波动很大，所以在1981—1990年和1998—2009年这两个时段里，利润份额的波动成为净利润率 r^0 波动的主要因素。美国非金融公司部门的情形与我国工业部门相似。非金融公司部门净利润率 r^0 的变化可以大体上划分为五个阶段：1966—1982年净利润率处于持续低迷阶段，净利润率 r^0 从1966年的15.89%回落至1982年的7.48%，在不到20年里，下降了大约63.04%。实证分析表明，利润份额在此期间回落了近6个百分点，对净利润率 r^0 下滑的贡献率为63%。1982—1997年处于持续上升阶段，和1982年相比，1997年净利润率 r^0 上升了114%。1997年的净利润率 r^0 已经回升至

1968年的水平，追溯利润率回升原因不难发现，新自由主义主导下的分配体系使得收入从工人向管理层流动，利润份额的大幅上升推动了这一时段净利润率的回升。1997—2000年，净利润处于收缩阶段。在接下来的三年里，净利润率下降了约41%，推动这一时段净利润率收缩的主导因素是利润份额的下降，进一步分析则发现，导致净利润率收缩的主要因素是上升的非生产性支出。1991—1996年，非生产性支出的年平均增长率为4.52%，到了1997—2000年这个增速竟飙升至8.77%，非生产性支出的加速上升吞噬了非金融公司部门的保留利润。2001—2006年，净利润率再度回升，导致它回升的决定性要素是利润份额，其平均解释了r^0变化的111%。2006—2009年，净利润率又一次回落。根据经验分析可知，导致这一时段净利润率r^0下降的主要原因是利润份额的下降，它对净利润率下降的贡献率为66%。

综合分析上述一般利润率和净利润率短期波动的原因不难发现，即便是在短期内，大部分情形下一般利润率波动的原因也是产出资本比。而净利润率的情况就不同了，由于非生产性支出的波动，其在净产出中所占比重起伏不定，导致在大多数情形下利润份额的波动成为短期内净利润率波动的主要原因。

五 非生产性支出结构和波动比较

由于中国工业部门相对于实体经济部门数据较为齐备，可以充分考察非生产性支出对净利润率的影响。本书研究的非生产性支出主要包括三个方面，税金、利息和管理类非生产劳动，当然非生产性支出所包括的项目不止这三个方面。如图6-4和图6-5所示，对于中国工业部门来说，1982—2009年利息占非生产性支出的平均比重约为23%，税金占比为67%，剩余的10%为管理类非生产性劳动占比。就美国非金融公司部门而言，1966—2009年管理类非生产性劳动占总非生产性支出的平均比重约为76.5%，税金为13.2%，其余的10.3%为利息占比。如果从1982年算起，截至2009年，各项支出占比分别为78.8%、10.2%和10.85%。可见，在中国工业部门的非生产性支出构成中，税收占比相对较高，超过了2/3，而美国非金融公司部门的非生产性支出构成中，管理类非生产性劳动占比较高，接近80%。之所以存在这样的差别，可能存在两个方面的原因：第一，对中国工业部门管理人员和普通生产工人之间的工资差距作了较小的假定，第四章以高收入户城镇家庭平均每人全年实际收入与低收入户城镇家庭平均每人全年实际收入之比作为衡量监管人员和生产工人的收入差距的指标,这个指标最高值为3.6,与实际的数值相比可能偏低,这样就低估了管理人员的非劳动收入,进而导致其占非生产性支出的比重偏低。第二,美国非金融公司部门管理人员和生产工人之间收入差距比我国工业部门大得多,且税负比中国企业轻。

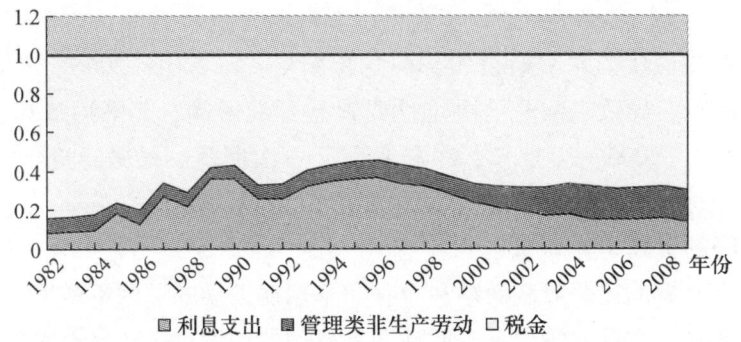

图6-4　中国工业部门非生产性支出构成：1982—2009

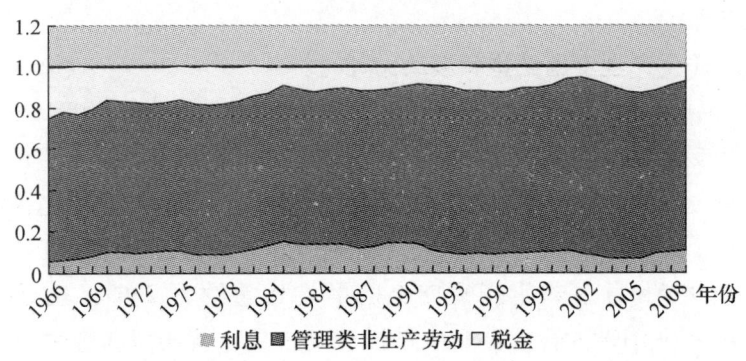

图6-5　非金融公司部门非生产性支出构成：1966—2009

根据经验分析可知,1982—1990年,中国工业部门非生产性支出占净产出的比重快速增加,不到10年就增加近21个百分点,从31%上升至52%。非生产性支出为什么增长这么快?是整体增长,还是结构性上升?通过分析非生产性支出的构成,我们发现,利息支出在这一时期增加很快,利息支出占净产出的比重在80年代增加了16%,成为推动非生产性支出份额增大的主要力量。利息支出大幅增长有其特定的时代背景：80年代初，为了适应经济体制改革要求，提高国有资金使用效率，政府对国有企业的资金支持从原来的财政直接拨款方式改为通过银行转贷给企业使用的方式，资金来源方式的转变使得企业利息支出不断增加。1990—1998年，非生产性支出占净产出的比重波动比较频繁，维持在50%左右，虽然这个比重没有大幅增加，但是占净产出的比重并不低。就非生产性支出的三个项目来看，利息支出占净产出的比重下降了1.5个百分点，管理类非生产性劳动所占的比重增加了1.5个百分点，税金占比增加了2个百分点。其中税负占比增长最多，据统计，1993—1997年，国有独立核算工业企业工业增加值年均递增6%，而税负总额年均递增10.9%。[①] 1998—2009年，非生产性支出占净产出的比重减低了近15个百分点，但是仍然比1982年高出8个百分点，其中利息支出占比下降幅度最大，共计下降了近12个百分点，税金占比其次，下降了接近9个百分点，这表明，我国为摆脱通货紧缩、启动投资增长所采取的扩张性财政和货币政策确实给企业减轻了负担。管理类非生产性劳动支出在此期间不但没有下降反而上升了1.6个百分点，这表明管理人员和普通生产工人的收入差距持续扩大。整体来看，非生产性支出在1981—2009年占净产出的比重呈现一个先升后降的趋势。而美国非金融公司部门的非生产性支出占净产出的比重在1966—2009年呈现波动中趋于上升态势，分阶段来看，这个比重在1966年到1982年增加大约了3个百分点，其中利息支出占净产出的比重增加了3.5个百分点，管理类非生产性劳动占比增加了4.5个百分点，而税金下降了4.8个百分点。第一项和第三项支出占比的变化反映了当时美国为应对"滞涨"采取了减税的财政政策和提高利率的货币政策。利息支付的增加导致产业部门的收入大幅流向金融部门，减少了企业的保留利润。在接下来的10年里非生产性支出占净产出的比重又增加了接近5个百分点，其中利息支出占净产出的比重下滑近1个百分点，这与美联储在80年代中期为刺激投资增长和经济复苏而采取的降低利率的货币政策有关，联邦基金利率从1981—1985年的11.21%下降到1986—1990年的7.67%。1982—1992年，管理类非生产性劳动占比增加了5.4个百分点，

[①] 马洪、王梦奎：《中国发展研究：国务院发展研究中心研究报告选》，中国发展出版社2000年版，第316页。

而税金仅增加了 0.2 个百分点。这种情形表明，管理人员的非劳动收入在这 10 年间增加很快。1992—1997 年，非生产性支出占净产出的比重又下降了 3 个百分点。不过，1997—2007 年，非生产性支出占净产出的比重又增大了 8 个百分点，其中利息支出占净产出的比重增加 1.3 个百分点，管理类非生产性劳动占比增加近 8 个百分点，税金下降 1 个百分点左右。整体来看，非生产性支出占净产出的比重在 1966—2009 年增加了近 13 个百分点，如果从 1982 年开始算，这个比重增加了 10 个百分点，略高于我国工业部门。推动这一期间非生产性支出占比上升的主要指标是管理类非生产性劳动，其占净产出的比重增加 10.1 个百分点，而利息支出占比下降了 0.1 个百分点，税金占比几乎没有变化。

从非生产性支出占剩余价值比重看，在美国实体经济剩余价值中，非生产性支出占比为 81%，而且这个比重波动范围并不大。而中国工业部门剩余价值中非生产性支出占比平均为 62%，略低于美国非金融公司部门，但是这个比重起伏不定，1982—1998 年，它从 42% 攀升至 52.5%，然后又逐年下滑，到 2007 年又下滑至 50% 以下。

第七章 利润率与中国经济增长动力结构分析

驱动一般利润率下降的主要变量是不断上升的资本有机构成,与资本有机构成一同上升的还有剩余价值率,尽管后者会对利润率下降趋势起反作用。无论是资本有机成的提高,还是剩余价值率的上升,都会对居民的就业、收入,进而对消费产生影响。从利润率和投资的角度看,利润率也是影响企业投资的主要决定因素。理论上可以认为,一般利润率下降将通过对利润预期的影响,导致投资和就业水平下降,并且会对生产率和工资的增长形成重压,最终使得产出、就业、消费以及出口的水平与增长率都开始下滑。此外,在利润率下降的压力下,资本一般会从利润率低的部门(国家或地区)向利润率高的部门(国家或地区)转移。资本在部门间的转移将影响不同部门收入水平,资本在国家或地区间的转移会影响全球或一国内部的产业分工格局,进而影响一个国家的进出口结构与收入分配结构。尤其是从20世纪70年代以来,面对以制造业为主体的实体经济的严重生产能力过剩和利润率下降,资本在全球范围内进行空间转移,发达国家把劳动密集型制造业转移至亚洲和拉丁美洲一些劳动力成本低廉的发展中国家和地区。[①] 上述分析不难发现,利润率与投资、消费以及出口有着紧密联系。过去十多年来,拉动中国经济增长的主要引擎是出口需求和投资需求,消费需求对经济增长的拉动力严重不足。此外,投资和出口内部结构也不尽合理,具体表现为房地产投资占比偏高,出口产品档次和附加值不高,多为劳动密集型和资源密集型产品。上述失衡的经济结构是怎样形成的?如何促使其走向平衡?本章将从一般利润率下降规律视角出发,讨论利润率变动与中国经济增长动力结构失衡之间的关系。

---

① 高峰:《金融化全球化的垄断资本主义与全球性金融—经济危机》,《国外理论动态》2011年第12期。

第一节 利润率下降与投资结构失衡

在马克思主义经济学的分析框架里，利润率和利润是投资的主要决定因素。绝大多数马克思主义经济学家认为，利润率是投资行为的原动力，资本家投资是因为他们追求利润，因此，企业不可能对无利可图的部门或行业进行投资。霍华德·舍曼（Howard Sherman, 1979）[1] 以利润率和利润为自变量，投资为因变量构造了一个计量模型。他认为，既然资本家对未来利润的预期受利润率影响，那么投资是利润率的某种函数，但有时滞。此外，实际投资不止受到过去一个时期的利润率的影响，而是受到以前多个时期的利润率的影响。而且既然新投资来自于剩余价值，那么也可以认为投资也是以前总利润的一个函数。如果把利润和利润率都包括在投资函数中，构造的模型也就更接近复杂的现实。即

$$I_t = f\left(\pi_{t-1}, \pi_{t-2}, \cdots, \pi_{t-n}; \frac{\pi_{t-1}}{K_{t-1}}, \cdots, \frac{\pi_{t-n}}{K_{t-n}}\right)$$

这里，π 表示实际总利润，K 表示实际总资本存量，$\frac{\pi_t}{K_t}$ 表示 t 时期的利润率。

虽然马克思确信利润率下降和利润量增长可以并行不悖，但是不可否认的是，利润率的下降必然会减弱资本积累的刺激和动力，延缓资本积累速度，利润率的持久下降最终会导致利润量的增长在某一时刻出现停滞。对于利润率下降的直接影响，马克思认为，这会导致大量分散的小资本被迫走上冒险的道路：投机、信用欺诈、股票投机、危机。[2] 也就是说，在利润率下降规律制约下，资本盈利能力下滑，利润预期受到威胁，分散的小资本由于达不到"生产地使用劳动所必需的资本最低限额"[3]，无利可图而成为过剩资本，这些资本在实体经济中缺乏投资机会，就转投虚拟经济以追逐"泡沫利润"。简单地讲，就是直接从事"钱生钱"的活动，试

---

[1] Howard Sherman, "A Marxist Theory of the Business Cycle", *Review of Radical Political Economics*, Vol. 11, No. 1, 1979, pp. 1–23.

[2] 《资本论》第三卷，人民出版社1975年版，第279页。

[3] 同上。

图摆脱生产和流通过程的限制。

资本从低利润率部门向高利润率部门转移是资本追逐剩余价值的本性使然，它可以很好地解释我国目前已经出现的"虚热实冷"等怪相。理论和时间充分证明，中国实体经济利润率趋向下降是资本向虚拟经济转移的最直接原因。在第五章中，本书基于1981—2009年数据的经验分析表明，实体经济利润率从20世纪80年代初开始就在波动中趋于下降，而且从20世纪90年代中期开始，实体经济就一直未能从根本上扭转利润率下降的趋势。工业部门在经过90年代的大规模改革之后，尽管利润率从1998年开始回升，1998—2007年利润率每年上升约2个百分点，但是利润率的平均水平仍然只有80年代的一半。资本的本性是追求最大化的利润，在市场这只"看不见的手"的指引下，哪个领域的利润率高，资本就会向哪个领域转移。由于实体经济利润率较低，资本开始寻找其他回报率更高的投资领域。

1998年，原有的福利分房体制终止，住房制度实施货币化改革，长期沉寂的房地产市场被激活。由于房地产业产业链长，能够带动钢铁、水泥、装饰装潢等几十个行业的发展，对增加GDP立竿见影，并且在分税制财政体制格局下，土地出让金收入是许多地方政府财政收入的主要来源。因此房地产业逐渐被各级政府定位为国民经济支柱产业并强力推动其发展。20世纪80年代以来，随着所有制结构和分配制度的不断调整以及工资形成机制的变革，我国社会阶层出现明显分化，财富往少数群体的集中与市场化的全面铺开使有效需求不足成为常态，实体经济产能过剩状况更为加剧，只不过因为中国加入世界贸易组织，产能过剩的重压才得到一定的缓解。政府对资本投资领域管制的放松使得虚拟经济逐渐受到过剩资本更多的青睐。得益于宽松的金融环境（长期的低利率政策）和快速的城镇化，再加上地方政府的推波助澜，房地产业持续超长时间的繁荣，房地产业利润增长远远高于传统工业部门，房地产业的投资增速远远快于同期的固定资产投资。从20世纪90年代末开始，虚拟经济，尤其是以房地产为核心的虚拟经济呈现井喷式增长。2002年，我国仅上市公司中转型从事房地产业务的企业就超过了300家，其中不乏像海尔、TCL、美的等这些制造业行业的龙头企业。[1]"业界曾统计'2010温州市百强企业'中，除2家房地产公司和6家建筑公司外，其他40多家制造业企业，无一不涉足了房地

---

[1] 苗天青：《我国房地产业的实际利润率及其福利效应分析》，《经济问题探索》2004年第12期。

产开发，包括康奈、奥康、报喜鸟等知名制造业企业。"① 据了解，温州部分传统行业已出现明显萎缩，比如一度占据全国产量90%的温州金属打火机行业已萎缩80%。温州中小企业发展促进会会长周德文接受记者采访时坦言，中小企业主中的很多人并不是通过借贷做主业经营，更多是投入房地产、煤矿等，甚至有些企业家直接卖房押地支撑其信贷业务。② 随着金融业、房地产业等虚拟经济不断膨胀、持续繁荣，中国经济出现了结构性"虚热实冷"怪相，"刺绣纹"越发不如"倚市门"。③ 2010年，中国房地产市值是国内生产总值的3.5倍，接近于日本房地产泡沫高峰期的3.8倍④，这表明我国的房地产泡沫已经达到非常危险程度。

根据第五章给出的利润率公式计算1997—2009年虚拟经济中房地产业的利润率（见图7-1）。结果表明，在我们所分析的样本期内，尽管房地产业的利润率同实体经济利润率一样不断趋向下降，但是它显著高于实体经济的利润率，而且在大多数年份也高于工业部门的利润率。由此我们不难理解为什么中国的房地产市场如此火爆。受房地产业高额利润的诱惑，具有冒险天性的资本纷纷转战于房地产行业，这个行业俨然已成为淘金者的乐园。

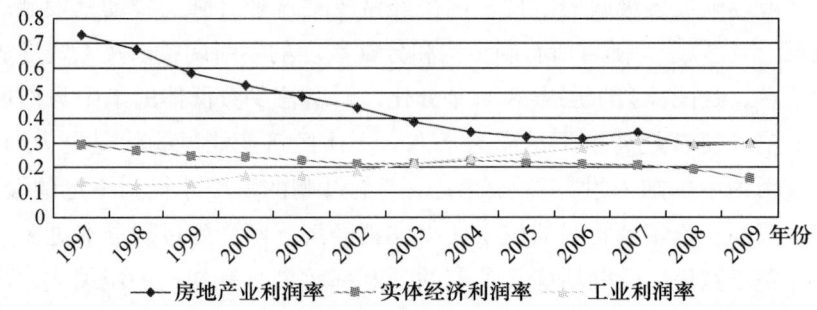

图7-1　房地产业和实体经济的利润率

资料来源：根据中经网统计数据库、历年《中国统计年鉴》、《中国固定资产投资统计年鉴》有关数据计算并绘制。

---

① 沈锡权：《债务危机暴露温州模式过度投机等三大软肋》，《经济参考报》2011年10月13日。

② 史燕君、黄烨：《"中国制造"急切变身"中国智造"》，《国际金融报》2012年1月5日第4版。

③ 江涌：《经济虚拟化催生经济泡沫》，《世界知识》2010年第14期。

④ Claus Vogt, "China Has a Painful Surprise for the Global Economy"，转引自杨斌《中国如何应对全球经济动荡与房地产泡沫破裂危险》，《国企》2011年第11期。

实体经济平均利润率下降问题只能依靠做大虚拟经济的泡沫来弥补;实体经济的产能过剩必须转化为虚拟经济的泡沫过剩。① 在实体经济利润率下降压力下,实体经济的投资增长率会减慢,虚拟经济的投资增长率会加快。从1997—2009年,我国实体经济的名义投资增速为20%,而虚拟经济②的名义投资增速为24.37%,大大高于实体经济的投资增速。在这里特别需要指出的是,虚拟经济中的房地产投资增速更高,为24.85%。1997—2005年,我国全社会固定资产投资增加了2.56倍,而房地产投资则增加了4.01倍,年均增长率分别为17.2%和22.3%。③ 1997—2009年,实体经济占全社会固定资产投资的比重没有增长,个别年份甚至有所减少,而房地产投资占全社会固定投资的比重却从1997年的13.8%稳步增加到2009年的21.98%,房地产业的投资增速远远快于同期固定资产投资和国内生产总值的增速。克鲁格曼指出,给定消费需求相对疲弱,刺激投资高企的因素主要是持续膨胀的房地产泡沫。2000年以来,房地产投资占GDP比例基本翻倍,对投资整体增长的直接贡献率超过50%。此外,建筑业拉动的上游行业投资大规模扩张,也是中国投资高速增长的重要原因之一。④

从实践看,我国房地产业已经发展成为国民经济中具有支柱性质的重要产业部门,对国民经济的发展起着举足轻重作用,与其前向、后向和侧向关联的产业达50多个。2009年,全国房地产业增加值占国内生产总值的比重已经超过5%,达到5.47%,房地产业在拉动国民经济增长、扩大就业等方面起到了积极作用。正因为如此,房地产业的健康发展不仅关系到宏观经济的快速发展,而且关系到整个社会的福利水平和社会稳定。有关学者的研究表明,房地产开发投资对中国国内生产总值的贡献非常显著,房地产开发投资每增加1%,国内生产总值增加0.394%,而且房地产开发投资对经济增长的拉动效率远远大于同期全社会固定资产投资的拉动效率,这意味着中国目前投资结构不合理,可能出现了房地产投资挤压

---

① 赵磊、李节:《2010年中国经济走势预测》,《江汉论坛》2010年第3期。
② 本书所说的虚拟经济指房地产业和金融业。
③ 国家发展和改革委员会宏观经济研究院课题组编:《2006—2007年中国宏观经济形势分析与预测》,中国经济出版社2007年版,第201页。
④ 克鲁格曼等:《中国经济软着陆路径》,《财经国家周刊》2012年第6期。

其他行业的投资的现象。①

2003年以来，中国房价扶摇直上，节节攀升，只是在2008年放慢了脚步，进入2009年再次直冲云霄，部分城市房价已超过最火爆的2007年的水平。2009年，上海、深圳、北京等中心一线城市的房价上涨了30%—40%，而且房价上涨浪潮不断涌向二线、三线城市。一线城市的房屋租售比普遍超过1∶300的警戒线。房屋销售价格与居民家庭可支配年收入比普遍超出20—30倍，远远超过联合国给新兴市场界定的5—8倍的合理范围。房屋空置十分严重，在北京、上海、深圳三地，诸多楼盘空置率达50%以上，远远超出5%—10%的国际合理指标范围。② 高昂的房价已经成为普通收入阶层不能承受之重，中低收入者只能"望房兴叹"。大量投机性资金涌入房地产市场，房地产市场价格的泡沫化现象日趋严重，不仅引起政府的高度关注以及学者和企业界的激烈争论，而且成为老百姓讨论的热门话题。据有关学者研究，2003—2009年，我国35个大中城市的房地产价格存在泡沫。③

房地产泡沫化的形成和投机泡沫的盛行不利于国民经济长远健康发展。一方面，房地产业畸形发展会抑制实体经济的发展和长期生产能力的提高。大量的社会资本脱实向虚导致经济增长的根基被削弱，房地产业不吸纳技术创新，技术含量很低，只能作为短期的增长引擎，从长远看，它不是经济发展的持续动力，因此支柱产业的房地产化意味着产业经济的空洞化。④ 另一方面，房地产泡沫的膨胀往往潜伏着巨大的金融风险，住房按揭贷款和房地产投资资金有一大部分来源于银行等金融机构，一旦泡沫破裂，将会对整个国家金融体系和居民生活产生严重负面影响。

第二节 利润率下降与消费需求不足

利润率下降和消费需求不足的联系较为复杂，二者往往相互影响，相

---

① 刘红：《中国城市房地产投资的动态经济效应》，《经济与管理研究》2006年第3期。
② 江涌：《经济虚拟化催生经济泡沫》，《世界知识》2010年第14期。
③ 曾五一、李想：《中国房地产市场价格泡沫的检验与成因机理研究》，《数量经济技术经济研究》2011年第1期。
④ 刘兴赛：《收入差距"倒U"曲线迷失与中国经济运行模式》，《当代财经》2011年第6期。

互恶化，互为因果。本节首先分析在利润率下降趋势的制约下，消费需求不足如何产生，然后说明消费需求不足加剧利润率下降的作用机制。

利润率下降对消费需求的影响可以从两个方面进行阐述。第一，在马克思看来，资本有机构成会最终超越剩余价值率等各种反作用因素的不利影响，促使一般利润率走向下降，利润率下降会通过对投资和就业的影响并最终对居民消费的增长产生影响。（1）利润率下降意味着新投资的预期盈利水平下降，而新投资的预期盈利水平下降又进一步导致投资增长率和投资率下降，投资的下降会降低产出的增长，并最终影响就业水平的增长。（2）投资的下降以及过剩资本转向虚拟经济都不利于生产能力的提高和实体经济的发展。从长远来看，这不利于投资需求和消费需求的扩大。（3）在利润率下降的压力下，个别资本为了降低日益增长的工资成本，也会更多地使用劳动节约型技术，这当然不利于就业增长和消费需求的扩大。（4）在利润率下降压力下，资本家往往通过延长工作日或者增加劳动强度等手段加强对劳动的剥削，劳动剥削程度的提高本身就意味着雇员收入水平的相对下降。第二，利润率下降往往伴随着资本有机构成的上升。随着资本有机构成的上升，资本对劳动力的需求相对减少，而且"劳动生产力越是增长，资本造成的劳动供给比资本对工人的需求越是增加得快。"[1] 这就形成了相对过剩人口。相对过剩人口的增长不利于雇员收入水平的增长。一方面，失业压力必然迫使在业工人过度劳动，而过度劳动又会使失业状况更加恶化。马克思指出："工人阶级的一部分从事过度劳动迫使它的另一部分无事可做，反过来，它的一部分无事可做迫使它的另一部分从事过度劳动。"[2] 另一方面，就业形势恶化也会强化劳动相对于资本的弱势局面，抑制在业工人的议价能力，这种情况在经济衰退时期表现得尤为突出。因此，资本有机构成和利润率的变动与投资、就业、收入，进而与消费息息相关。

利润率下降不仅会影响消费需求的增长，而且消费需求的萎缩也会使得利润率的下降进一步加剧。一方面，消费需求萎缩意味着大量的产品可能卖不出，资本家的剩余价值无法实现。另一方面，在消费需求不足的约束下，政府往往要依赖公共投资的扩张来启动经济。然而，当投资的过度

---

[1] 《资本论》第一卷，人民出版社1975年版，第697页。
[2] 同上书，第698页。

增长和消费持续下滑相互叠加时，产能过剩和生产过剩就更加难以避免。"在市场经济中，过剩的生产能力作用于有限的消费市场，反映在企业财务上就是利润率不断下降的趋势。"[①]

以上从理论上阐述了利润率下降和消费需求不足的相互作用机制，接下来就具体以我国实体经济利润率下降和消费需求变迁之间的动态关系来证实上述分析。

一　中国低消费率现状和成因

无论纵向比较还是横向比较，我国消费率特别是居民消费率之低令人咋舌。（1）从纵向看，我国消费率持续走低。如图7-2所示，从消费率变动内部结构看，我国政府消费率的波动始终比较平缓，一直维持在14%左右，而最终消费率和居民消费率的波动相当一致。2001年以来，随着经济增长进入新一轮周期上升期，我国的消费率进入快速连续下滑通道，最终消费下降程度更为显著。其中最终消费率从2001年的61.4%降至2010年的47.4%，居民消费率则由45.3%降至33.8%，前者累计下降14个百分点，后者累计下降11.5个百分点。由于居民消费是最终消费的主体，在最终消费中占有较大比重。因此，我国最终消费率过低主要表现为居民消费率过低。（2）在相同年份，我国最终消费率远低于世界平均水平。例如，2006年世界最终消费率平均水平为77%[②]，而中国同期的最终消费率要比世界平均水平低26个百分点。中国的消费率不仅显著低于主要发达国家的水平，即使与发展中国家和转型经济国家相比，依然存在很大差距。世界银行统计数据显示，2006年，日本最终消费率为75%，美国最终消费率为86%，而且这些国家的消费率一直处于高位稳定或者略有提高的趋势。[③] 与这些发达国家相比，我国的最终消费率大约要低30个百分点。与发展中国家相比，我国的消费率也存在着较大的差距。如与印度和巴西相比，2008年，印度最终消费率为67%，其中居民消费率为58%，巴西的最终消费率为81%，其中居民消费率为62%，而同一时期我国的最终消费率和居民消费率仅为48%和35%。（3）我国的消费率明显低于"钱纳里标准"。霍利斯·钱纳里研究发现，在人均国内生产总值1000美元左右时，世界各国居民消费占国内生产总值的比重一般为62%

---

① 卢映西：《生产能力过剩与消费能力稀缺》，《经济学家》2005年第5期。
② 潘春阳、杜莉、蔡璟孜：《中国消费率下降之谜》，《上海经济研究》2010年第7期。
③ 参见潘春阳、杜莉、蔡璟孜《中国消费率下降之谜》，《上海经济研究》2010年第7期。

左右，政府消费占国内生产总值的比重在14%左右。① 2001年，我国人均国内生产总值已超过1000美元，达到1042美元。② 但是居民消费率仅为45.3%，比"钱纳里标准"约低17个百分点，政府消费率为16%，略高于"钱纳里标准"。

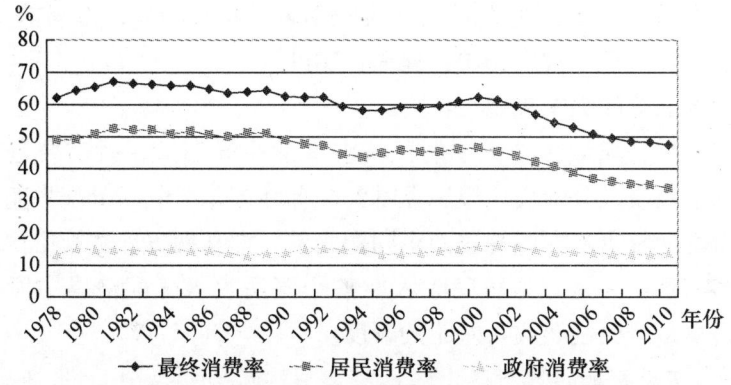

图7-2 消费率相关指标

资料来源：根据中经网统计数据库的相关数据整理而得。

居民消费不足在国内产能过剩和外需乏力背景下逐渐凸显，消费相对于生产的缓慢增长已经成为制约我国经济长期稳定健康发展的主要因素。消费是一切生产的最终目的，作为最终需求，消费不仅关系居民生活水平和生活质量的提高而且关系到社会再生产四个环节即生产、分配、交换和消费的顺畅进行。另外，社会主义社会的生产目的是满足人民群众日益增长的物质文化生活需要，过低消费率显然也不符合社会主义社会的生产目的。由于居民消费是最终消费的主体，我国最终消费率的下降主要是由居民消费率下降所致，我们不禁要问：制约我国居民消费需求提升的具体原因又有哪些？在《资本论》和《政治经济学批判》等著作中，马克思关于消费问题有一些深刻分析和经典论述。马克思认为，分配是连接生产和消费的桥梁和纽带，分配是消费的前提，消费者总是在一定的收入分配结构中进行消费，消费者的消费能力主要取决于个人收入水平，而后者不过

---

① 参见俞忠英《中国内需结构调整的实证分析》，山西经济出版社2003年版，第38页。
② 数据来源于世界银行数据库。

是社会分配的结果。"在生产者和产品之间出现了分配，分配借社会规律决定生产者在产品世界中的份额，因而出现在生产和消费之间。"① 既然消费决定于分配关系，那么收入分配上的两极分化必然产生畸形的消费结构。国内学者对我国居民收入分配与消费需求的关系进行了大量实证研究，并取得广泛共识，学者一致认为：长期积累形成的收入分配失衡是中国居民消费需求不足的主要原因（吴晓明、吴栋，2007；方福前，2009；潘春阳、杜莉、蔡璟孜，2010；程磊，2011）。

二 收入分配失衡表现

既然收入分配结构是影响居民消费率的主导因素，就需要进一步追问：我国居民收入分配失衡根源在哪？为什么多年来收入分配失衡问题一直未能很好地解决？在回答这两个问题之前，拟从两方面透视中国的收入分配失衡问题：一是刻画居民收入在整个国民收入分配格局中所处的位置；二是衡量居民之间收入差距的程度。

（一）劳动报酬占比下降

根据第五章的经验分析可知，我国实体经济部门的剩余价值总额占净产出比重从20世纪90年代中期开始就已经超过一半，个别年份甚至接近2/3，与此对应的是，生产工人的劳动份额受到严重挤压，实际工资增长率在绝大多数年份低于劳动生产率的增长率。而在吸纳就业规模比较大的工业部门，从20世纪90年代开始，实际工资的增长始终滞后于劳动生产率的增长，与劳动生产率的脱节日趋严重，资本份额持续攀升，劳动份额却从1997年的37%下降至2009年的26%。其他学者对整个国民经济劳动份额的研究也同样支持劳动占比下降的观点。魏众（2010）② 对1996—2007年的劳动报酬进行了初步估算，结果表明，劳动报酬占国内生产总值的比重下降了大约9.3个百分点，在劳动者报酬下降的同时，企业盈余上升了5.7个百分点，政府生产税收入上升了2.2个百分点。与其他国家相比，我国劳动者报酬占比明显偏低，经合组织（OECD）国家的劳动报酬占比大约为45%，2007年，我国劳动报酬占比约为40%。郭晗、任保平（2011）③ 对1978—1995年初次分配格局的研究发现，1995年之前，

---

① 《马克思恩格斯全集》第46卷（上），人民出版社1979年版，第31—32页。
② 魏众：《中国当前的收入分配状况及对策分析》，《经济学动态》2010年第8期。
③ 郭晗、任保平：《中国劳动报酬比重的变化规律与变化机制》，《经济经纬》2011年第1期。

初次分配三部分的比重变化不大，自1995年起，劳动报酬占比不断下降，从1995年的51.44%下降至2007年的39.43%；而资本收入则从1995年的35.6%上升至2007年的45.45%，1995年以来国民收入中劳动报酬占比下降约12个百分点，其中大约有10个百分点的变动来自资本收入的挤压。虽然不同学者对我国劳动报酬占国内生产总值的绝对份额度量存在一定争议，但是20世纪90年代以来我国劳动收入份额大幅下降却是不争的事实。

（二）居民内部收入差距扩大

第一，居民基尼系数不断上升。基尼系数是反映贫富差距状况的综合指标，基尼系数值低于0.2表示绝对平均；0.2—0.3表示比较平均；0.3—0.4表示较为合理；高于0.4表示差距较大，国际通行的标准是将0.4作为警戒线。从城镇居民基尼系数变迁看，1990年以前，城镇居民收入差距非常小，1990年以后随着改革开放进程的加快和经济体制改革的全面推进，我国城镇居民收入差距逐年增大，基尼系数已由1990年的0.167急剧上升至1996年的0.208，就国际比较而言属中等水平。但是在接下来的十年，基尼系数继续增加，1997—2007年，基尼系数增加了10个百分点。[①] 我国农村地区的居民收入不平等状况比城市更加严重。从常兴华等（2010）[②] 对农村基尼系数的测算结果我们可以发现，农村居民的基尼系数已由1978年的0.212扩大到了2007年的0.373，2007年的基尼系数是1978年的176%，年均增长率约为1.97%。

第二，行业间职工收入差距迅速扩大。行业收入差距是指不同行业劳动者之间的收入差距。收入最高的行业与收入最低的行业之间的合理差距一般为两倍左右。[③] 目前，我国不同行业工资差距很大，据统计年鉴提供的数据，1980年收入最高的行业是电力、煤气和水的生产和供应业，职工年均工资为1035元；收入最低的行业为社会服务业，职工平均工资为475元，二者之间的差距大约为2.18倍。1990年收入最高的行业是采掘业，职工年均工资为2718元；收入最低的行业为农业，职工平均工资为

[①] "促进形成合理的居民收入分配机制研究"课题组：《促进形成合理的居民收入分配机制研究》，《经济研究参考》2010年第25期。

[②] 同上。

[③] 喻国良：《收入差距的理论分析、现状评判与政策选择》，《经济研究参考》2008年第40期。

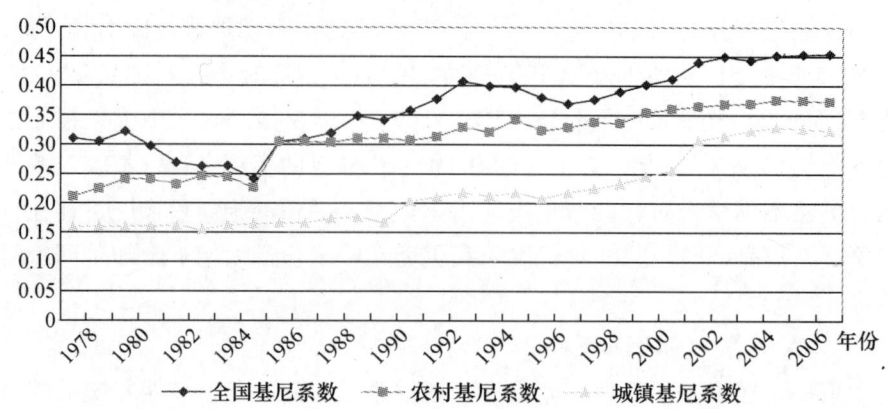

图7-3 我国的基尼系数

资料来源：促进形成合理的居民收入分配机制研究课题组：《促进形成合理的居民收入分配机制研究》，《经济研究参考》2010年第25期。

1541元，二者之间的差距为1.76倍，比1980年的数值有所缩小。2000年收入最高的行业是科学研究和综合技术服务业，收入最低的行业是农业，二者间的收入差距增大至2.63倍。到2009年，平均工资最高的行业是金融业，最低的行业仍然是农业，二者间的收入差距大约为4.2倍。可见，20世纪90年代以来，我国行业之间的收入差距不断增大，并超出公认的合理范围，成为我国居民收入差距持续扩大的重要原因。

第三，不同阶层收入差距持续增加。改革开放以来，随着所有制结构和分配制度的不断调整、工资形成机制的变革以及市场化改革的不断深入，我国社会阶层出现明显分化。[①] 不同阶层之间的收入差距急剧扩大，贫富差距非常悬殊。在我国全部储蓄存款中，最富有的20%的人群占有全部存款的80%，其余80%的人口占有20%。根据国家统计局抽样调查资料推算，2000年以来，以城镇居民中，高收入户9年里收入增长了264.3%，中低到中高收入户增长了174.7%—209.7%，低收入户收入只增长了142.8%。2000—2009年，20%低收入户的居民收入占调查居民户总收入的比重由11.11%下降到8.78%，40%的中低和中等收入户的收入比重由34.35%下降到31.48%。而20%的高收入户居民收入比重由

[①] 喻国良：《收入差距的理论分析、现状评判与政策选择》，《经济研究参考》2008年第40期。

31.86%上升到38.4%。也就是说，2009年城镇20%的高收入群体占有城镇总收入份额接近2/5。农村内部群体收入结构变动与城镇基本类似。2009年，40%的中高和高收入户收入占农村居民总收入比重高达63.02%，而60%的低收入户、中低收入户和中等收入户的居民收入比重只占36.98%。① 我国占总人口20%的低收入群体，占总收入的份额仅为4.7%，而占总人口20%的最高收入群体，占总收入的份额达50%。从财产占有量看，我国最富裕的10%人口，占有全国财产的45%，而最贫穷的10%人口，只占有财产的1.4%。② 目前我国资产超过10亿人民币的富人，由2010年的4000名增至2011年的7500名。富豪总量已超过除美国以外的其他所有发达国家，居世界第二位。这么多富豪均产生于私营企业。另据胡润研究院发布的《2011胡润财富报告》，截至2010年年底，中国内地千万富豪人数已达96万人，其中包括6万个亿万富豪。目前，每1400人中有1人是千万富豪。据报告，这些千万富豪主要可分为四种类型：企业主、炒房者、职业股民和金领。在投资领域，千万富豪选择房地产投资的超过六成。③

在企业内部，相比于管理人员，普通职工的收入上升缓慢，普通职工与管理层之间的收入差距明显增大。据统计，2010年，上市公司高管年薪平均值为66.8万元，而部分私营企业、简单劳动者的工资偏低。2010年，城镇私营单位中的住宿餐饮业、农林牧渔业、公共管理社会组织三个行业就业人员月均工资收入在1461元以下。④ 据全国总工会调查，2002—2004年，我国企业职工工资低于当地社会平均工资的职工占81.8%，低于社会平均工资一半的占34.2%，低于当地最低工资标准的占12.7%。

三 收入分配失衡成因

现有文献研究大多从体制变迁、城乡二元结构以及经济发展阶段等角

---

① 马晓河：《"中等收入陷阱"的国际观照和中国策略》，《改革》2011年第11期。
② 卫兴华：《经济全球化与中国经济社会的科学发展》，《红旗文稿》2011年第21期；程恩富、胡靖春：《论我国劳动收入份额提升的可能性、迫切性与途径》，《经济学动态》2010年第11期。
③ 孙咏梅：《我国国经济增长中的矛盾与资源的有效配置》，《当代经济研究》2011年第11期。
④ 《报告称中国行业收入差距4.2:1 金融业工资最高》，《经理日报》2011年12月24日第12版。

度探讨我国居民收入差距偏大形成的具体原因。但是尚未有学者从一般利润率下降规律视角对这个问题展开分析。本书将从这一视角出发弥补国内学界在这一研究领域的不足。

(一) 利润率趋向下降增大了"实、虚"部门工资差距

第四章和第五章的经验分析表明，20世纪90年代中期以来，实体经济一直未能从根本上扭转利润率下降趋势。在实体经济利润预期持续下滑的背景下，大量资本蜂拥投向无须经过生产过程就能赚钱的虚拟经济，虚拟经济遂成为过剩资本的"欢乐谷"，虚拟资本在其中大量攫取超额投机利润，实体经济的产能过剩逐渐转化为虚拟经济的泡沫过剩。虚拟经济具有很强的投机性和高营利性预期，不断增长的过剩资本试图玩虚拟经济来谋求更高的利润回报。金融、保险和房地产业不仅赚得盆钵饱满，而且职工平均工资增速也很快。2003年，金融业职工工资的平均增速为19.5%，而制造业的平均工资增速仅为13.3%。与此同时，在一般利润率趋向下降的重压之下，实体经济部门降低成本的压力越来越大，何谈提高普通劳动者的实际工资。在实体经济与虚拟经济景气度霄壤之别的情形之下，实体经济部门与虚拟经济部门就业人员的收入差距逐年增大，而且虚拟经济非理性繁荣所产生的财富效应又使得上述差距进一步加大。据统计，由于近十年房地产价格持续攀升，房地产行业的可观利润造就了11.6%的千万富豪。投资性房地产市场的销售量增速虽在宏观调控下继续放缓，但全国平均房价依然保持每年13%的上升幅度，投资性房地产总体价值增加了28%左右。[①] 资产价格的急剧膨胀使一部分拥有多套房产人群的财富总额快速攀升。

(二) 中国在全球价值链中的地位不利于居民收入的增长

从全球范围看，当前国际产业分工格局造成发展中国家产业工人收入增长缓慢，而这种分工格局的形成也正是一般利润率下降规律在全球层面发挥作用的结果。如图7-4所示，20世纪60年代中后期直至20世纪80年代初，发达资本主义国家的制造业利润率不断下滑，以制造业为主体的实体经济在这些国家已经无利可图。因此，在经济低速增长、利润率不断下滑的重压之下，很多中小制造业不免遭受破产或改行从事其他行业的命

[①] 孙咏梅：《我国国经济增长中的矛盾与资源的有效配置》，《当代经济研究》2011年第11期。

运，而实力较强的跨国公司则把大部分制造业尤其是劳动密集型的低端制造业或者劳动密集型生产环节，如加工、装配、组装等环节转移到生产要素成本低的发展中国家，以增强自身的竞争能力，国内只保留一部分高端制造业，以及需要大量资本和复杂技术的制造、设计、研发等资本和技术密集型生产环节和高端服务业的生产。发达国家的"去工业化"和"产业空心化"趋势，使得发达资本主义国家形成一种"倒金字塔"的经济结构。在这方面，美国就是一个非常典型的国家。第二次世界大战以后，美国是世界上制造业最发达的国家，但是20世纪70年代长达十年之久的"滞涨"危机重挫了美国经济。为了摆脱生产部门的长期停滞、资本过剩和制造业利润率长期低迷状况，美国跨国公司将劳动密集型、高成本的低端制造业转移至劳动力成本低廉的发展中国家，只留下高价值创造和高货币收入的行业，美国的工业制成品的产量明显减少。在差不多30年的时间里，美国就从世界上制造业最发达的国家演变成一个长期依靠进口产品和服务来满足自己的一部分生活需要（主要是生活必需品）和资源需求的国家。[①] 据统计，制造业在美国 GDP 中的比重，在1990年仅为24%，2007年进一步下降到18%，制造业投资增长率2006年仅为2.7%，投资额仅相当于 GDP 的2.1%。[②]

正是抓住了20世纪70年代以来国际制造业向发展中国家和地区转移的机遇，我国尤其是东部沿海地区凭借广阔的市场、廉价的劳动力成本等优势，成为外来投资重要目的地。当然，很多跨国公司在向我国进行产业转移时，仅转移处于"微笑曲线"中端的加工制造环节，两端的研发、技术、专利、标准制定和品牌、销售、服务等环节仍被保留在母国。我国企业在国际产业分工链上大多处于较低端的位置，由于产品的档次和附加值不高，这些行业经济效益较低，所以我国代工企业为了维持已经摊薄的利润就拼命压低劳动力成本，这是造成我国整体劳动收入占比持续下降的重要原因。郎咸平教授指出，"我们的制造业工厂，对外拖欠原料和组件货款，对内延长劳动时间，真可谓不择手段，不停压榨。然而，在全球产业链的视角下，我们在最不赚钱的领域不停压榨。这种死拼完全忽视了产业链战争的特点。实际上，任何行业的产业链，除了加工制造，还有6大

[①] 刘骏民、宛敏华：《依赖虚拟经济还是实体经济》，《开放导报》2009年第2期。
[②] 朱炳元：《资本主义发达国家的经济正在加速金融化和虚拟化》，《红旗文稿》2012年第4期。

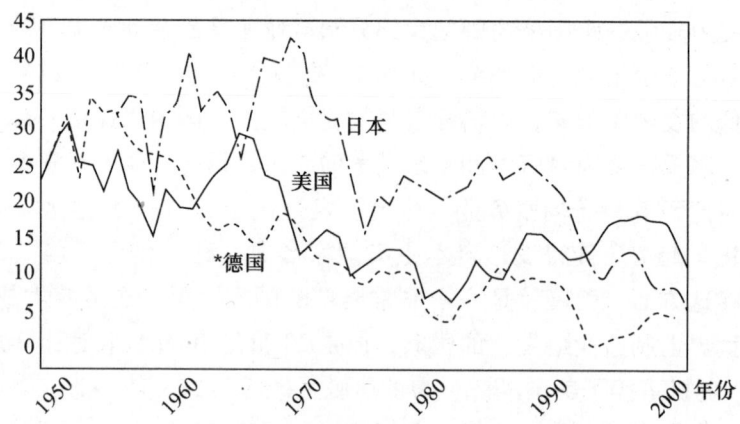

图 7-4　战后德国、美国和日本的利润率

资料来源：克里斯·哈曼：《利润率与当前世界经济危机》，《国外理论动态》2008 年第 10 期。

环节：产品设计、原料采购、物流运输、订单处理、批发经营、终端零售。这 6 大环节是整条产业链里面最赚钱的部分。"[①] 一位从事来料加工的企业老板说：现在是品牌剥削企业，企业剥削工人。这句话表明：中国内地的外资企业工人工资受国际资本和国内资本的双重挤压。[②]

（三）资本有机构成提高抑制劳动收入占比的提升

第四章测算的实体经济部门和工业部门的资本技术构成和价值构成显示，实体经济资本技术构成在 1981—2009 年迅速提高，在将近 30 年的时间里增长了大约 30 倍，资本价值构成在波动中趋于增长，年均增速为 5.64%。工业部门的资本技术构成和价值构成也经历了一个类似的演进过程。经过近 30 年的发展，工业部门的劳动生产率增长了大约 8.4 倍，资本技术构成在此期间增长了近 17 倍，年平均增长率为 10.87%，资本价值构成在波动中趋于增长，29 年里增长了一倍多。资本有机构成的增长意味着推动着同一资本所需的劳动力数量必然会相对减少，这同时表现为，"较少量的劳动可以推动更多量的资本，如果加入生产过程的资本的总价值增加，那么，与劳动生产率不变时，即必要劳动同剩余劳动的比例

---

① 郎咸平：《产业链阴谋 1：一场没有硝烟的战争》，东方出版社 2008 年版，第 2 页。
② 郑志国：《中国企业分配中的突出问题及对策》，《马克思主义研究》2011 年第 11 期。

不变时相比，劳动基金（资本的这个可变部分）必定会相对减少。"① 技术创新和技术引进中的机械化、自动化程度越高，资本有机构成就越高，资本对劳动的替代副作用就越突出，工人的就业压力就越大。随着生产力的发展和资本积累的增长，推动同样的资本所需要的劳动力呈相对下降态势，单位资本对就业的吸纳能力降低。资本有机构成提高导致相对过剩人口不断产生是市场机制发挥作用的必然结果，这就形成了技术进步和就业增长的"二律悖反"。

增长方式的集约化与资源配置方式的市场化也会使得上述矛盾进一步加剧。② 集约化要求企业从外延式增长向内涵式增长转变，从主要依靠增加生产要素的投入转到主要依靠科技进步和提高劳动者的素质上来，而市场化则鼓励企业追求利润最大化，以市场调节手段来配置资源，集约化和市场化会大幅度提高劳动生产率和资本有机构成，生产过程越来越多地用物化劳动代替活劳动，导致单位产量和单位资本的劳动需求下降和就业下降。以工业部门为例，1980—1990 年，我国规模以上工业企业吸纳就业人员的数量持续攀升，就业增长率平均为 4.24%。到 90 年代，工业部门吸纳就业的能力逐步减弱，1990—1995 年就业增长率只有 0.05%。进入 90 年代后半期，工业部门不仅不能吸纳就业，反而开始排斥劳动力就业，1995—2001 年就业增长率为负值。21 世纪头几年，工业部门排斥劳动力就业的局面得到改善，2001—2009 年工业部门就业增长率又回升至 6.34%。1980 年规模以上工业就业人数占非农业部门总就业人数的 37%，1990 年则下滑至 30% 以下。随着 90 年代中后期企业经济效益的进一步下滑，工业就业人数进一步萎缩，1998 年规模以上工业就业人员数占非农业部门总就业人数的比重锐减至 17.47%，到了 2001 年就已经不足 15% 了，这种下滑的趋势一直持续到 2004 年才停止，近几年虽然有所回升但始终未超过 20%。

有关解释中国"高增长与高失业"或就业弹性下降方面的实证研究也给我们的观点提供了佐证。孙永君（2011）③ 通过建立劳动动态随机一般均衡模型解释了我国实际经济的产出就业关系，他的研究发现，尽管技

---

① 《马克思恩格斯全集》第 46 卷（上），人民出版社 1979 年版，第 366 页。
② 陈信：《我国城镇职工失业的成因及相关对策》，《东北财经大学学报》2000 年第 4 期。
③ 孙永君：《技术进步对我国产出失业关系的影响分析》，《经济理论与经济管理》2011 年第 8 期。

术进步在促进产出增长的同时也促进了就业增长,但是技术进步对产出和就业影响程度不对称,对就业增长的促进作用明显小于对产出增长的促进作用,同时技术进步会带来投资的增加,与此相伴的大规模资本投入也对劳动起到了替代作用。齐建国(2002)的研究表明,在改革开放前期,技术进步对我国就业起到了积极的促进作用。20 世纪 90 年代之前,技术进步的综合效应使得就业人数净增加了 936 万。从 90 年代开始,这种情况就发生了逆转。1991—1999 年,技术进步对就业的影响为负。9 年中,广义技术进步使就业需求少增加了 5545 万人。工业吸纳就业的能力逐步下降,1979—1990 年工业边际就业弹性为 0.325,90 年代前半期则降低至 0.142,90 年代后半期接近于 0。[①] 资本有机构成上升所产生的就业矛盾不利于劳动收入占比的提升。唐国华(2011)利用中国 1990—1998 年的相关时间序列数据建立线性回归模型,考察了资本有机构成与劳动收入占比之间的关系。该文发现,劳动收入占比与资本有机构成呈反向变动关系,资本有机构成的提高能够解释劳动收入占比下降 89% 的原因。[②]

(四)资本技术构成提高扩大了高技能劳动者和低技能劳动者收入差距

资本技术构成的提高意味着产业结构逐步从劳动密集型向资本和技术密集型转变。尽管资本密集型或技术密集型产业的发展有利于提升整个经济的产业结构,但是这些产业部门对高技能劳动者的需求相对较多,对低技能劳动者的需求相对减少。据广东佛山等地的调查显示,在近年劳动力市场提供的就业岗位中,需要技工的岗位占 90%,但是在求职者中,技工只占 10%。[③] 因此,劳动密集型产业的消退或转移会造成一部分低技能劳动者失去工作,从而会对这一部分就业人员收入和消费水平产生不利影响。而且一个行业的资本或技术密集度越高,它对劳动者技能的要求也会越高。高资本或技术密集企业不仅会因为雇用了更优质的员工以及他们创造了更大的边际产出,而要支付更富竞争力的工资,而且,还可能因这种

[①] 齐建国:《中国总量就业与科技进步的关系研究》,《数量经济技术经济研究》2002 年第 12 期。

[②] 唐国华:《资本有机构成、劳动收入占比与经济发展方式转变》,《经济论坛》2011 年第 3 期。

[③] 袁友军、郑志佳:《广东劳工就业权益现状、问题和对策探究》,《岭南学刊》2011 年第 2 期。

类型的劳动者更稀缺、话语权更强，为了避免与之匹配的物质资本贬值，而支付一定比例的额外"贴水"。①

（五）20世纪90年代以来的大规模企业改制抑制了普通工人收入增长的步伐

第四章考察了我国规模以上工业部门利润率的阶段性变化：整个80年代工业利润率基本上处于下降态势。1981—1990年，利润率的平均增长率为 -8.87%。虽然利润率不断下滑，但是剩余价值还在持续增加，剩余价值总额由1981年的1146.359亿元上升到1990年的3101.603亿元。不过，留给企业的净利润却减少了，1981年规模以上工业的净利润额为682.4亿元。到1990年，净利润不但没有增加，反而减少至559.81亿元，降幅为17.97%。1990—1998年中国工业部门的利润率在停滞中继续下滑。利润率下降会导致生产能力利用率的下降，而生产能力利用率下降和生产过剩又进一步恶化了企业的盈利能力。根据第三次全国工业普查提供的数据，在涉及的900多种主要工业产品中，1995年工业生产能力利用率未达60%的超过全部产品半数以上……这种生产能力过剩的情况在随后的几年中呈加剧的态势，根据对1998年部分耐用和大宗消费品全部产量与该产品当年重点企业生产能力的对比，发现其中不少产品的该比率甚至低于1995年的生产能力利用率。随着市场供求形势的变化，企业产成品库存总量也不断增加，1998年中已达4万亿元，约相当于GNP的50%。②

为了扭转工业部门盈利能力持续下降和大面积亏损状况，政府出台了一系列针对国有企业的民营化和市场化改革措施。1994年年初，在全国企业管理座谈会上，时任副总理朱镕基首先提出，解决国有企业困难问题要走兼并破产和减人增效路子，加大这方面工作力度。这一思路提出了实现国有企业改组的两个基本途径。同年6月24日，国务院原则同意国家经贸委等9部委《关于在若干城市进行企业"优化资本结构"试点的请示》，并对试点工作提出了明确要求："试点应在整体推进转换国有企业经营机制的前提下，在优胜劣汰机制等方面实现重点突破"。为此，1994年10月国务院下达了《国务院关于在若干城市试行国有企业破产有关问

---

① 顾乃华：《劳动收入占比的影响因素研究——基于区域与产业特征互动的视角》，《商业经济与管理》2011年第6期。

② 武力：《中华人民共和国经济史》（下），中国时代出版社2010年版，第975页。

题的通知》。1997年3月，国务院又下达了《关于在若干城市试行国有企业兼并破产和职工再就业有关问题的补充通知》。该通知对于企业兼并破产和职工再就业工作的组织领导，企业兼并破产和职工再就业工作计划的制订与审批，企业破产预案的制订，资产评估机构资格及破产财产处置，妥善安置破产企业职工，简化呆坏账核销手续，破产责任的追究，严格按照有关文件规定规范企业破产，加大鼓励企业兼并的政策力度，以产定人，下岗分流，适当减免贷款利息，缓解企业困难等一系列问题作了规定。通知还要求优化资本结构试点城市都要建立再就业服务中心……1994年，国务院确定的优化资本结构试点城市为18个，1996年扩大到58个，1997年又扩大到111个，并在这方面取得了重要进展。1996年，58个试点城市兼并企业1192户，资产总额292亿元，负债总额278亿元，其中银行贷款本息余额197亿元，已停息或免息13.3亿元，涉及职工113万人；破产企业1099户，资产总额249.8亿元，负债总额429.9亿元，涉及职工68万人……1997年在这方面继续取得了进展。这年破产终结的企业675户，被兼并企业1022户，减人增效企业789户，核销银行呆坏账准备金320.5亿元。其中用于破产企业170.35亿元，用于被兼并企业90.15亿元，用于减员增效企业60亿元……1997年，国务院把纺织、兵器、航天3个行业列入优化资本结构试点计划。1998年年初，国务院发出《关于纺织工业深化改革调整结构解困扭亏工作有关问题的通知》，全面贯彻落实鼓励兼并、规范破产、下岗分流、减员增效和再就业工程的方针，以压缩淘汰落后棉纺锭为手段，以国有纺织工业企业集中的城市的结构调整为重点，妥善分流安置下岗职工，坚定不移地走"压锭、减员、调整、增效"的路子，切实抓好纺织工业深化改革、调整结构、解困扭亏工作，并将这项工作逐步推广到煤炭、机械等行业。①

随着市场化、民营化不断展开以及国有企业改组、改制与兼并的加速推进，国有企业的数量在90年代急剧减少。1994年国有及国有控股企业为102242户，到了2001年迅速减少到46767户，在不到10年时间内国有企业的数量减少了一半还多，大部分小型国企实行了民营化。有学者指出，"20世纪90年代初以后不长的几年中，就有300多万中小型国有企业，上百万家集体企业几乎完全退出舞台。县级和以下行政地区几乎看不

---

① 汪海波：《中华人民共和国工业经济史》，山西经济出版社1998年版，第742—746页。

到国有企业的影子……2004年，国有工业在工业总产值中的比重已下降到15.3%……目前私有经济占GDP的比重，已达2/3，甚至更高。"① 国有经济布局战略性调整导致的国有部门收缩对劳动者收入和消费增长产生了非常不利的影响，主要表现在以下几个方面。

第一，国有企业就业人数缩减抑制了在岗职工工资增长。随着国有企业数量的急剧减少，其容纳就业的规模亦相应萎缩，1998年《中国工业经济统计年鉴》提供的数据显示：1991—1997年，国有企业的职工人数减少了10%。在接下来的1998—2003年，国有及国有控股企业平均每年的从业人员从1998年的3747.78万人减少到2003年的2162.87万人，五年内从业人数减少了42%。在城镇就业人员总数中，国有单位和集体单位的合并比重从1990年的82%稍降至1995年的76%，然而到了90年代后半期，比重迅速下跌，至2000年仅有40%，在2004年不足30%。② 国有企业下岗职工的增加必然不利于在岗职工收入水平的增加。因为那些在岗职工担心失去工作，所以他们不会贸然提出增加工资的要求，甚至可以忍受短时期内的工资下降。1991—2001年，国有职工的平均实际工资的增长率只有6.8%，大大低于同一时期国内生产总值的增长速度。中国社会科学院工业经济研究所组织发布的2007年《中国企业竞争力报告》显示：1998年，国有及规模以上工业企业工资总额是企业利润的2.4倍，到2005年下降到0.43倍。③ 根据有关学者分析，人均工资增长放缓和总就业人数降低使规模以上正规企业在1996—2004年将近十年的时间里，对劳动者报酬的总体贡献为-10%。④

第二，20世纪90年代中后期大批国有企业职工下岗加剧劳动力市场供求失衡的矛盾。1997年，我国提出"国有大中型企业三年走出困境"中期改革目标，在原有体制下形成的劳动用工制度与向市场经济转变的企业改革目标之间矛盾日益尖锐，冗员与债务、社会职能并列成为阻碍企业摆脱困境的三大体制性包袱，"减人增效"就自然地成为企业改革过程中

---

① 刘淑清、王致胜：《我国收入分配中存在问题的主要原因及解决的主要途径》，《马克思主义研究》2010年第10期。
② 卢荻：《面对全球化的制度变革和后进发展》，载张宇、孟捷、卢荻主编《高级政治经济学》，中国人民大学出版社2006年版，第723页。
③ 参见于金富：《中国现阶段国民收入分配结构的理论分析与变革对策》，《河南大学学报》（社会科学版）2012年第1期。
④ 魏众：《中国当前收入分配状况及对策分析》，《经济学动态》2010年第8期。

的必然选择。随着企业改革进程加快,过去处于隐性失业状态的体制性冗员被大量排出。1997年年末,城镇登记失业率从1991年的2.32%上升为3.1%,为"七五"以来的最高点。按照城镇登记失业率推算,如果把下岗职工计算在内,中国1997年城镇的社会实际失业率为9.36%,下岗职工对实际失业率的影响为6.26个百分点。[①] 下岗职工再就业与农村劳动力向城市转移、大学生就业三股力量叠加一起,造成劳动力供给快速增长,使得劳动力市场供求失衡的矛盾进一步加剧。在一个饭碗三个人争的情况下,岗位竞争的程度可见一斑。面对惨烈的市场竞争,工人议价能力受到极大削弱。

第三,国有部门萎缩和私营部门膨胀造成私营企业就业人数激增。国有企业减少和退出的一个重要结果是催生更多的私营企业和更激烈的市场竞争格局。为了在激烈的市场竞争中取胜,这些私营企业竭力降低生产成本,显然,降低劳动力成本是企业的首选。在私营企业中,雇主与雇员之间是雇佣和被雇佣关系,雇主掌握分配劳动成果的主动权。私营企业的员工以出卖劳动力换取工资,在生产成果的分配上处于被动地位。而且私营企业由于其以生产剩余价值为目的,它必然要极力压低工人的实际工资,延长工人的劳动时间,降低劳动条件,保证在利益分配中占尽优势。"我国劳动力多,劳动力价格便宜,工资成本在总成本中占比不到10%,远远低于西方发达国家。一些私营企业主正是利用了这一点,把工人工资压到不能再低的程度,尽力在榨取廉价劳动力上打主意,从而把剩余价值率提高到最大限度,日积月累而发起来的。一方面是剩余劳动成果的积累,另一方面是低收入群体的积累。少数人的富有建立在多数劳动者低收入的基础上。这不能不形成收入差距的扩大。"[②] 2009年《第八次全国私营企业抽样调查数据分析综合报告》显示:私营企业职工的平均工资比国有企业职工低8208元,两者相比为1∶1.45,差距比两年前拉大了。不同行业私营企业职工工资差距很大,房地产业、卫生行业、金融业、信息服务业职工收入最高,而住宿餐饮业、公共管理、公共设施服务业最低。而且在本次全国私营企业抽样调查的企业中,已有工会组织的仅占38.6%,

---

① 陈淮:《中国就业问题的分析与对策建议》,《管理世界》1999年第1期。
② 宗寒:《我国居民收入差距不断扩大的深层原因透视》,《中州学刊》2005年第4期。

与媒体上报道的私企建会率高达69.6%相去甚远。① 劳资之间利益分配的单边性表现突出,一份由中央统战部、全国工商联等课题组发布的《2009中国私营企业调查报告》提供的信息显示：2009年,我国企业主个人年收入平均值为20.2万元,雇工全年平均工资加奖金加部分分红仅有8033元,前者是后者的25倍；在各种行业中,商业餐饮业和建筑业雇工工资最低,月工资在500元以下；私营企业参加医疗保险的雇工仅占被调查企业全年雇用工人总数的14.5%,参加养老保险的仅为22.7%,参加失业保险的仅为6%。对此,吴宣恭教授一针见血地指出,我国分配和财富不公的主要矛盾是私营企业主惊人收入和巨大财富与普通劳动者收入和财产的差别。造成这个巨大差别以及差距快速扩大的原因只能从所有制的变革,即伴随着我国私有经济迅速发展形成资本积累和劳动大众相对贫困去说明。② 由于城镇职工70%以上在私企和外企劳动,以按资分配为核心的按要素分配方式成为主体,两极分化不可避免。这正是多年来尽管力求扭转收入差距过分扩大的趋势,但差距却继续扩大的根源；也是多年来力求扩大国内消费需求,但消费需求增长缓慢的一个重要原因。③

第四,国有部门萎缩导致居民原来享有的实物补贴减少。国有企业的存在为职工提供了稳定的就业保障,不仅一定程度保护了工人的议价能力,而且有助于减少经济波动带来的不确定性。但是,伴随着国有企业的改组改制,大量国有企业关停并转,一些原本由国家和企业包揽的福利项目如低成本的住房、教育、医疗卫生等支出逐步走向市场化。现在许多工人家庭需要自掏腰包解决这些问题,因而他们面临子女上学、购房、医疗费用和其他社会负担带来的沉重压力。有学者指出,大量实物工资和补贴的取消实际伴随普通职工收入的相对萎缩,一部分低工资职工、下岗和退休人员的实际收入增长缓慢,甚至有所减少。④ 另外,随着医疗、住房和教育支出的增加,居民抗衡不确定支出的"预防性储蓄"动机越来越强,在一定程度上抑制了居民消费水平的合理上升。

---

① 《第八次全国私营企业抽样调查数据分析综合报告（摘要）》,《中华工商时报》2009年3月26日。
② 吴宣恭：《分配不公的主要矛盾、根源和解决途径》,《经济学动态》2010年第11期。
③ 卫兴华：《经济全球化与中国经济社会的科学发展》,《红旗文稿》2011年第21期。
④ 郑志国：《中国企业利润侵蚀工资问题研究》,《中国工业经济》2008年第1期。

第三节 利润率下降与出口依存度攀升

我国目前所处的产业分工格局以及"世界工厂"地位的形成与一般利润率下降规律在全球层面发挥作用是截然不分的。因为战后资本的迅速积累和经济发展,以及发达资本主义国家有效需求饱和,在20世纪70年代后已经形成了全球性的生产过剩和积累过剩。这些国家创造的价值和剩余价值已越来越难以在其内部充分实现,而不得不更加依赖发展中国家现实的和潜在的市场。[①] 在哈维看来,特定区域系统的劳动盈余和资本盈余可能通过以下两种方式得到吸收:"(a)通过投资长期资本项目或社会支出(如教育和科研)来进行时间转移,以推迟资本价值在未来重新进入流通领域的时间;(b)通过在别处开发新的市场,以新的生产能力和新的资源、社会和劳动可能性来进行空间转移。"[②] 所以,面对以制造业为主体的实体经济严重生产能力过剩和利润率下降,资本在全球范围内进行空间转移,重新布局生产环节,与发展中国家进行不平等贸易,以缓解日趋严重的资本积累危机。跨国公司把劳动密集型制造业投资转向亚洲和拉丁美洲一些劳动力成本低廉的发展中国家和地区。[③] 布伦纳指出,为了应对不断下滑的收益率,资本进一步向外扩张,力求将先进技术与廉价劳动力结合起来,以提高其日益衰减的盈利能力。全球化已经成为对利润率下滑的一个回应。[④]

显然,20世纪70年代末我国的改革开放和以优惠的政策引进外资与发达资本主义国家为应对实体经济利润率下降而展开的制造业转移恰好契合。制造业资本大量流入以中国为首的发展中国家和地区,全球产业分工格局走向新阶段:以美国为首的发达国家专注于高新技术产业,高端服务

[①] 高峰:《金融化全球化的垄断资本主义与全球性金融——经济危机》,《国外理论动态》2011年第12期。

[②] [英]哈维:《新帝国主义》,初立忠、沈晓雷译,社会科学文献出版社2009年版,第89、94页。

[③] 高峰:《金融化全球化的垄断资本主义与全球性金融——经济危机》,《国外理论动态》2011年第12期。

[④] 蒋宏达、张露丹:《布伦纳认为生产能力过剩才是世界金融危机的根本原因》,《国外理论动态》2009年第5期。

业，尤其是生产性服务业的发展，以中国为代表的发展中国家专注于加工制造业的发展。据统计，对外开放以后，我国引进的外资近70%投在制造业方面。① 中国通过承接国际产业转移，制造业的生产和出口能力大幅提高，作为一个外向型的发展中国家，我国已经成为"世界工厂"，生产并且向发达国家出口了大量价廉物美的工业品。因此，国际分工格局的"低端锁定"，内需不足以及这两者的相互作用，造成我国的经济增长过分依赖外部市场。在国内有支付能力的消费需求不足以支撑生产出来的产品和服务时，这些过剩的产品必然要依赖外部市场来消化。特别是1997年东南亚金融危机之后，国内消费市场疲软，国内经济矛盾和社会矛盾凸显、交织。政府一方面采取扩张性财政政策和稳健的货币政策启动内需，另一方面积极开拓外部需求市场，如果没有外部需求的扩张，我国制造业快速增长不可能实现，而"中国生产、美国消费"的国际分工格局又固化了中国本已脆弱的国内市场。尽管这种分工格局为资本积累创造了新的发展空间，但是服务业的可贸易性差，制造业产品的可贸易性强，产业结构差异导致美国的贸易逆差扩大，中国等发展中国家的贸易顺差增加，外汇储备大量累积。

过去30年，我国经济增长对出口的依赖程度不断升高。基于中国货物贸易出口额在不同时间序列下的增长率及其国际比较，我们可以发现，1980—1990年中国货物贸易出口额平均每年的增长速度达到12.8%，高于同期世界平均水平6.8个百分点，高于发展中国家近10个百分点；1990—2000年贸易出口额年均增长速度再上一个台阶，达到14.5%，高于同时期世界平均水平近8个百分点，高于发展中国家近5.6个百分点。② 与此同时，中国货物出口贸易总额占世界货物贸易出口总额的比重和位次逐年提升，从1980年的0.9%，居世界第28位，提高到1990年的1.8%，居世界第14位；到2000年的3.9%，居世界第7位；到2009年，提高到9.6%，首次取代德国，跃居世界第一位。③ 我国是世界头号商品生产国，2010年，我国占世界制造业产出的19.8%，略高于美国的

---

① 姜巍、徐文：《中国传统经济增长动力结构的特征、危机与提升》，《经济问题探索》2011年第8期。
② 简新华：《中国经济结构调整和发展方式转变》，山东人民出版社2009年版，第289页。
③ 简新华：《中国经济结构调整和发展方式转变》，山东人民出版社2009年版，第289页；《国际统计年鉴》（2010），国家统计局网站。

19.4%。2010年，中国工业产品产量居世界第一位的已有220种，粗钢、煤、水泥产量已连续多年稳居世界第一。2009年，水泥产量已占世界总产量的60%，2010年，粗钢产量占世界钢产量的44.3%，煤炭产量占世界总产量的45%。[1] 2008年，我国制造品出口额达到世界出口总额的12.7%。其中，纺织品和服装出口分别占世界出口总额的26%和33%；电子数据处理和办公设备出口占32%；办公和电信设备出口占24%。[2]

我国商品出口主要由工业制成品组成，2001—2009年，工业制成品占我国对外出口总额的93.21%。其中机械及运输设备产品占出口总额的比重为44.4%。中国虽然已经完成了由初级产品出口国向工业制成品出口国的转变，但工业制成品的出口结构仍然需要改善。目前，进口较高技术产品、出口较低技术产品的贸易格局并没有发生根本改变，我国大量进口原材料和电子配器件，大量出口加工制造品，且多为劳动密集型和资源密集型产品，在国际产业分工链上处于较低端的位置，由于产品的档次和附加值不高，这些行业的经济效益较低。[3]

第四节 中国经济增长动力结构失衡蕴含的风险

居民消费需求不足，投资与消费严重失衡，出口产品档次低，附加值不高，以及以房地产为代表的虚拟经济发展过旺是我国经济增长动力结构失衡的重要表现。这种失衡的结构蕴含着很高经济风险，主要表现在：宏观投资效率下降、部分行业出现严重的产能过剩、脱实向虚的压力增大和外贸依存度过高四个方面。如果相关部门对风险的化解能力不足或处理方法不当，这些风险极易演变为局部或者全局性经济金融危机。

一 宏观投资效率下降

投资效率一般是指投资活动所得与所费、产出与投入之间的对比关

---

[1] 毛中根、洪涛：《从生产大国到消费大国：现状、机制与政策》，《南京大学学报》（哲学·人文科学·社会科学版）2011年第3期。
[2] 余芳东：《我国经济的国际地位和发展差距》，《调研世界》2011年第3期。
[3] 简新华：《中国经济结构调整和发展方式转变》，山东人民出版社2009年版，第294—295页；中国社会科学院工业经济研究所课题组：《"十二五"时期工业结构调整和优化升级研究》，《中国工业经济》2010年第1期。

系。① 投资效率与资本产出效率紧密相关，投资效率的高低会对经济增长的速度和质量产生重要影响。② 投资效率下降是过度投资和重复建设的典型特征，投资效率的下降会导致整个经济运行的效率下滑。本书从三个维度刻画我国实体经济部门的宏观投资效率。

（一）衡量投资效率的第一种方法是测算"边际资本－产出比率"（ICOR）

ICOR 的经济含义为增加单位产出所需投资额。其方法论基础是：资本相对于产出增长的速度表现为资本的边际效率或者资本的边际生产率。③ ICOR 值越高，意味着实现一单位产出增量需要的投资增量越多，因而投资的效率就越低。④ 我们测算了 1982—2009 年中国实体经济的边际资本—产出比率。在 90 年代中期以前，我国实体经济部门的边际资本—产出比率平均只有 1.69，意味着投资 1.69 元可以使实体经济产值增长 1 元，说明 90 年代中期以前实体经济部门的投资效率相对较高，与发达国家的投资效率相差不大。但是 90 年代中期以后，我国的投资效率就开始恶化了，1998 年和 1999 年实体经济投资效率在 6 以上，2009 年的投资效率甚至攀升至 11.8，1997—2009 年实体经济的投资效率平均值为 4.39，即使去掉 1998 年、1999 年和 2009 年这些波动比较大的年份，实体经济的投资效率也在 3.52 左右。这就是说每增加一元的产出约需要 3.52 元投资，这意味着实体经济出现过度投资和重复建设，经济运行中出现了越来越多的无效投资。其他学者分产业的实证研究也表明我国的宏观投资效率出现了下滑，例如，庞明川（2007）⑤ 对三次产业的 ICOR 进行了研究，结果显示，中国三次产业的 ICOR 是不均衡的，第一产业具有较高的投资效率，第三产业次之，第二产业的投资效率最低。

ICOR 值的迅速升高提示经济运行的风险在增大。黄燕芬（2005）⑥ 的研究认为，在日本房地产泡沫、1997 年亚洲金融危机前，以及两次墨

---

① 雷辉：《我国资本存量测算及投资效率的研究》，《经济学家》2009 年第 6 期。
② 曹建海、江飞涛：《中国工业投资中的重复建设与产能过剩问题研究》，经济管理出版社 2010 年版，第 85 页。
③ 庞明川：《中国的投资效率与过度投资问题研究》，《财经问题研究》2007 年第 7 期。
④ 顾严：《拉美国家过度投资与我国投资过热比较研究》，《经济研究参考》2005 年第 10 期。
⑤ 庞明川：《中国的投资效率与过度投资问题研究》，《财经问题研究》2007 年第 7 期。
⑥ 黄燕芬：《过度投资和重复建设的国际比较研究》，《经济研究参考》2005 年第 8 期。

西哥债务危机爆发前夕，危机国家 ICOR 都出现不同程度的攀升，投资边际效益不断下降。其中，日本的 ICOR 在房地产泡沫形成期间不断升高，从 1974 年的 2.147 上升到 1979 年的 4.093，然后又上升到 1983 年的 6.971，1985 年又回落到 4.3，但是 1987 年又快速攀升到 6.8。1985—1989 年增量产出资本比的平均值为 5.26。东南亚金融危机爆发前夕，不少国家的增量资本产出比呈快速上升趋势。泰国的增量资本产出比在 1987 年仅为 2.16，但是 1997 年竟达到 13.47，翻了好几倍。韩国和马来西亚的投资效率在危机前也一度下降。顾严（2005）[①] 的研究认为，墨西哥政府采取的过度投资策略导致墨西哥的投资率从 1990 年开始以每年 1 个百分点的速度上升，ICOR 出现了更快速度的上升，从 1990 年的 3.7 上升到 1993 年的 9.7，9 个比索的投资还不能带来 1 个比索的经济增长。因此，实体经济较低的投资效率意味着经济运行不稳定因素在累积。

（二）衡量投资效率的第二种方法是测算资本产出比

改革开放以来，我国实体经济部门资本产出比随着经济总量扩张不断上升，资本产出比上升意味着资本深化的速度加快，说明技术进步向资本替代劳动的路径偏移，这样一种技术选择路径表明经济增长更多的是依靠资本的投入，而不是劳动的投入，显然这种经济增长路径不利于增加就业和提高居民的消费水平，而由此形成的"高投资率、低消费率"的经济增长模式从长远来看是不可持续的。黄燕芬（2005）[②] 指出，一定时期的高投资率虽然有助于加快经济的发展，但是投资对经济成长的拉动是以有效投资为前提的。如果过度投资所形成的生产能力没有消费需求的及时跟进，很有可能会导致生产过剩的危机出现。同时，投资过度还会降低生产能力利用率，进而资本投资回报率以及投资效率都会降低。在这种情形下，为维持原有经济增长速度，必须增加更多投资，经济发展不得不陷入一种"高投资、低效率、低产出、再增加投资"的恶性循环。

（三）度量投资效率的第三种方法是分析投资对 GDP 的回归拟合系数

一般认为，投资对 GDP 回归拟合系数越大，投资效率越高[③]，投资越

[①] 顾严：《拉美国家过度投资与我国投资过热比较研究》，《经济研究参考》2005 年第 10 期。

[②] 黄燕芬：《过度投资和重复建设的国际比较研究》，《经济研究参考》2005 年第 8 期。

[③] 庞明川：《中国的投资效率与过度投资问题研究》，《财经问题研究》2007 年第 7 期。

能促进经济的增长；反之，投资效率就越低。改革开放以来，投资对实体经济增长的促进作用在不同的经济发展阶段是不同的，在90年代中期以前，我国的投资效率还是比较高的。因此，为反映经济发展不同阶段投资总额对GDP总额的影响程度，做分段回归分析如下：

（1）假设实体经济固定资产投资的自然对数为x，实体经济GDP总额的自然对数为y，第一阶段的样本区间为1981—1996年，使用OLS回归方法，估计方程如下：

$$y = 2.35 + 0.88x$$

T检验和F检验都显著，拟合优度达98%，回归方程显著。也就是说，在1981—1996年，实体经济部门年投资总额增长1%，实体经济部门的GDP总额平均增长0.88%。

（2）第二阶段的样本区间为1997—2009年，在该阶段对实体经济部门的对数GDP总额和对数投资总额进行回归分析，可得回归方程：

$$y = 4.96 + 0.62x$$

T检验和F检验都显著，拟合优度达98%，回归方程显著，即1997—2009年，实体经济部门年投资总额每增长1%，实体经济部门GDP总额平均增长0.62%。

对这两个阶段的回归分析结果进行比较后可以发现，20世纪90年代中后期以来，中国实体经济部门投资支出对GDP增长的促进作用相对减弱了。

二　结构性产能过剩凸显

产能过剩是利润率下降的反映，二者互为因果，相互作用。在传统计划经济条件下，总供求的长期态势是需求大于供给，在经济运行中长期存在物资短缺，因此传统社会主义经济往往被认为是"短缺经济"，供给不能满足人们的需求，经济总是处于"紧运行"中。当中国从计划经济向市场经济转轨时，产能过剩便接踵而至，这个曾经总和资本主义联系在一起的术语，现在几乎成了家喻户晓的名词。看来产能过剩并非是资本主义市场经济特有的现象，产能过剩是市场经济的伴生物。产能过剩，一般指生产能力过剩，现有的生产能力大于实际需求，产能没有得到充分利用，一部分设备处于闲置状态。当然，并不是说生产能力利用率为100%就是最适宜的产能利用率，由于各行各业的技术特点和需求情况千差万别，每个行业最优的产能利用率也不尽相同，当某一个行业或产业的能力利用率位于最优的产能利用率之下时,就意味着该行业或产业出现了产能过剩。① 产能利用率有一个正常水平范围,存在一个警示区域。欧美等国以及我国香港一般用产能利用率或设备利用率指标衡量是否存在产能过剩以及过剩程度。美联储认为,工业部门能够以 81% 的产能利用率安全运行就不会引起通货膨胀。如果产能利用率达到 85%,就可以认为实现了产能充分利用,超过 90%,则可以认为产能不足,有可能引起通货膨胀。如果明显低于 79%—83%,则说明可能存在产能过剩,企业开工不足,可能出现通货紧缩,挫伤企业投资的信心,引起失业增加。② 杨光、马晓莹(2010)③ 估算了我国改革开放以来的生产能力利用率,根据他们的研究,我国的生产能力利用率从 1994 年开始逐年下降,从最初的 90.13% 最终下降到 2005 年的 81.44%,2006 年开始有小幅反弹。

产能过剩与生产过剩的含义不同。"产能过剩是指一些行业的生产能力和规模超出当前市场实际需求所要求的,或者所能够支持的生产能力的最大范围和限度……指生产能力而不是已经生产出来的产品超出当前市场需求。产能过剩可以在实际运转和生产过程完成后表现为大量产品过剩,也可以在产品没有增加销路但社会潜在需求可以或已经得到满足情况下表现为现有企业生产能力闲置、机器设备闲置、开工不足、停产、关门等。"④ 生产过剩是指相对人们有实际购买能力而言的生产相对过剩,即相对于人们的购买力而言,生产出来的产品和服务太多了,所以这是一种相对过剩,而不是绝对过剩。

在投资率不断攀升、居民消费率连年下滑的情形下,出现投资脱离消费需求,产能过剩、库存增加的局面也不足为奇。宗寒指出,"产能过剩是由过度投资形成的缺乏现实需求的无效生产力。"⑤ 早在 1998 年东南亚金融危机蔓延期间,因前期投资的累积效应和需求的突然萎缩,我国以消费资料制造为代表的部分行业就呈现出生产过剩的现象。而自 2003 年步入新一轮经济景气周期之后,许多行业的产能过剩问题更趋突出,2005

---

① 周业樑、盛文军:《转轨时期我国产能过剩的成因解析及政策选择》,《金融研究》2007 年第 2 期。
② 蔺丽莉:《多角度透视产能利用率》,《中国信息报》2010 年 7 月 5 日第 1 版。
③ 杨光、马晓莹:《我国生产能力利用率的估算与预测》,《未来与发展》2010 年第 10 期。
④ 王志伟:《产品过剩、产能过剩与经济结构调整》,《广东商学院学报》2010 年第 5 期。
⑤ 宗寒:《我国经济发展中的产能过剩及其防治》,《毛泽东邓小平理论研究》2010 年第 1 期。

年年末，国务院常务会议第一次专题部署抑制产能过剩；2006年，国务院将10个行业列为产能过剩或潜在过剩行业。据相关学者研究，在我国24个重要工业行业中有19个出现不同程度的产能过剩，绝大多数加工制造业生产能力利用率不到70%，有些行业利用率不到40%。有900多种工业产品的产能利用率低于60%。像钢铁、电解铝、铁合金、焦炭、电石、水泥、电子通信设备制造等重工业行业及纺织、服装等轻工行业产能过剩都是比较严重的。钢材产能过剩40%，其中，粗钢产能2003年为2亿吨，过剩20%，两年后达到4.5亿吨，过剩34.5%；2008年达到6.6亿吨，过剩40%，加上在建部分，过剩53%，过剩产能大部分是中小钢铁。电解铝过剩58.4%，焦炭过剩200%；家电过剩30%，电视机过剩90%，纺织、服装产能过剩超过100%。特别需要指出的是，上面所提到的钢铁、电解铝、水泥等行业，20世纪末就出现产能过剩趋势。不仅传统行业出现产能过剩，部分新兴行业也出现产能过剩现象。例如，有的地区盲目上风机。2008年全国风机生产企业已发展到70多家，超过全球风机产业的总和，累计装机容量达2000万千瓦，其中真正供网发电的不到1/3。全国有上万个城市做出了新能源发展规划，其中20多个省市新上的50多家公司正在扩建的多晶硅生产线总产能达到17.7万吨，相当于全球产量的3倍和目前中国产量的150倍。[1] 产能过剩的持续发展将会严重影响正常的经济增长和社会发展：（1）直接造成市场呆滞、企业利润下降。（2）直接造成社会资源浪费和经济活动的低效率，导致和加剧经济衰退、萎缩以及发展迟缓。（3）造成企业倒闭、失业增加、收入下降、社会矛盾激化等问题。[2]

三 脱实向虚压力增大

政府发展房地产业初衷是为了刺激内需，缓解过剩产能的压力，为过剩资本寻找出路，拉动经济增长。然而，在实体经济盈利能力下滑，居民收入差距日益增大和流动性过剩的背景之下，房地产投资和投机的高盈利预期，吸引大量社会过剩资金流向房地产市场，而真正的实业投资却很少有人问津。有的投资者甚至借高利贷来炒房，房地产价格一路上涨。人们都想在一夜之间发财致富，而不愿从事艰辛的经营和一步步的积累。房地

---

[1] 宗寒：《我国经济发展中的产能过剩及其防治》，《毛泽东邓小平理论研究》2010年第1期。

[2] 王志伟：《产品过剩、产能过剩与经济结构调整》，《广东商学院学报》2010年第5期。

产业的暴利与实体经济的低盈利能力相互作用,造成"实冷虚热"。一方面,由于无法进一步降低成本,不少珠三角地区的制造业"南迁"或"西进",实体产业空心化趋势不容忽视。另一方面,不少实力雄厚的传统制造业企业开始涉足于房地产业,助长全民炒房热潮。2009年以来,在投资需求和投机需求的推动下,全国大中城市的房地产价格出现大幅上涨,一些主要城市的住房空置率估计高达15%,有媒体报道京沪深众多楼盘空置率超50%。中国社会科学院发布的《2010年经济蓝皮书》显示,2009年城镇居民收入房价比将达到8.3倍,大大超过了房价收入比3—6倍的合理范围,蓝皮书同时还指出,2009年农民工的房价收入比为22.08倍,农民的城镇房价收入比则高达29.44倍。蓝皮书特别强调,有超八成的家庭缺乏购买住宅的能力。高房价已成为继户籍制度之后第二个阻碍农民工进入城市和城镇的高门槛。[1] 华尔街空头大师查诺斯断言,中国房地产业问题比迪拜严重1000倍。国际评级机构穆迪2011年4月14日宣布将中国房地产前景预期从稳定下调至负面,并称拐点将至。国外经验表明,由于房地产具备缺乏供给弹性和替代弹性等特征,房地产很容易成为泡沫经济的载体。房地产泡沫是指"由房地产投机等因素引起的房地产商品的市场价格严重偏离市场基础决定的合理价格并且持续上涨,由此造成房地产经济的虚假繁荣现象。这种价格难以长期维持,最终会像泡沫一样破灭。"[2] 房地产泡沫破裂会对金融体系和居民生活产生严重负面影响。因为随着房地产按揭贷款的出现和普及,房地产市场中滞留的流动性大部分为信贷资金,房地产业与银行的关系非常密切,一荣俱荣、一损俱损。如果房地产领域蕴含的金融风险急剧增大并最终导致泡沫破裂,就会引发"多米诺骨牌"式连锁反应。因此,房地产行业的危机不仅会拖累金融部门,还会通过各种渠道从金融领域传导至实体经济,甚至引发全面性的经济金融危机,危及国民经济的健康稳定发展。房地产泡沫破裂会造成全社会经济的均衡和连续关系出现严重的失衡或中断,最终因强制性恢复而引起经济金融危机。

日本"地产泡沫"和美国"次贷危机"提醒我们,如果房地产价格过快上涨不能得到有效控制,最终必然出现过度泡沫化。20世纪80年代

---

[1] 王志伟:《产品过剩、产能过剩与经济结构调整》,《广东商学院学报》2010年第5期。
[2] 焦雪霞、庾晋:《房地产泡沫形成机制及治理的措施》,《基建管理优化》2010年第1期。

后期，为刺激国民经济发展，日本央行实施了非常宽松的货币政策，货币供应量快速增加，货币供应量的增长完全超出了实际国内生产总值的增长速度。在日本实体经济低迷的情形下，大量的资金被吸引至房地产及股票等资产市场，在之后短短5年的时间内，股票、地产等资产的价格都急剧膨胀。从1985年初至1989年12月，日经指数从13000日元飙升至38000日元。1984—1991年，城市地价指数上涨率高达11977个点，房价整整涨了两倍，价格已经飙升到非常荒唐的地步，1987年日本的地价市值达到1638万亿日元（约合13.4万亿美元），相当于当时整个美国地价的4倍。1990年初，随着利率提高和国内国际形势的变化，日本"房地产泡沫"破裂，股市、汇市以及地价暴跌，到1992年，有的地区地价下跌高达36%，到1993年，日本房地产业大范围倒闭。从后果看，这次日本房地产泡沫是历史上影响时间最长的一次。在90年代日本一直未能摆脱泡沫经济崩溃所留下的后遗症，经济增长恢复缓慢、企业生产经营困难，用股票和地产作担保发放的贷款无法收回，金融机构呆坏账增加，金融秩序长期不稳定。据统计，截至1992年9月，城市银行、长期信用银行和信托银行共有12兆日元的贷款半年未收到分文利息，其中有4兆日元已无法收回本金。泡沫经济崩溃还导致金融资产持有者的收入减少，进而消费减少，这进一步加剧了经济的萧条。由于房地产泡沫的破灭沉重地打击了日本经济，人们把20世纪90年代视为日本"失去的十年"。[1]步日本后尘，发生在泰国、马来西亚等东南亚国家的房地产泡沫也是一次惨痛经历，其中以泰国尤为突出。20世纪80年代中期，泰国政府把房地产作为优先投资领域，并陆续制定和颁布一系列与房地产投资相关的刺激性政策，由此催生了房地产市场的繁荣。海湾战争以后，大量开发商和众多的投机者纷纷涌入房地产市场，再加上本身就很宽松的银行信贷政策，这更是促成房地产的非理性繁荣。在东南亚金融危机爆发前夕，泰国的房地产业已险象环生，房屋空置率持续攀升，其中办公楼空置率高达50%。随着1997年东南亚金融危机的爆发，泰国等东南亚国家房地产泡沫彻底破灭，并直接导致各国经济陷入严重衰退。

---

[1] 王怀民：《日本"泡沫经济"的起因与破灭》，《经济经纬》1998年第2期；刘义巧、杨红林：《世界历史上的三次房地产大泡沫》，《资源导刊》2008年第1期；《全球三次房地产大泡沫》，《招商周刊》2006年第19期；王曦：《从美、日房地产泡沫看我国房地产市场》，硕士学位论文，东北财经大学，2007年。

四 外贸依存度过高

1997年东南亚金融危机之后,国内消费市场疲软,中国第一次遭遇有效需求不足压力,国内生产总值增速下滑至20世纪90年代以来的最低点,经济矛盾和社会矛盾凸显、交织。政府一方面采取扩张性的财政政策和稳健的货币政策启动内需,另一方面积极开拓外部需求市场,鼓励出口。21世纪以来,对国际市场的开拓和外需的稳定快速增长为国内的剩余产品提供了宽广的出路。随着中国顺利加入世界贸易组织并逐步发展成为全球的制造中心,出口需求对于中国工业经济的重要性与日俱增,出口取代投资成为推动我国工业经济增长的首要动力。[①] 2002—2007年,我国出口平均年增30%（投资年增26%、最终消费年增16%）,出口总值90%以上是工业品……"外需"是拉动高速增长的第一位因素。[②] 不过,对外贸易也是一柄"双刃剑"。发展外贸、参与国际分工,固然能够利用国际和国外两个市场,更好更快促进本国经济的发展,但一国经济如果对外依存度过高,国际市场波动很容易通过贸易渠道传递至国内,又不利于国民经济的持续平稳发展。贸易依存度是评价一国经济对外依赖程度高低常用的指标之一。按照通行的定义,贸易依存度是指一个国家在一定时期,一般为一个年度内,对外贸易额在该国国民收入或国内生产总值（GDP）中所占的比重。由于我国服务贸易所占比重相对较小,所以一般只计算货物贸易额占国内生产总值的比重。近年来,我国货物贸易依存度一直大幅上扬,中国货物贸易出口依存度从2001年的20.1%上升到2005年的34.2%,反映出中国经济对出口贸易的依赖逐年上升。值得注意的是,除中国之外的主要经济大国对外贸易依存度变动都相对平稳,例如美国1978年的对外贸易依存度为14.9%,在整个20世纪80年代和90年代都基本维持在15%—18%的水平。日本则从20世纪70年代末和80年代初的21%—26%下降到80年代中期以来的20%以下。[③] 外贸顺差过大还造成基础货币供应量大量被动增加,贸易摩擦加剧以及人民币升值的压力增大。

[①] 刘瑞翔、安同良:《中国经济增长的动力来源与转换展望》,《经济研究》2011年第7期。

[②] 高梁:《以产业升级转变发展方式》,《南风窗》2013年第19期。

[③] 简新华:《中国经济结构调整和发展方式转变》,山东人民出版社2009年版,第299—300页。

1987—2007年，在短短20年间，中国经济就迅速从"内需依存型"转变为"出口导向型"。1987—2002年，中国经济对于出口的依存度从11%上升到22%，15年时间上升了11个百分点。但在2001年我国加入WTO之后，出口依存度迅速提高，仅5年时间就上升了10个百分点。有学者研究发现，作为我国从事加工贸易的主要行业，通信设备和计算机及其他电子设备制造业二十年来的增长有超过80%发生在2002—2007年，同时在2002—2007年大约有65%的行业增长基于出口驱动。[1] 可以想象，如果这一时期，缺乏欧美发达国家对"中国制造"的旺盛需求，中国如何能够实现两位数的高速增长。不过，高对外贸易依存度意味着，如果国际市场受金融危机等不稳定因素冲击，国内的经济运行就不可避免地被连累。例如，1997年亚洲金融危机爆发后，虽然没有立即对中国出口贸易产生影响，但到1998年初，中国出口贸易增长速度就开始下降，到1998年10月降至最低，增长率比同期下降了17.33%，当年出口贸易月平均增长率为1.72%，比前一年下降了20%。[2] 2008年美国次贷危机爆发并席卷全球，本次国际金融危机不仅造成大量金融机构倒闭，也导致世界实体经济增长大大减速。整个美国市场乃至欧洲市场受危机冲击很大，这些经济体的消费需求萎缩，对中国制成品的需求大大缩水，这给高度依赖欧美日等市场的中国经济产生了严重冲击。中国出口贸易经历了亚洲金融危机以来最为剧烈的波动，一般贸易和加工贸易均出现了不同程度的回落，比较而言，加工贸易所受影响更大。2008年，一般贸易出口较上一年同期回落6.5%；加工贸易出口则下降了11.7%。2008年10月以后，我国的加工贸易额开始出现明显下滑，11月开始出现负增长，12月增速为-15.7%；2009年1—10月，与2007年、2008年同期相比，均出现急剧的下降，前半年下降幅度基本都在-25%左右。可见，2008年的金融危机对我国加工贸易的影响是非常明显的。[3]

2008年由美国次贷危机所引发的全球性经济危机暴露了中国经济增

---

[1] 刘瑞翔、安同良：《中国经济增长的动力来源与转换展望》，《经济研究》2011年第7期。

[2] 顾六宝、王会强、于飞：《两次金融危机对中国出口贸易影响的比较探析》，《河北学刊》2010年第5期。

[3] 胡求光、李洪英：《金融危机对中国出口贸易影响的实证分析》，《国际贸易问题》2010年第3期。

长动力结构的软肋,凸显了现有经济发展方式的弊端。危机中表现突出的产品相对过剩问题背后,暴露出我国一些产业背后的产能相对过剩和不当经济结构及产业结构问题。[①] 金融危机以来,尽管中国经济先复苏,但是,中国始终未能摆脱产能过剩困扰,尤其是最近几年,一些发达国家债台高筑,积重难返,我国产品出口困难,内需不能及时填补外需不足,导致经济增长压力急剧增大。2014 年,国内生产总值增长率为 7.4%,是 1999 年以来的最低点。2015 年预期增长率低于 2014 年,危机给我国出口增速和经济增长带来的巨大冲击表明,中国经济增长对出口需求的依赖偏大,过度依赖外部需求,重国际市场、轻国内市场的经济发展方式蕴含巨大风险,而且难以为继,必须加以改变。

---

① 王志伟:《产品过剩、产能过剩与经济结构调整》,《广东商学院学报》2010 年第 5 期。

第八章　中国经济发展困境与动力转换

第七章讨论了利润率下降与中国投资结构失衡、消费需求不足以及出口依存度攀升的内在联系。长期以来，拉动中国经济增长的主要引擎是出口和投资，消费需求对经济增长的贡献率严重不足。不仅如此，投资和出口的内部结构也不尽合理，主要表现为房地产投资占比偏高，出口产品的档次和附加值偏低，大多为劳动密集型和资源密集型产品，缺乏长期竞争优势。长期来看，这种拉动经济增长的动力结构潜伏着巨大的风险，在未来难以为继。

第一节　实体经济的现实困境与发展出路

中国经济发展进入新常态的最重要特征之一是经济增长减速。从国内生产总值的增速看，国内生产总值增长率从2007年的14.2%降低至2014年的7.4%，从高速增长换挡至中高速增长区间。2008年次贷危机爆发并引发全球金融海啸。此后，实体经济的发展困境一波三折，至今仍处于下行区间。如图8-1、图8-2所示，工业产出增速在2008年10月降至个位数，一直延续到2009年年中才有好转，而利润在2009年则出现了长达十个月的负增长。基于稳增长、保就业的调控目标，中央政府和地方政府的海量投资延缓了利润和产出滑坡的速度。2008—2012年，中国的固定资产投资共计达人民币136万亿元，相当于2012年GDP的2.6倍以上。但是，到2012年，实体经济盈利能力下降再次暴露，其症结主要在于：第一，外需不振，出口增长乏力。由于美国经济前途渺茫，欧洲危机持续发酵，日本经济也并没有真正从长期低迷中走出，出口对我国经济增长拉动力在减弱。为促使经济复苏，许多国家实行贸易保护主义，限制进口，以鼓励和保护本国产业的发展，国家间贸易纠纷、冲突和摩擦日益频繁，

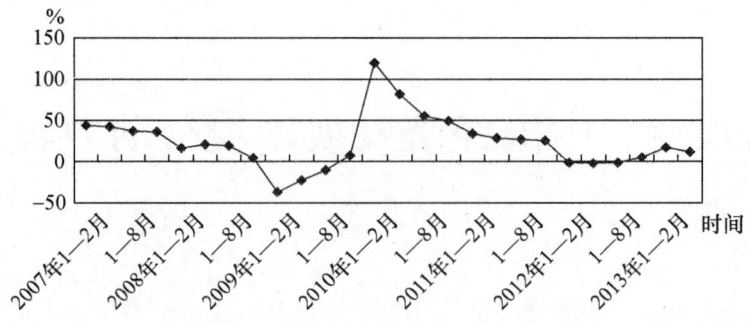

图 8-1　利润总额增速：2007 年 1—2 月至 2013 年 6 月

资料来源：国家统计局网站。

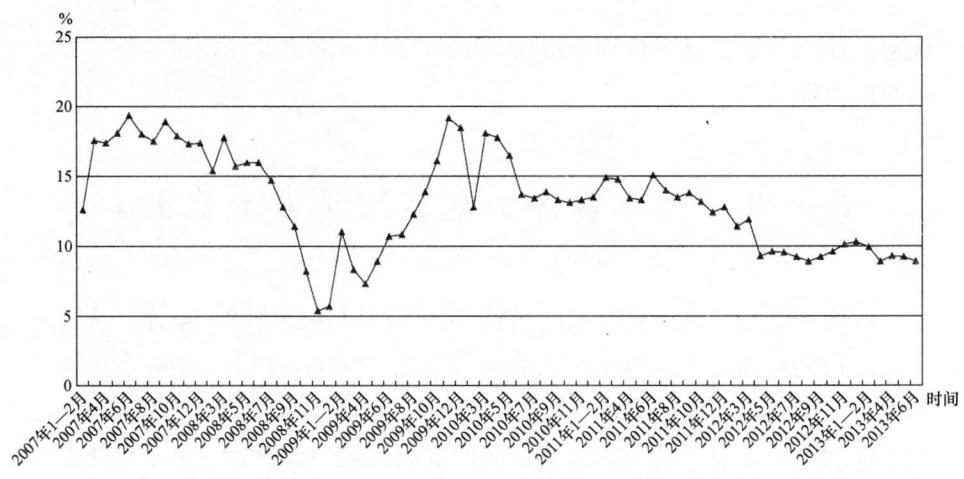

图 8-2　月度工业增加值增速：2007 年 2 月至 2013 年 6 月

资料来源：国家统计局网站。

而我国成为世界各国贸易保护的主要对象。① 第二，原材料、能源和劳动力成本上升进一步挤压了企业的利润空间。近两年受市场需求不足等因素影响，原材料价格涨幅趋缓，但仍明显偏高。能源成本高，电力、石油、

---

①　秦志辉：《千方百计促进中小企业持续健康发展》，《经济日报》2013 年 10 月 8 日第 15 版。

天然气等能源价格处于高位徘徊，无形中增加了企业生产和运输成本，从长期看，能源价格维持波动攀升的势头。同时，由于劳动力、能源、土地使用成本的刚性上涨，直接推动了社会物流成本的上升。[①] 随着城市工业化的进展，农村剩余劳动力向城市现代部门的转移逐渐枯竭，我国经济发展开始进入刘易斯转折区间。2012年中国16—59岁劳动年龄人口数量首次出现下降，当年净减少205万人，2013年和2014年又分别减少244万人和371万人。[②] 无论是由于农村过剩劳动力减少产生的倒逼效应，还是出于还民生欠账，扩大公平正义的需要，提高工资、增加福利，以及为工人提供更为全面的社会保障已经形成共识。此外，第二代农民工对工作条件、薪资水平的要求已经明显不同于父辈一代，他们受教育水平更高，对薪资要求更高。第三，分配结构失衡，内需乏力，使得产品价格上升赶不上成本增加的速度。截至2015年6月，工业生产者出厂价格（PPI）已连续40个月为负。尽管我们拥有一个庞大的国内市场，回旋的余地很大，但是我国经济发展很不均衡，城乡差距、地区差距以及行业差距都很大，需求不足的顽症还将持续。根据国家统计局的测算，2012年1—3月，因出厂价格上涨大约增加利润仅198亿元，因购进价格上涨大约减少利润1214亿元，两者相抵，因价格因素，工业企业利润净减少1016亿元，约拉动规模以上工业企业利润下降9.3个百分点。第四，房地产业的高盈利，使不少企业放弃实业，缺乏产业升级的目标和动力，充斥虚拟经济领域。虚拟经济是"钱生钱"的经济活动模式。20世纪90年代以来，这种经济模式深受资本的青睐，因为它最符合资本的本性。在2010年的温州企业百强中，只有森马等40多家企业没有涉足房地产开发，其余50多家企业都多多少少涉足房地产开发。[③] 第五，内需疲软。2008年金融危机爆发后，为保增长，财政政策与货币政策一起发力，2009年全社会固定资产投资增长30.1%；M2全年增长27.68%。2012年以来，面对经济出现下行趋势，政府并没有采取刺激措施来保增长，而是试图通过调整经济结

[①] 秦志辉：《千方百计促进中小企业持续健康发展》，《经济日报》2013年10月8日第15版。

[②] 王一鸣：《推动中国经济从高速增长转向高效增长》，《光明日报》2015年8月5日第15版。

[③] 《2010温州百强企业榜出炉五成涉足房地产》，http：//www.chinasspp.com/News/Detail/2010-8-19/90183-1.htm。

构来稳增长，固定资产投资增速和货币供应增速远低于2009年。2012年全年固定资产投资增速同比增长20.6%，2013年1—5月增长20.4%；2012年全年M2同比增长13.8%，2013年1—5月增长15.8%，2012年全年新增贷款达8.2万亿元，同比增长9.8%，2013年1—5月新增贷款达4.21万亿元，同比增长7.1%。第六，人民币持续升值。2008年危机以来货币大规模扩张，人民币实际完成了一轮对外大幅升值、对内大幅贬值的过程。人民币在启动"7·21汇改"后，除了2008年金融危机后两年多的暂时停歇，大部分时间相当于"汇改即升值"，人民币升值提高了企业的出口成本。据统计，人民币每升值1个百分点，沿海加工贸易企业的利润就会减少0.6个百分点，而大部分加工贸易行业的利润率仅为3%—5%。[1]

　　生产要素成本增加，资源环境压力增大，国内外需求疲软是一道需要跨越的坎儿，资源禀赋特别是人口红利已在减弱甚至逐步消失。欧美"再工业化"以及跨国公司把一部分生产基地转移至东南亚地区，使我国转型升级的压力越来越迫切。为了让中国经济真正走上稳定、协调、高效和可持续的发展轨道，必须加快转变和提升目前的经济增长动力结构。把经济增长的动力从扩大投资与出口转移到扩大消费，尤其是居民的消费需求上来。坚决抑制房地产投机炒作行为，防止虚拟经济过度自我循环和膨胀。同时培育新的经济增长点，引导资本流向实体经济。

　　"当一种范式的潜力达到极限，它所开拓的空间受到限制的时候，生产率、增长和利润就会受到严重的威胁。这样一来，新的解决方案和重大创新的必要性及有效需求就出现了，人们希望从熟悉的路径中走出来。"[2] 基于对一般利润率下降规律的理解和对中国经济增长动力结构的认识和剖析，我们将寻找更具针对性，也更具可操作性的政策措施，以缩短和减轻一般利润率下降产生的压力和"阵痛"。这样一来，利润率的波动对经济发展所产生的负面作用也会大大减轻。通常认为，在短期内，提高居民的消费需求可以延缓利润率下降的步伐。因为在短期中，居民消费水平的增加可以有效减轻企业的产能过剩，提高企业的产能利用率，较高的生产能力利用率对利润份额的净影响是正的。当生产能力利用率提高时，利润份额一般就会上升，利润份额的上升有助于扭转利润率下降的趋势，在某些

---

[1] 杨介棒：《我国制造业继续保持领先地位的思考》，《宏观经济管理》2013年第6期。
[2] 卡萝塔·佩蕾丝：《技术革命与金融资本泡沫与黄金时代的动力学》，田方萌等译，中国人民大学出版社2007年版，第36页。

时期内还能推动利润率走向复苏。而且，旺盛的消费需求也会加快资本的周转速度，资本周转速度的提高会对利润和利润率的增加产生积极的影响。在长期内，技术创新可以减缓甚至在一定时期内扭转利润率下降趋势。技术创新可以大幅提高劳动生产率，降低企业生产成本，吸引更多资金流向这些产业。高峰指出，以重大资本品创新为基础的重大工艺创新有可能带动技术创新的集群，从而推动较长时期的资本积累。[①] 重大技术创新往往能带动若干新兴部门的迅速发展，同时推动现有生产部门增加产量，新产品的生产也会创造并满足新的需要。例如，20世纪90年代美国实体经济利润率的大幅回升与信息技术革命的兴起是分不开的。因此，加快自主创新的步伐，创造新产品、新业态、新模式可以扩容产业产品门类，减轻原有产业部门资本有机构成上升的压力，进而减缓甚至在一定时期内扭转利润率下降的趋势。在现实中，随着需求的逐渐饱和以及技术创新力量的衰竭，旧的产业会逐渐衰退，甚至退出。不过，技术创新和市场需求的巨大推动性力量又会使新兴产业出现并快速发展。[②] 当前世界经济新旧技术日益分化，一方面，传统产业处于断裂和"阵痛"之中；另一方面，新的产业还尚未形成气候。因此，中国的企业要实现凤凰涅槃仍需假以时日。根据长期和短期内影响利润率变动的具体因素，本书提出扩大消费需求和推进自主创新两条思路，以防范产能过剩和培育经济可持续发展的原创性动力，加快推动我国经济增长动力机制转变。

第二节 扩大消费需求，防范产能过剩

扩大消费需求关键是要以提高收入，尤其是工资性收入为主要手段来增强广大居民消费能力。我国劳动者的收入占国内生产总值的比重偏低，还有很大的提升空间。提高居民收入、扩大消费可以从以下环节入手。

一 坚持以公有制为主体，多种所有制经济共同发展的基本经济制度

生产资料公有制是社会主义的根本经济特征，公有制是社会主义基本经济制度的基础，只有坚持公有制，坚持走社会主义道路，才能彻底贯彻

---

① 高峰：《产品创新与资本积累》，《当代经济研究》2003年第4期。
② 孙军、高彦彦：《产业结构演变的逻辑及其比较优势》，《经济学动态》2012年第7期。

以人为本的科学发展观。公有制为主体、多种所有制经济共同发展的基本经济制度是处理好内需与外需关系的根本。① 只有始终保持公有制的基础和主体地位，才能从制度上保证按劳分配的分配原则得以贯彻，从而确保各个劳动者的平等诉求和共同富裕，为扩大内需，尤其是扩大居民消费需求提供根本的保障。首先，应不断巩固和发展公有资产量的优势，确保公有资产质的提高，提高公有资产的整体素质和配置效率。其次，始终保持国有经济在关系国家安全和国民经济命脉等重要行业以及关键领域的控制地位。此外，积极探索公有制各种有效实现形式，大力发展混合所有制经济，解放和提高公有制经济的活力和效率，不断加强公有制经济的主体地位。② 相反，如果放任私人资本的扩张和市场机制的自发作用，私有经济比重在国民经济中超过必要限度，我国的市场经济就同资本主义市场经济相差无几，缺乏社会主义元素的市场机制不可能解决好分配问题和规避大众有效需求不足。我们必须坚持以公有制为主体，多种所有制经济共同发展的基本经济制度，既要坚定不移地发展公有制经济，又要坚定不移地推动非公有制经济的发展。目前，我国仍处于社会主义初级阶段的基本国情没有改变，生产力水平仍然具有多层次性和不平衡性，单一的公有制经济不符合生产力发展的要求，各种非公有制经济的存在和发展有一定的合理性和必然性。当前非公有制经济在创造就业岗位，拉动经济增长，增强经济活力，满足人民多方面的需求等方面有不可或缺的作用。当然非公有制经济有其本身的局限性，因此必须对其加强规范和引导，以便更好地服务于发展社会主义市场经济的要求。只要坚持以公有制为主体，确保国有经济在国民经济发展中起主导作用，坚持按劳分配在各种分配方式中的主体地位，经过一定时期的发展，就能够从根本上扭转投资与消费、内需与外需的失衡。

二 抓好就业工作

就业是民生之本，是个人和家庭谋生的基本手段。失业或者就业困难不仅影响人民的收入水平，降低消费预期，还会增加社会不稳定诱因。抓好就业工作，有以下几个方面的举措：一要做好农村富余劳动力的转移和

---

① 宗寒：《我国经济发展中的产能过剩及其防治》，《毛泽东邓小平理论研究》2010 年第 1 期。

② 王伟光、程恩富、胡乐明：《西方国家金融和经济危机与中国对策研究》（下），《马克思主义研究》2010 年第 8 期。

培训工作。一方面要加快转移农村富余劳动力，有序推进新型城镇化；另一方面要加强农民工的职业技能培训。大力发展农村职业教育，加强农村劳动力的教育培训，增强培训的针对性和实用性，提高新生代农民工的职业技能，增强农民在非农领域的就业能力。当前企业对技工的需求量很大，广东佛山等地的调查显示，在近年劳动力市场提供的就业岗位中，需要技工占90%，但是在求职者中，技工只占10%，这说明还有很多企业的用工需求无法满足。[①] 把更多的农村劳动力转移到工业和城市，可以推动农村土地的规模化经营，实现农业经营的规模化，提高农业生产的机械化程度，增加农民收入，缩小城乡之间的收入差距。二要做好失业人员再就业工作。推动再就业培训工作，充分利用全社会各种教育资源，开展多层次、多形式的就业和再就业培训，使得更多失业人员的技能更新与技术发展、产业升级同步，实现再就业。三是大力发展第三产业。第三产业多为劳动密集型产业，就业弹性相对较高，在三次产业中，其对就业的拉动作用最大。[②] 我国第三产业产值占国内生产总值比重偏低，有很大的吸纳就业能力。因此，要把发展第三产业作为扩大就业的重要渠道，第三产业中的零售、旅游、住宿餐饮等传统服务业劳动密集程度很高，而且就业成本较低、增长潜力较大。在稳定传统行业就业的同时，还要针对人民群众消费需求的升级，推进现代服务业的发展，像金融、教育、文化、信息咨询、医疗健身、托幼养老、休闲娱乐和家政服务业都还有很大的发展潜力，这些行业的发展可以为市场创造更多的就业岗位。

三 多措并举提高劳动者工资收入

由于工资性收入是我国劳动者收入的主要来源，因此要提高国民收入分配中的劳动占比，必须确保劳动者的工资水平随国民收入的增长而增长。

第一，建立职工工资正常增长机制和支付保障机制。第五章的经验分析表明：从20世纪90年代开始，工业部门的实际工资增长率始终低于劳动生产率的增长率，而且近10多年来，二者之间的差距比90年代增大了，这充分说明，工人实际工资的正常增长机制被严重扭曲。国务院发展研究中心课题组对安徽、湖北、江苏、山东、山西、浙江、重庆七个省市

---

① 袁友军、郑志国：《广东劳工就业权益现状、问题和对策探究》，《岭南学刊》2011年第2期。

② 张车伟、蔡昉：《就业弹性的变化趋势研究》，《中国工业经济》2002年第5期。

6332名农民工政府诉求状况的调查发现，农民工工资相对水平仍然较低，与城镇职工的收入差距有继续扩大之势。2010年上半年月平均工资为1719.83元，只相当于全国城镇单位就业人员平均工资的一半左右，62.5%的农民工月收入在1000—2000元之间，高收入比重很低。[①] 必须从制度设计上打破地板工资的局面，确保工资随着劳动生产率的增长而增长，确保工资随着经济发展和企业利润的增长而增长。在当前劳动收入份额不断降低的情况下，可以通过政府的工资调节机制矫正市场工资决定机制，使政府力量和市场力量相结合，形成合理的工资增长机制。合理的工资增长机制包括两方面内容：（1）职工工资增长指数化。使劳动报酬增长与GDP增长大体同步，每年参照GDP的增长率制定工资的增长率。（2）高层管理人员薪酬增长和职工工资增长等指标挂钩。政府应当严格限制高层管理人员薪酬增长。政府应出台法规，规定企业高管层薪酬（含变相收入即福利）和职工工资增长、企业劳动生产率、利润增长保持一定比例。[②]

第二，建立最低工资标准合理增长机制，提高最低工资水平。世界多数国家用法律规定最低工资标准，并根据经济变化进行定期或不定期调整。一般而言，衡量最低工资的指标有3个：一是最低工资与人均GDP比率；二是最低工资与平均工资比率；三是最低工资增长率。我国最低工资与人均GDP的比值为25%，比世界平均值的58%低33个百分点。我国最低工资与平均工资的比值为21%，低于经合组织24国的50%。[③] 随着经济的发展和企业技术水平的提升，近年来不少企业劳动生产率提高了几倍甚至十几倍，但是很多一线普通职工的工资并没有随之同步上涨，长期徘徊在最低工资标准上下而且增长缓慢。据2005年广东省总工会调查，珠三角地区农民工工资12年来只提高了68元，从表面上看，一些普通职工工资水平高于最低工资标准，但是如果剔除加班加点获得的收入，这些员工在法定劳动时间内获取的工资与最低工资标准相差无几，有些时候甚

[①] 金三林：《对全国6232名农民工政府诉求状况的调查》，《经济纵横》2011年第7期。
[②] 程恩富、胡靖春：《论我国劳动收入份额提升的可能性、迫切性与途径》，《经济学动态》2010年第11期。
[③] 刘植荣：《国外工资状况概览》，《党政干部参考》2010年第4期。

至还要低于最低工资标准。① 政府应尽快出台工资管理方面的相关政策，要求各地的最低工资标准应该随着物价水平的上涨以及劳动生产率的上升而逐步提高。同时加强对企业执行最低工资标准的监督和检查，对于不履行最低工资标准的企业应该给予严厉处罚。

第三，培育工会组织，增强工会组织能力和谈判能力，建立并完善工资集体协商机制。工会组织在维护职工权益方面应该发挥积极作用，目前我国企业，特别是中小企业和私营企业的工会组织在保障职工权益方面的作用还未得到有效发挥，有的企业工会形同虚设，很少代表工人与资方进行谈判，还有相当多的企业没有工会组织，一旦职工的权益受到侵害，很难得到维护。在市场经济条件下，劳动力市场表面上虽然实行等价交换，但实质上劳资双方地位不对等，普通劳动者天然处于弱势地位，很难与雇主抗衡，而且由于我国劳动力市场供求不平衡，劳动者弱势地位更加严重。只有建立代表工人利益的工会组织，同资方建立起一种平等的对话机制，才能扭转工人相对于资方的弱势地位，改变普通工人处于分散状态不能形成与资本对话的力量这一状况，才能为职工工资合理增长机制的建立创造环境。在当前强资本弱劳动的基本关系下，积极探索基层工会主席由工会会员直接选举产生的制度改革，扩大工会组织覆盖面，通过工会这一代表劳动者利益的团体来增强劳动者与企业对话的能力，在企业中形成能够对资本权利进行有效制约的力量，非常具有现实意义。

第四，禁止企业不合理加班和变相加班行为。我国不少企业存在过度劳动现象，一些企业特别是私营小企业的员工在长时间高强度的工作压力下，体力和脑力透支，处于过度劳动状态，不仅严重损害了劳动者的身心健康，而且还会对就业产生挤出效应。《瞭望》新闻周刊记者在东部沿海劳动密集型企业调查发现：高负荷、高强度的工资使得一些代工企业员工承受着巨大的身心压力。《中国劳动统计年鉴2010》提供的抽样调查数据显示：制造业、建筑业、批发和零售业、住宿餐饮业等行业的就业人员每周平均工作时间均超过了48小时，大大超过了法律规定的标准。国家统计局2009年的调查发现，农民工超时间劳动现象尤为突出，以受雇形式从业民工每周工作58.4小时，平均每月工作26天，更为严重的是很多企

---

① 全总：《改革收入分配制度关键在于提高工人待遇》，新华网，2010-05-11. http://news.china.com.cn/rollnews/2010-05/25/content_2316192_4.htm。

业不能依法足额及时发放加班费。① 据统计，中国每年人均劳动时间为 2200 小时，高于巴西的 1841 小时，美国的 1610 小时，荷兰的 1389 小时。劳动时间过长不仅加重了劳动异化，而且也不利于闲暇产业发展和增加就业，所以，随着人均 GDP 增长，政府应该落实科学发展观的要求，制定一个长远规划，有步骤地缩短工作日，减少劳动时间，增加劳动者的自由时间，避免短期由于减少时间所致工资上升引起的失业。② 从更长远视角看，增加自由时间的前提条件包括高度发达的生产力和与之相适应的先进的生产关系。第一，应把先进科学技术广泛应用到生产过程，不断促进生产力的提升，这样的话，劳动生产率就会越来越高，这是赢得自由时间的物质条件或技术条件。"只有通过大工业所达到的生产力的大大提高，才有可能把劳动无例外地分配于一切社会成员，从而把每个人的劳动时间大大缩短，使一切人都有足够的自由时间来参加社会的理论和实际的公共事务。"③ 第二，实行生产资料公有制。公有制是与高度发达的生产力相适应的先进的生产关系，能够有力保护和促进先进生产力发展，是赢得自由时间的制度基础。缺乏上述两个条件中的任何一个，自由时间的充分而全面的获得都只能是空想。没有第一个条件，盲目缩短工作日，增加自由时间等同于促使人类走向懒惰、普遍贫穷和为占有生存资料的野蛮斗争。没有第二个条件，自由时间的增加只是部分的，被少数人享有的。这正是当下资本主义市场经济下正在发生的情形，雇佣工人的绝大部分自由时间蜕变成剩余劳动时间，被资本霸占而用于生产剩余价值，从而实现资本增值。④ 在市场经济条件下资本对剩余价值的追逐，虽然缩短了工人的必要劳动时间，却没有直接转化为工作日的缩短和工人实际工资的增长。只有社会主义公有制才能保证企业在采用机器，提高劳动生产率的同时，相应地提高实际工资和缩短工作日，从而"实际工资就可能充分提高以至于工人的必要劳动时间不缩短，工作日也可能充分缩短以至于工人的剩余劳动时间不扩大，因而也就不会导致原来意义上的资本价值构成提高和资本

---

① 金三林：《对全国 6232 名农民工政府诉求状况的调查》，《经济纵横》2011 年第 7 期。
② 熊毅：《让国民快乐：中国经济增长有余而发展不足的一个选择》，《经济学家》2011 年第 11 期。
③ 《马克思恩格斯选集》第 3 卷，人民出版社 1995 年版，第 525 页。
④ 鲁保林、赵磊：《转变经济发展方式：三个命题》，《马克思主义研究》2011 年第 1 期。

对劳动力需求的减少。"①

实际工资水平的上升可以增加居民消费能力，但也会推高生产成本，如果企业的劳动生产率不能更快增加，企业的利润空间就要受到挤压。因此，实际工资增速既不能大大低于劳动生产率增速，也不能大大高于劳动生产率增速，两者之间应当保持一个合理的差距。当然这种差距应该是动态的而不是静态的，应当可以随着实际经济状况的变化加以调整。例如，当前劳动份额偏低，实际工资增速比劳动生产率高一点对于提高消费率，进而提高内需对经济增长的贡献率是非常有意义的。

四 完善住房、医疗和教育等社会保障体系

20世纪90年代以来，国有企业的市场化、民营化改革把附属于企业本身的诸如养老、医疗、教育和住房等方面的福利项目切除，但是政府对于医疗、教育、保障性住房、养老等公共品和服务的供给严重不足，因此居民对未来预期存在很大不确定性，导致中国社会的高储蓄率与低消费率并存。在现代市场经济条件下，社会保障体系的建设和完善事关老百姓的切身利益，是维护社会公正的防护网和社会秩序稳定的安全阀。虽然我国社会保障覆盖范围不断扩大，但是一些地区的保障标准偏低、负担偏重，特别是教育、医疗等基本公共服务并未实现均等化。2008年，我国公共教育支出占GDP比重为3.48%，低于高收入国家的5.4%和世界的4.6%的平均水平。产业结构的优化升级需要更高素质劳动者与之匹配，需要国家加大教育方面的投入。据有关学者的研究，按照目前相应产业的劳动者受教育水平估算，如果劳动者从第二产业的劳动密集型就业转向第二产业的资本密集型就业，要求受教育水平提高1.3年；转向第三产业技术密集型就业，要求受教育水平提高4.2年；即使仅仅转向第三产业的劳动密集型就业，也要求受教育水平提高0.5年。② 我国公共医疗卫生支出占GDP比重为1.9%，低于高收入国家7%和世界5.7%的平均水平。③ 由于医疗、住房和教育支出在居民支出中占有较大比重，居民抗衡不确定支出等需要的"预防性储蓄"变得越来越强，抑制了消费支出对经济增长的拉动作用。随着我国经济实力的不断增强和生产力的水平不断提高，增加在住房、教育、医疗等普通居民最关心的基本保障方面的投入可以解决很多

---

① 高峰：《资本积累理论与现代资本主义》，南开大学出版社1991年版，第157、158页。
② 蔡昉：《抓住劳动力市场新特征》，《东方早报》2012年3月4日第A39版。
③ 余芳东：《我国经济的国际地位和发展差距》，《调研世界》2011年第3期。

中低收入阶层的后顾之忧，增强居民的安全感，改变居民对未来前景的不确定性预期。当前应该重视房价偏高问题，政府部门应采取多种措施遏制房价过快上涨，促进房价回归到合理水平，挤出房地产泡沫，引导房地产业健康发展。一方面通过信贷、利率、税收以及行政命令等手段收缩金融机构的信贷总额，抑制炒房者借助银行贷款囤房炒房，提高炒房者持有环节的成本，打压房地产的资本投机需求和炒房现象；另一方面建立多层次城镇居民住房供给体系，继续加大保障性住房的建设力度，积极引导各类社会资金参与到保障性住房建设中来。为占人口大多数的中低收入家庭提供保障性住房，满足中低收入群体居者有其屋的愿望。这将改变现有的房地产市场供应量和供给结构，有利于抑制商品房价格的过快上涨。

第三节 推进自主创新，增强经济增长内生动力

在利润率下降规律作用下，我国实体经济发展动力不断减弱，实体经济中大量资本流出，投入房地产以及股市中，形成对生产性投资的挤出，导致资源配置扭曲。传统实体经济部门的虚拟化发展意味着我国产业升级的技术推动力不足和转变经济增长方式的延缓。如果不压缩投机性资金在房地产领域的获利空间，虚拟经济自我推动、自我实现预期的泡沫经济循环就会掏空实体经济。为了促进实体经济与虚拟经济协调发展，除了坚决抑制投资和投机领域的高利润外，还应采取多种措施促进实体经济本身的发展。一般来说，降低企业税负，控制工资过快增长，降低行业的进入门槛，优化产业的区域布局等政策都能够促进实体经济的增长。不过，最重要的途径还是推进实体经济领域的自主创新。自主创新是指依靠自己的力量并拥有知识产权的经济技术创新。经济技术创新主要包括科学技术的发明与创造、产品和工艺的开发和完善、生产经营各个环节和方面的新的改进等。我国现在提出的自主创新可以分为原始创新、集成创新和引进消化吸收再创新。原始创新可以实现某些技术领域和产品开发的重大突破，集成创新可以实现各种技术有机融合，形成综合性技术。这两种自主创新形式层次较高，是自主创新能力提升的方向。[1] 改革开放以来，通过引进和

---

[1] 简新华：《中国经济结构调整和发展方式转变》，山东人民出版社 2009 年版，第 248 页。

模仿的方式进行跟随创新，我国工业制造业在某些领域与世界技术前沿的距离越来越近，但是中国总体技术水平并不高，特别是具有自主知识产权的技术少，原创性的产品和技术更少，其中许多核心关键技术依然掌握在发达国家的手中。"重要的装备、核心部件以及控制系统等主要依靠进口。比如，2012年，我国进口芯片约1650亿美元，超过了进口石油的金额；我国新能源产能增长很快，但是装备的关键部件主要依赖进口。为了解决产业发展的核心技术'瓶颈'问题，我国先后实行了'市场换技术'、'股权换技术'等多种手段，实际的结果是市场和股权让出去了，技术却难以换得到。"[1]

实现产业升级的目标只能依靠自主创新，可是冰冻三尺，非一日之寒，从模仿创新向自主创新转变必然会经历一个"阵痛"的过程。从长远来看，只有连续不断推进自主创新，才能夯实实体经济发展的基础，持续吸引资金流向实体经济，突破发达国家的技术封锁和摆脱对国外技术的依赖，赶超乃至领先某些行业的技术水平。具体而言，可以采取以下几个方面的措施来提高我国的自主创新能力。

一 保护知识产权、大力鼓励创新

知识产权是自主创新的出发点和落脚点，缺乏知识产权保护，也就没有自主创新。知识产权保护制度是推动和保障自主创新的一项重要的制度安排，也是当今国际社会所公认的推动和保护创新的基本法律制度和有效机制。与传统产权一般所指对有形物的占有不同，知识产权是对人的知识和创新力相结合所产生的智力成果拥有的产权形式。[2] 作为一种法律手段，知识产权制度保护能够有效保护和增进创新者利益，从而激发人们的创造精神，促进人类智力成果的传播和利用，使科技得以进步，社会的生产力得以发展。[3] 如果创造者的回报是不可预期的或者比较低，创新者的积极性就无法得到保护。知识产权保护制度可以确保创造者艰苦复杂的智力和物力投入能够得到相应或更大的回报，鼓励更多的人搞发明创造，从而促进经济发展和社会进步。英国和荷兰最早创立了专利权和版权制度，用于知识产权保护。这种知识产权保护制度给予的市场化财富激励，极大地激发了人们进行发明创造的热情，推动了自然资源转换为社会资源，成

---
[1] 陈宝明：《在开放合作中提升创新能力》，《经济日报》2013年11月27日第16版。
[2] 张颢瀚、徐浩然、朱建波：《知识产权是第一产权》，《江苏社会科学》2011年第4期。
[3] 苗力普：《自主创新：运用知识产权制度是关键》，《求是》2006年第4期。

为社会财富不断增值的决定性因素。① 加强知识产权保护，既是顺应知识经济发展的必然要求，也是实现知识产权保护、技术市场交易、技术资本化的必要保证。在新的形势下，为了进一步加强知识产权制度对自主创新的保障和促进作用，建设创新型国家。一要完善相关法律政策，加强对企事业单位建立和完善知识产权管理制度的分类指导与加大对专利的激励力度。二要增强国民的知识产权保护意识和观念，在全社会形成尊重知识产权的社会风气，创立有自主知识产权的核心技术体系。三要强化执法的决心和力度，依法严厉打击各种侵犯知识产权的行为。②

二　理顺要素价格机制，促使企业转型升级

据世界银行统计，2008年，我国钢铁、铜、镍、铝消费量分别占世界总消费量的48%、33%、28%和24%，均居世界第一位；石油消费量占世界总消费量的10%，居世界第二位。2009年，我国能源消费量居世界第一位，占世界消费总量的17%，略高于美国。我国生产占世界不到9%的GDP总量，却要消耗大量的资源和能源，单位GDP资源和能源消耗强度过大。2007年我国单位产值能耗相当于世界平均的2.7倍，美国的3.3倍，日本和德国的5.5倍。资源、能源的大量消耗，不可避免地造成污染物的大量排放。2008年，我国二氧化碳排放量居世界第一位，单位GDP二氧化碳排放强度相当于世界平均值的3.5倍，我国空气中颗粒物含量相当于世界平均的1.5倍。③ 我国对资源和能源的需求量和消耗量较大，且呈增加趋势。目前，资源、能源和环境"瓶颈"制约和矛盾日益突出，经济增长与生态环境不协调已成为实现科学发展的重大制约因素。价格是市场经济中最重要、最灵敏的信号，因此只有改革和完善资源要素的价格形成机制，理顺扭曲的资源价格体系，形成以市场供需为基础并反映资源稀缺程度的价格形成机制，才能充分利用市场价格机制，改变长期使用廉价原材料、严重浪费和使用效率低的现象，以发挥价格信号引导市场供求、优化资源配置的作用，从而引导企业主动进行产品结构调整和技术升级，由低成本竞争转向高技术取胜。④ 此外，适当提高劳动者的

---

① 张颢瀚、徐浩然、朱建波：《知识产权是第一产权》，《江苏社会科学》2011年第4期。
② 张江雪：《我国知识产权保护在技术市场中的作用分析》，《科学学研究》2010年第12期；苗力普：《自主创新：运用知识产权制度是关键》，《求是》2006年第4期。
③ 余芳东：《我国经济的国际地位和发展差距》，《调研世界》2011年第3期。
④ 简新华：《中国经济结构调整和发展方式转变》，山东人民出版社2009年版，第258页。

工资收入和福利待遇，能够有效促进产业升级。① 我国企业尤其是低端的劳动密集型企业之所以缺乏主动提升产业层次的积极性、创新动力不足，与这些企业长期依赖低成本劳动力的生存路径分不开。在我国的工业化进程中，由于劳动者的工资长期在低水平徘徊，导致不少企业形成对低成本劳动力的深度依赖，依靠挤压工人的收入获得收益，从而使大批企业陷入"比较优势"的陷阱，影响了资本和技术对劳动的正常替代，削弱了企业产业结构升级和自主创新的压力。研究表明：工资水平的上升可以通过多个层面对产业结构的转换和升级起作用。② 第一，动力激励效应。在市场经济中劳动者会由工资引导在工资水平存在差异的部门和行业之间流动，引起产业劳动力供给结构的变动，从而促进产业结构的调整和优化升级。第二，消费积累效应。工资水平、需求结构和产业结构之间存在相互传导和影响的内在关系链。当居民实际工资水平较低时，商品需求结构主要倾向于满足其基本的生活需要。当居民实际工资水平较高时，需求层次和结构重心会逐步向上提升。由于需求层次和结构的变化引起第二、三产业产品价格的上升，必定刺激企业为了追求更多的利润而增加投资，扩大第二、三产业的生产规模。第三，内生推动效应。提高劳动力工资水平能够为产业结构升级储备人才。收入的快速增长可以增强劳动者的稳定感和积极性，使劳动者为提高自身素质而学习的动力大大增强。另外，较高的工资水平能够减少优秀人才的外流，并能够吸引国外优质劳动力资源为本国所用，保障产业结构升级的人才基础。

三 大力淘汰落后产能，重点支持战略性产业和新兴产业群的发展

在资本主义生产方式下，过剩产能、落后产能的清除与转移是借助于经济危机完成的，这种事后、被动的调节方式往往会导致短时期内经济增长步入衰退，工人大量失业，普通民众生活水平急剧下滑。经济危机的周期性爆发可以帮助资本主义经济摆脱高消耗低收益的企业，进而"保持利润率并为更具活力的资本积累建立必要的条件。"③ 在社会主义制度下，政府可以运用"有形之手"对过剩产能与落后产能进行调整、清除。加

---

① 王佳菲：《提高劳动者报酬的产业结构升级效应及其现实启示》，《经济学家》2010年第7期。

② 刘丽、任保平：《工资对产业结构升级的影响》，《财经科学》2011年第6期。

③ 蒋宏达、张露丹：《布伦纳认为生产能力过剩才是世界金融危机的根本原因》，《国外理论动态》2009年第5期。

强宏观调控和干预，建立完善一整套过剩产能与落后产能的退出机制和配套政策。我们可以主动控制产能过剩行业、高耗能高污染行业过快增长，适时发布产品供求信息，同时采取改组、联合、兼并、出售、破产等形式让落后企业、落后技术、落后产能退出市场。加强对产业组织结构调整与优化过程中下岗职工的再培训和再就业工作，力求把社会损失降到最低。

从当今世界产业发展出现的新动向和趋势来看，各个国家和地区都在大力发展低碳、循环经济，产业结构正朝向高科技化方向发展，更加重视科技创新的作用。发展战略性新兴产业是实现我国产业结构从重化工业化向高附加值化、高加工度化，进而向知识技术密集化方向发展的关键所在，是实现产业发展低碳化、绿色化和智能化的重要支撑。① 从全球经济增长方式演变趋势、技术变革的方向以及国际竞争的焦点看，围绕节能减排、发展低碳经济所形成的产业群将成为下一轮经济周期性增长的支撑点。② 新兴产业特别是战略性新兴产业具有市场前景广阔、资源消耗低、带动系数大、就业机会多、利润率高，综合效益好的特点，是促进产业结构优化升级的必然选择。③ 国际金融和经济危机正在催生新的科技革命，各国正在争先恐后地发展新材料、新能源、节能环保、生物医药等战略性新兴产业，抢占战略性新兴产业的制高点。因此，我国必须抓住这一次机遇，充分发挥政府的宏观调控职能，发挥"集中力量办大事"的优势，主动引导产业结构优化升级。

新兴产业的发展可以带动市场的扩张，旺盛的投资需求可以带动就业增长，生产率提高。与此同时，工人也会获得生产率增加的好处，收入水平提升并带来消费需求的增加，消费需求和投资需求相互促进，会带来新一轮的经济扩张。要聚集有限的资源加大对新兴产业的投入，促进科技成果的转化。促使企业向研发、设计、标准、品牌和供应链管理等环节提升，提升中国企业在全球产业价值链的地位。在有基础、有条件的领域率先突破，不断降低低端领域和环节的产出，增加高附加值、高加工度化和高技术含量产品的产出量，推动企业提质增效升级，支撑和引领经济社会

---

① 马晓河：《"中等收入陷阱"的国际观照和中国策略》，《改革》2011年第11期。
② 中国社会科学院工业经济研究所课题组：《"十二五"时期工业结构调整和优化升级研究》，《中国工业经济》2010年第1期。
③ 吕永刚：《新增长周期的中国新兴产业成长风险研究》，《经济体制改革》2011年第5期。

走上创新驱动、内生增长的发展轨道。[①]

四 加强研发投入和人才培养

虽然我国科技经费投入每年的增长速度很快，科技经费投入的力度和强度逐年增大，但是相对投入量依然不足，据统计，2010 年，全国研究与试验发展（R&D）经费为 7062.6 亿元，比上年增长 21.7%；R&D 经费与国内生产总值之比为 1.76%。这一数据不仅低于《国家中长期科学和技术发展规划纲要（2006—2020 年）》规定的 2010 年达到 2% 的目标，而且低于 2007 年 2.21% 的世界平均水平。分行业看，R&D 经费投入强度（与主营业务收入之比）在 1.5%—2% 的有 4 个行业，分别是医药制造业，通用设备制造业，电气机械及器材制造业和仪器仪表及文化、办公用机械制造业。最高的专用设备制造业也只有 2.04%。研发经费投入不足已成为影响我国自主创新能力提升的主要制约因素。应当通过多方面努力，使我国研发经费投入占国内生产总值比例逐年提高，争取 2020 年达到 2.5% 以上。各级政府应加大科技投入，确保研发经费投入的增长。目前我国政府研发投入占全国研发经费的比例偏低，大约为 26%，而美国在科技投入体系早期阶段，联邦政府所占比例高达 55% 左右。为了保证我国 R&D 经费投入强度尽快达到 2%，我国政府应不断加大研发经费投入。政府在不断加大研发经费投入的同时，还应引导企业加大研发经费的投入，使企业成为研发经费投入和使用主体。我国企业整体上创新投入不足，企业研发机构少。据统计，中国制造业产值总量规模占全球的 14%，而研发投入仅占世界的 0.3%。[②] 目前全国规模以上企业开展科技活动的仅占 25%，研究开发支出占企业销售收入的比重仅占 0.56%，大中型企业仅为 0.71%。[③] 第一，政府应通过重大创新项目政府补贴、新产品税收减免等多种途径，加速创新要素向企业聚集，激励企业加大研发经费投入以及提高企业研发能力，并推进产学研合作，实现企业、高等院校和科研机构的有效结合，努力促进科研成果向现实生产力转化。金融、科技、产业融合创新发展，产学研结合与科技成果转化，是实现经济转型升级的

---

① 吕永刚：《新增长周期的中国新兴产业成长风险研究》，《经济体制改革》2011 年第 5 期。

② 马晓河：《"中等收入陷阱"的国际观照和中国策略》，《改革》2011 年第 11 期。

③ 胡长生：《论实施自主创新战略的历史必然性与现实可能性》，《江西教育学院学报》2007 年第 2 期。

关键。

第二，重点培育科技型中小企业，激活中小企业创新活力。受资金和规模限制，中小企业往往存在产品雷同性高、相互间竞争力度大、创新有心无力的现象。为促进科技型中小企业的发展，要建立多层次的融资渠道，包括创新基金、银行贷款、信用担保、天使投资、创业投资基金，调动全社会增加创新投入的积极性；鼓励中小企业与大企业合作，联合开展技术研发和科技成果产业化，可以分散创新风险。大企业拥有较为成熟的推广与销售系统，对于具有市场潜力的新产品，能够比较有把握地导入市场。所以，大企业又为那些专长于研发却无力推广的中小企业提供了合作机会。在现实中，由中小企业主导开发的新技术、新产品很多卖给大企业，又由大企业推向市场。[1]

第三，制定相关法律和法规，吸引社会资金，组建各类创业投资公司，通过建立担保机制、支持创业投资、风险投资等手段提高企业及其他研发机构研究和创新效率。[2] 原始创新往往以其难度大、风险性高和资金回收周期长而令很多的企业望而却步，据资料统计，纯基础研究的成功率一般为3%，应用基础研究的成功率也仅为15%。因此，原始创新的重任还是应该且只能由国家重点高校和科研院所来承担。因此，中央政府要从国家长远发展的战略高度部署原始创新能力建设，加大对重点高校和科研院所基础研究和前沿技术领域的纵深超前部署和投入，集中管理力量和资源，实现基础研究和应用研究的重点突破。国家重点高校和科研院所要充分利用和发挥其在原始创新的良好基础和优势，集中精力搞好基础研究和应用研究领域的原始创新。要切实克服对市场导向的片面理解，走出单纯强调科技成果产业化和自办企业追求经济利益而导致自主创新源头被削弱的误区。[3]

自主创新需要大批科技创新人才队伍。在劳动力绝对数量下降、人口老龄化加快背景下，就要不断增加人力资本投资，加强中高端技能培训和中高等教育体系建设。[4] 没有足量的基础研究人才、工程技术人才和经营

---

[1] 蒋学模：《政治经济学教材》，上海人民出版社2005年版，第163页。
[2] 孙圣兰：《美国研发经费投入与建议》，《中国基础科学》2005年第2期。
[3] 杨忠泰：《试析中国特色自主创新三种实现方式的差异》，《自然辩证法研究》2008年第9期。
[4] 王一鸣：《推动中国经济从高速增长转向高效增长》，《光明日报》2015年8月5日第15版。

管理人才，实施自主创新无异于纸上谈兵。我国每百万人口中研发人数仅为1071人，而日本高达5573人，美国为4663人，德国为3453人。① 一国在教育、科技研发等领域的投入增长将转化为劳动生产率和全要素生产率的提高。目前，中国教育支出仅占GDP的4%，而美国长期稳定在5.5%左右，韩国也超过5%，芬兰更是高达7%。国民受教育程度和劳动力质量的提高可以在一定程度上抵消人口红利减少对经济增长的负面效应。② 中国应改革教育体制，推动教育理念创新、教育内容创新、教育方法创新、教育手段创新、教育机制创新和教育系统创新，建设多元化的弹性学习制度，构筑终身教育体系，创建学习型社会；加大人力资本投资力度，提高职工素质和创新能力，以培养更多的创新型人才；进一步发展和完善人才市场，建立有效激励机制和公平竞争秩序，做到人尽其才，才尽其用。③ 加强人才资源能力建设，把培养创新精神、开发创新能力，作为人力资源能力建设的重要任务。④

五 本章小结

纠正失衡的经济关系，缩小收入差距，增加居民的收入，扩大消费需求；与此同时，推进自主创新，提高劳动生产率和实体经济的经济效益，吸引更多资本流向实体部门，夯实实体经济发展的基础，促进产业结构转型升级。增加居民收入提升普通居民的消费能力，促进消费结构的不断升级，最终使居民消费成为拉动国民经济增长的第一动力。推进自主创新可以提高企业的劳动生产率，降低生产成本，增强我国核心竞争力和产业竞争优势。只有将经济增长动力从扩大投资和出口转移到扩大内需，尤其是转移到居民消费需求上来，坚决抑制房地投机炒作行为，着力推进自主创新，引导资本流向实体经济。中国经济才能真正走上稳定、协调、高效和可持续的科学发展轨道，我们才能实现中华民族的伟大复兴，为实现人的全面而自由发展奠定坚实的物质基础。

---

① 余芳东：《我国经济的国际地位和发展差距》，《调研世界》2011年第3期。
② 金立群：《中国如何跨越"中等收入陷阱"》，《人民日报》2015年8月11日第7版。
③ 简新华：《中国经济结构调整和发展方式转变》，山东人民出版社2009年版，第261页。
④ 陈智：《马克思的资本有机构成理论与当代中国的经济发展》，《学术探索》2011年第2期。

参考文献

一 中文部分

1. A. 谢苗诺夫、C. 库兹涅佐夫：《论促进劳动生产率提高的因素》，《国外财经》1999 年第 2 期。
2. ［美］保罗·斯威齐：《资本主义发展论》，陈观烈、秦亚男译，商务印书馆 1997 年版。
3. 蔡昉：《抓住劳动力市场新特征》，《东方早报》2012 年 3 月 4 日。
4. 曹建海、江飞涛：《中国工业投资中的重复建设与产能过剩问题研究》，经济管理出版社 2010 年版。
5. 陈淮：《中国就业问题的分析与对策建议》，《管理世界》1999 年第 1 期。
6. 陈恕祥：《论一般利润率下降规律》，武汉大学出版社 1995 年版。
7. 陈信主编：《〈资本论〉学习与研究》，东北财经大学出版社 2004 年版。
8. 陈信：《我国城镇职工失业的成因及相关对策》，《东北财经大学学报》2000 年第 4 期。
9. 陈学明、张志孚主编：《当代国外马克思主义研究名著提要》（中），重庆出版社 1997 年版。
10. 陈智：《马克思的资本有机构成理论与当代中国的经济发展》，《学术探索》2011 年第 2 期。
11. 程恩富、胡靖春：《论我国劳动收入份额提升的可能性、迫切性与途径》，《经济学动态》2010 年第 11 期。
12. 程磊：《收入差距扩大与中国内需不足：理论机制与实证检验》，《经济科学》2011 年第 1 期。
13. 促进形成合理的居民收入分配机制研究课题组：《促进形成合理的居民收入分配机制研究》，《经济研究参考》2010 年第 25 期。
14. 大卫·科茨：《新自由主义和 20 世纪 90 年代美国的经济扩张》，《国外理论动态》2003年第8期。

15. 大卫·科茨、童珊：《利润率、资本循环与经济危机》，《海派经济学》2012年第4期。

16. 大卫·李嘉图：《政治经济学及赋税原理》，丰俊功译，光明日报出版社2009年版。

17. 第三次全国工业普查办公室：《中华人民共和国1995年第三次全国工业普查资料摘要》，中国统计出版社1996年版。

18. 段进朋、李刚：《对美国资本有机构成变动趋势的实证分析》，《西安电子科技大学学报》（社会科学版），2005年第2期。

19. 方福前：《中国居民消费需求不足原因研究》，《中国社会科学》2009年第2期。

20. 高峰：《"新经济"，还是新的"经济长波"》，《南开学报》（哲学社会科学版）2002年第5期。

21. 高峰：《产品创新与资本积累》，《当代经济研究》2003年第4期。

22. 高峰：《金融化全球化的垄断资本主义与全球性金融——经济危机》，《国外理论动态》2011年第12期。

23. 高峰：《马克思的资本有机构成理论与现实》，《中国社会科学》1983年第2期。

24. 高峰：《资本积累理论与现代资本主义》，南开大学出版社1991年版。

25. 高铁梅：《计量经济分析方法与建模：Eviews应用及实例》，清华大学出版社2009年版。

26. 高伟：《中国国民收入和利润率的再估算》，中国人民大学出版社2009年版。

27. 顾六宝、王会强、于飞：《两次金融危机对中国出口贸易影响的比较探析》，《河北学刊》2010年第5期。

28. 顾乃华：《劳动收入占比的影响因素研究——基于区域与产业特征互动的视角》，《商业经济与管理》2011年第6期。

29. 顾严：《拉美国家过度投资与我国投资过热比较研究》，《经济研究参考》2005年第10期。

30. 古里尔莫·卡尔凯迪、迈克尔·罗伯茨：《当前危机的长期根源：凯恩斯主义、紧缩主义和马克思主义的解释》，《当代经济研究》2015年第4期。

31. 郭飞、王飞：《中国低工资制度的阶段特征与中期对策》，《教学与研究》2011 年第 12 期。
32. 郭飞：《我国失业的五大特征与对策》，《经济学动态》2003 年第 11 期。
33. 郭晗、任保平：《中国劳动报酬比重的变化规律与变化机制》，《经济经纬》2011 年第 1 期。
34. 国家统计局工业交通统计司：《大透析：中国工业现状·诊断与建议》，中国发展出版社 1998 年版。
35. 国务院全国工业普查领导小组办公室：《中华人民共和国 1985 年工业普查资料（简要本）》，中国统计出版社 1989 年版。
36. 胡长生：《论实施自主创新战略的历史必然性与现实可能性》，《江西教育学院学报》2007 年第 2 期。
37. 胡钧、沈尤佳：《资本生产的总过程：利润率趋向下降的规律》，《改革与战略》2013 年第 8 期。
38. 胡求光、李洪英：《金融危机对中国出口贸易影响的实证分析》，《国际贸易问题》2010 年第 3 期。
39. 黄燕芬：《过度投资和重复建设的国际比较研究》，《经济研究参考》2005 年第 8 期。
40. ［美］J. G. 施瓦茨《资本主义的精妙剖析》，魏埙等译，山东人民出版社 1992 年版。
41. 简新华：《中国经济结构调整和发展方式转变》，山东人民出版社 2009 年版。
42. 江涌：《经济虚拟化催生经济泡沫》，《世界知识》2010 年第 14 期。
43. 蒋宏达、张露丹：《布伦纳认为生产能力过剩才是世界金融危机的根本原因》，《国外理论动态》2009 年第 5 期。
44. 蒋建军、齐建国：《当代美国知识经济与"三率"变化分析》，《数量经济技术经济研究》2002 年第 10 期。
45. 焦雪霞、庚晋：《房地产泡沫形成机制及治理的措施》，《基建管理优化》2010 年第 1 期。
46. 金碚：《中国工业改革开放 30 年》，《中国工业经济》2008 年第 5 期。
47. 金乐琴：《1995 年以来美国劳动生产率加速增长的原因》，《经济理论与经济管理》2007 年第 8 期。

48. 金三林：《对全国 6232 名农民工政府诉求状况的调查》，《经济纵横》2011 年第 7 期。

49. 靳共元、武英芝：《虚拟经济与实体经济的关系》，中国《资本论》研究会第十五次学术年会论文，成都，2010 年 10 月。

50. ［英］克拉克：《经济危机理论：马克思的视角》，杨健生译，北京师范大学出版社 2011 年版。

51. 赖士发：《从福特主义到后福特主》，《福建论坛》（人文社会科学版）2004 年第 11 期。

52. 郎咸平：《产业链阴谋 1：一场没有硝烟的战争》，东方出版社 2008 年版，第 2 页。

53. 雷达、赵勇：《虚拟需求时代的终结与美国金融危机》，《中国人民大学学报》2009 年第 2 期。

54. 雷辉：《我国资本存量测算及投资效率的研究》，《经济学家》2009 年第 6 期。

55. 李琮：《论当代资本主义世界结构性经济危机》，《中国社会科学》1987 年第 3 期。

56. 李民骐、朱安东：《新自由主义时期的世界经济》，《高校理论战线》2005 年第 7 期。

57. 李实：《中国收入分配中的几个主要问题》，《探索与争鸣》2011 年第 4 期。

58. 李亚平：《中国制造业利润率变动趋势的实证分析》，《经济纵横》2008 年第 12 期。

59. 李毅中：《国际金融危机下的中国工业》，《中国发展观察》2009 年第 4 期。

60. 林兆木：《经济周期与宏观调控》，中国计划出版社 2008 年版。

61. 刘红：《中国城市房地产投资的动态经济效应》，《经济与管理研究》2006 年第 3 期。

62. 刘建华：《社会主义收入分配理论及其发展——兼论收入分配制度改革与扩大消费》，《吉林大学社会科学学报》2010 年第 6 期。

63. 刘金全、蔡志远：《我国改革开放以来三个快速经济增长周期模式和成因的对比分析》，《学海》2011 年第 1 期。

64. 刘骏民、宛敏华：《依赖虚拟经济还是实体经济》，《开放导报》2009

年第 2 期。
65. 刘丽、任保平：《工资对产业结构升级的影响》，《财经科学》2011 年第 6 期。
66. 刘瑞翔、安同良：《中国经济增长的动力来源与转换展望》，《经济研究》2011 年第 7 期。
67. 刘诗白主编：《马克思主义政治经济学原理》第三版，西南财经大学出版社 2008 年版。
68. 刘淑清、王致胜：《我国收入分配中存在问题的主要原因及解决的主要途径》，《马克思主义研究》2010 年第 10 期。
69. 刘兴赛：《收入差距"倒 U"曲线迷失与中国经济运行模式》，《当代财经》2011 年第 6 期。
70. 刘义巧、杨红林：《世界历史上的三次房地产大泡沫》，《资源导刊》2008 年第 1 期。
71. 刘佑铭：《论技术进步在劳资关系演变中的作用》，《教学与研究》2010 年第 8 期。
72. 鲁保林：《利润挤压和利润非挤压：理论与实证》，《教学与研究》2013 年第 9 期。
73. 鲁保林、易淼：《中国实体经济的现实困境和发展出路：兼论钱荒》，《财经科学》2014 年第 3 期。
74. 鲁保林、赵磊、林浦《一般利润率下降的趋势：本质与表象》，《当代经济研究》2011 年第 6 期。
75. 鲁保林、赵磊：《转变经济发展方式：三个命题》，《马克思主义研究》2011 年第 1 期。
76. 吕永刚：《新增长周期的中国新兴产业成长风险研究》，《经济体制改革》2011 年第 5 期。
77. 罗伯特·布伦纳：《高盛的利益就是美国的利益——当前金融危机的根源》，《政治经济学评论》2010 年第 2 期。
78. 罗伯特·布伦纳：《繁荣还是危机——为世界经济把脉》，《政治经济学评论》2002 年第 1 期。
79. 罗斯多尔斯基：《马克思〈资本论〉的形成》，魏埙等译，山东人民出版社 1992 年版。
80. 马晓河：《"中等收入陷阱"的国际观照和中国策略》，《改革》2011

年第 11 期。
81. 马艳、李真：《马克思主义平均利润率变动规律的动态模型》，《海派经济学》2007 年第 2 期。
82. 马艳：《马克思主义资本有机构成理论创新与实证分析》，《学术月刊》2009 年第 5 期。
83. 毛中根、洪涛：《从生产大国到消费大国：现状、机制与政策》，《南京大学学报》（哲学·人文科学·社会科学版）2011 年第 3 期。
84. ［英］M. C. 霍华德等：《马克思主义经济学史：1929—1990》，顾海良等译，中央编译出版社 2003 年版。
85. 迈克尔·罗伯茨：《从全球大衰退到长期萧条》，《国外理论动态》2015 年第 2 期。
86. 孟捷：《马克思主义经济学的创造性转化》，经济科学出版社 2001 年版。
87. 孟捷：《新自由主义积累体制的矛盾与 2008 年经济—金融危机》，《学术月刊》2012 年第 9 期。
88. 苗力普：《自主创新：运用知识产权制度是关键》，《求是》2006 年第 4 期。
89. 苗天青：《我国房地产业的实际利润率及其福利效应分析》，《经济问题探索》2004 年第 12 期。
90. ［英］莫里斯·道布：《政治经济学与资本主义》，松园、高行译，生活·读书·新知三联书店 1962 年版。
91. 莫荣、赵立卫等：《后金融危机时期我国就业促进政策研究析》，《经济研究参考》2011 年第 28 期。
92. 牟振基等主编：《〈资本论〉专题研究与讲解》，吉林人民出版社 1988 年版。
93. 牛文俊：《战后美国长期利润率变动研究》，博士学位论文，南开大学，2009 年。
94. ［英］P. 阿姆斯特朗、A. 格林、J. 哈里逊：《战后资本主义大繁荣的形成和破产》，史敏等译，中国社会科学出版社 1991 年版。
95. 潘春阳、杜莉、蔡璟孜：《中国消费率下降之谜》，《上海经济研究》2010 年第 7 期。
96. 庞明川：《中国的投资效率与过度投资问题研究》，《财经问题研究》

2007 年第 7 期。
97. 逄锦聚等主编：《政治经济学》，高等教育出版社 2009 年版。
98. 齐建国：《中国总量就业与科技进步的关系研究》，《数量经济技术经济研究》2002 年第 12 期。
99. 钱箭星、肖巍：《克莱曼对经济危机的马克思主义分析——利润率下降趋势规律的再证明》，《当代经济研究》2015 年第 5 期。
100. ［英］琼·罗宾逊：《论马克思主义经济学》，纪明译，商务印书馆 1962 年版，第 34 页。
101. 曲玥：《制造业劳动生产率变动及其源泉》，《经济理论与经济管理》2010 年第 12 期。
102. 塞缪尔·鲍尔斯、理查德·爱德华兹、弗兰克·罗斯福：《理解资本主义：竞争、统制与变革》，孟捷等译，中国人民大学出版社 2010 年版。
103. 孙军、高彦彦：《产业结构演变的逻辑及其比较优势》，《经济学动态》2012 年第 7 期。
104. 孙立冰：《论利润率趋向下降的规律及与资本主义经济危机的内在联系》，《当代经济研究》2009 年第 12 期。
105. 孙圣兰：《美国研发经费投入与建议》，《中国基础科学》2005 年第 2 期。
106. 孙永君：《技术进步对我国产出失业关系的影响分析》，《经济理论与经济管理》2011 年第 8 期。
107. 孙咏梅：《我国经济增长中的矛盾与资源的有效配置》，《当代经济研究》2011 年第 11 期。
108. 唐国华：《资本有机构成、劳动收入占比与经济发展方式转变》，《经济论坛》2011 年第 3 期。
109. 托马斯·I. 帕利：《金融化：涵义和影响》，《国外理论动态》2010 年第 8 期。
110. 外国经济学说研究会：《现代国外经济学论文选》第 15 辑，商务印书馆 1992 年版。
111. 汪海波：《中华人民共和国工业经济史》，山西经济出版社 1998 年版。
112. 汪海波：《工业经济效益问题探索》，经济管理出版社 1990 年版，第

333 页。

113. 汪海波：《中国现代产业经济史》，山西经济出版社 2010 年版。
114. 王峰明：《〈资本论〉与历史唯物主义微观基》，《马克思主义研究》2011 年第 11 期。
115. 王国生：《马克思的经济危机理论与转型时期过剩经济的出现》，《南京大学学报》（哲学·人文科学·社会科学版）1999 年第 4 期。
116. 王怀民：《日本"泡沫经济"的起因与破灭》，《经济经纬》1998 年第 2 期。
117. 王佳菲：《提高劳动者报酬的产业结构升级效应及其现实启示》，《经济学家》2010 年第 7 期。
118. 王庭笑：《资本主义一般利润率变动的长期趋势》，《南开学报》1988 年第 4 期。
119. 王伟光、程恩富、胡乐明：《西方国家金融和经济危机与中国对策研究》（下），《马克思主义研究》2010 年第 8 期。
120. 王曦：《从美、日房地产泡沫看我国房地产市场》，硕士学位论文，东北财经大学，2007 年。
121. 王勇：《知识经济与资本主义平均利润率变动趋势》，《教学与研究》2001 年第 10 期。
122. 王志伟：《产品过剩、产能过剩与经济结构调整》，《广东商学院学报》2010 年第 5 期。
123. 卫兴华：《经济全球化与中国经济社会的科学发展》，《红旗文稿》2011 年第 21 期。
124. 魏埙：《价值理论——资本主义经济理论体系的基础》，《政治经济学评论》2005 年第 1 期。
125. 魏埙：《马克思劳动价值论的继承与发展》，《南开学报》2002 年第 1 期。
126. 魏众：《中国当前的收入分配状况及对策分析》，《经济学动态》2010 年第 8 期。
127. 吴晓明、吴栋：《我国城镇居民平均消费倾向与收入分配状况关系的实证研究》，《数量经济技术经济研究》2007 年第 5 期。
128. 吴宣恭：《分配不公的主要矛盾、根源和解决途径》，《经济学动态》2010 年第 11 期。

129. 武力：《中华人民共和国经济史》（下），中国时代出版社 2010 年版。
130. 谢富胜、李安、朱安东：《马克思主义危机理论和 1975—2008 年美国经济的利润率》，《中国社会科学》2010 年第 5 期。
131. 谢富胜、李安：《美国实体经济的利润率动态：1975—2008》，《中国人民大学学报》2011 年第 2 期。
132. 谢富胜、张余文：《改革开放以来中国不同行业技术改造投资的实证分析》，《上海经济研究》2005 年第 7 期。
133. 谢富胜：《从福特主义向后福特主义转变》，《中国人民大学学报》2007 年第 2 期。
134. 辛永容、陈圻、肖俊哲：《我国制造业劳动生产率因素分解》，《系统工程》2008 年第 5 期。
135. 熊毅：《让国民快乐：中国经济增长有余而发展不足的一个选择》，《经济学家》2011 年第 11 期。
136. ［英］亚当·斯密：《国民财富的性质和原因的研究》（上），郭大力、王亚楠译，商务印书馆 1972 年版。
137. 杨斌：《中国如何应对全球经济动荡与房地产泡沫破裂危险》，《国企》2011 年第 11 期。
138. 杨承训：《"深化收入分配制度改革"的经济学解析》，《经济学动态》2008 年第 1 期。
139. 杨戈、杨玉生：《生产劳动和非生产劳动与当代资本主义》，《当代经济研究》2011 年第 3 期。
140. 杨光、马晓莹：《我国生产能力利用率的估算与预测》，《未来与发展》2010 年第 10 期。
141. 杨继国：《基于马克思经济增长理论的经济危机机理分析》，《经济学家》2010 年第 2 期。
142. 杨健生：《经济危机理论的演变》，中国经济出版社 2008 年版。
143. 杨介棒：《我国制造业继续保持领先地位的思考》，《宏观经济管理》2013 年第 6 期。
144. 杨文举、张亚云：《中国地区工业的劳动生产率差距演变》，《经济与管理研究》2010 年第 10 期。
145. 杨宜勇、池振合：《当前我国收入分配现状及对策建议》，《经济研究参考》2011 年第 13 期。

146. 杨玉民、刘富江：《对 1994 年工业经济效益走势的判断》，《中国工业经济研究》1994 年第 7 期。
147. 杨忠泰：《试析中国特色自主创新三种实现方式的差异》，《自然辩证法研究》2008 年第 9 期。
148. 尹莲英：《〈资本论〉中的经济效益思想初探》，《东南大学学报》（社会科学版）1999 年第 1 期。
149. 于金富：《中国现阶段国民收入分配结构的理论分析与变革对策》，《河南大学学报》（社会科学版）2012 年第 1 期。
150. 于泽：《IT 革命、利润率和次贷危机》，《管理世界》2009 年第 6 期。
151. 余斌：《平均利润率趋向下降规律及其争议》，《经济纵横》2012 年第 9 期。
152. 余芳东：《我国经济的国际地位和发展差距》，《调研世界》2011 年第 3 期。
153. 俞忠英：《中国内需结构调整的实证分析》，山西经济出版社 2003 年版。
154. 喻国良：《收入差距的理论分析、现状评判与政策选择》，《经济研究参考》2008 年第 40 期。
155. 袁友军、郑志国：《广东劳工就业权益现状、问题和对策探究》，《岭南学刊》2011 年第 2 期。
156. ［美］约翰·罗默：《马克思主义经济理论的分析基础》，汪立鑫、张文瑾、周悦敏译，上海人民出版社 2007 年版。
157. 曾五一、李想：《中国房地产市场价格泡沫的检验与成因机理研究》，《数量经济技术经济研究》2011 年第 1 期。
158. 张车伟、蔡昉：《就业弹性的变化趋势研究》，《中国工业经济》2002 年第 5 期。
159. 张颢瀚、徐浩然、朱建波：《知识产权是第一产权》，《江苏社会科学》2011 年第 4 期。
160. 张江雪：《我国知识产权保护在技术市场中的作用分析》，《科学学研究》2010 年第 12 期。
161. 张军、陈诗一、Gary H. Jefferson：《结构改革与中国工业增长》，《经济研究》2009 年第 7 期。
162. 张连城：《我国经济周期的阶段特征和经济增长趋势》，《经济与管理研究》1999 年第 1 期。

163. 赵峰：《资本主义经济增长的逻辑》，经济科学出版社 2009 年版。

164. 赵峰、姬旭辉、冯志轩：《国民收入核算的政治经济学方法及其在中国的应用》，《马克思主义研究》2012 年第 8 期。

165. 赵磊、李节：《2010 年中国经济走势预测》，《江汉论坛》2010 年第 3 期。

166. 赵磊：《西方主流经济学方法论的危机——唯心论抑或唯物论》，《经济学动态》2004 年第 7 期。

167. 赵磊：《新自由主义反思三题》，《江汉论坛》2005 年第 4 期。

168. 赵磊：《对美国次贷危机根源的反思》，《经济学动态》2008 年第 11 期。

169. 赵磊：《金融危机：为什么要重提马克思》，《马克思主义研究》2009 年第 6 期。

170. 赵英杰：《利润率趋向下降与经济危机关系的新探索》，《兰州商学院学报》2014 年第 1 期。

171. 赵家祥：《〈资本论〉及其手稿中的生产方式概念》，《北京行政学院学报》2013 年第 4 期。

172. 郑佩玉：《论资本有机构成及其在战后的变动趋势》，《中山大学学报》（社会科学版）1986 年第 2 期。

173. 郑志国：《中国企业分配中的突出问题及对策》，《马克思主义研究》2011 年第 11 期。

174. 郑志国：《中国企业利润侵蚀工资问题研究》，《中国工业经济》2008 年第 1 期。

175. 中共中央宣传部理论局：《六个"为什么"——对几个重大问题的回答》，学习出版社 2009 年版。

176. 中国社会科学院工业经济研究所课题组：《"十二五"时期工业结构调整和优化升级研究》，《中国工业经济》2010 年第 1 期。

177. 中国社会科学院经济研究所宏观课题组：《投资、周期波动与制度性紧缩效应》，《经济研究》1999 年第 3 期。

178. 周穗明：《国外左翼论全球化与资本主义、社会主义》，《理论视野》2003 年第 2 期。

179. 周业樑、盛文军：《转轨时期我国产能过剩的成因解析及政策选择》，

《金融研究》2007 年第 2 期。
180. 朱炳元：《资本主义发达国家的经济正在加速金融化和虚拟化》，《红旗文稿》2012 年第 4 期。
181. 朱奎：《利润率的决定机制及其变动趋势研究》，《财经研究》2008 年第 7 期。
182. 朱钟棣：《西方学者对马克思主义经济理论的研究》，上海人民出版社 1991 年版。
183. 宗寒：《我国经济发展中的产能过剩及其防治》，《毛泽东邓小平理论研究》2010 年第 1 期。
184. 宗寒：《我国居民收入差距不断扩大的深层原因透视》，《中州学刊》2005 年第 4 期。

二 英文部分

1. Adalmir A. Marquetti, "Analyzing Historical and Regional Patterns of Technical Change from a Classical – Marxian Perspective", *Journal of Economic Behavior & Organization*, Vol. 69, No. 52, 2003.
2. Ajit Zacharias, "Competition and profitability: a Critique of Robert Brenner", *Review of Radical Political Economics*, Vol. 34, No. 1, 2002.
3. Alwyn Young, "Gold into Base Metals: Productivity Growth in the People's Republic of China during the Reform Period", *Journal of Political Economy*, Vol. 111, No. 6, 1999.
4. Andrew Glyn and Bob Sutcliffe, *British Capitalism, Workers and the Profit Squeeze*, London: Penguin Books, 1972.
5. Angelo Reati, "The Rate of Profit and the Organic Composition of Capital in the Post – War Long Wave", *International Journal of Political Economy*, Vol. 19, No. 1, 1989.
6. Anwar Shaikh, "Explaining the Global Economic Crisis", *Historical Materialism*, Vol. 5, No. 1, 1999.
7. Anwar Shaikh, "Marxian Competition Versus Perfect Competition: Further Comments on the so – called Choice of Technique", *Cambridge Journal of Economics*, Vol. 4, No. 1, 1980.
8. Anwar Shaikh, "Political Economy and Capitalism: Notes on Dobb's Theory of Crisis", *Cambridge Journal of Economics*, Vol. 2, No. 2, 1978.

9. Claude R. Duguay, Sylvain Landry and Federico Pasin, "From Mass Production to Flexible/Agile Production", *International Journal of Operations and Production Management*, Vol. 17, No. 12, 1997.
10. David M. Kotz, "Contradictions of Economic Growth in the Neoliberal Era: Accumulation and Crisis in the Contemporary U. S. Economy", *Review of Radical Political Economics*, Vol. 40, No. 2, 2008.
11. Dumenil, Gerard and Levy, Dominique, "The Real and Financial Components of Profitability (United States, 1952 – 2000)", *Review of Radical Political Economics*, Vol. 36, No. 1, 2004.
12. Edward N. Wolff, "The Productivity Slowdown and the Fall in the U. S. Rate of Profit, 1947 – 1976", *Review of Radical Political Economics*, Vol. 18, No. 1&2, 1986.
13. Edward N. Wolff, "The Rate of Surplus Value, the Organic Composition, and the General Rate of Profit in the U. S. Economy, 1947 – 1967", *The American Economic Review*, Vol. 69, No. 3, 1979.
14. Edward N. Wolff, "What's behind the rise in profitability in the US in the 1980s and 1990s", *Cambridge Journal of Economics*, Vol. 27, No. 3, 2003.
15. Edward N. Wolff, "Rising Profitability and the Middle Class Squeeze", *Science & Society*, Vol. 74, No. 3, 2010.
16. Erdogan Bakir and Al Campbell, "The Effect of Neoliberalism on the Fall in the Rate of Profit in Business Cycles", *Review of Radical Political Economics*, Vol. 38, No. 3, 2006.
17. Fred Moseley, "The Rate of Surplus Value, the Organic Composition, and the General Rate of Profit in the U. S. Economy, 1947 – 67: A Critique and Update of Wolff's Estimates", *The American Economic Review*, Vol. 78, No. 1, 1988.
18. Fred Moseley, "Estimates of the Rate of Surplus – Value in the Postwar United States Economy", *Review of Radical Political Economics*, Vol. 18, No. 1&2, 1986.
19. Fred Moseley, "The Decline of the Rate of Profit in the Postwar U. S. Economy: An Alternative Marxian Explanation", *Review of Radical Political Economics*, Vol. 22, No. 2&3, 1990.

20. Fred Moseley, "The Rate of Profit and the Future of Capitalism", *Review of Radical Political Economics*, Vol. 29, No. 4, 1997.
21. George Economakis, Alexis Anastasiadis, Maria Markak, "US Economic Performance from 1929 to 2008 in Terms of the Marxian Theory of Crises, with Some Notes on the Recent Financial Crisis", *Critique*, Vol. 38, No. 3, 2010.
22. Gérard Duménil, Dominique Lévy, "Costs and benefits of neoliberalism. A class analysis", *Review of International Political Economy*, Vol. 4, No. 8, 2001.
23. Gérard Duménil, Mark Glick, Dominique Lévy, "Brenner on Competition", *Capital & Class*, Vol. 25, No. 2, 2001.
24. Howard Sherman, "A Marxist Theory of the Business Cycle", *Review of Radical Political Economics*, Vol. 11, No. 1, 1979.
25. Jens Christiansen, Marx and the Falling Rate of Profit", *The American Economic Review*, Vol. 66, No. 2, 1976.
26. Jonathan P. Goldstein, "The Simple Analytics and Empirics of the Cyclical Profit Squeeze and Cyclical Underconsumption Theories: Clearing the air", *Review of Radical Political Economics*, Vol. 31, No. 2, 1999.
27. K. K. Theckedath, "Once Again on the Falling Rate of Profit", *Social Scientist*, Vol. 29, No. 5&6, 2001.
28. Karl Beitel, "The Rate of Profit and the Problem of Stagnant Investment: A Structural Analysis of Barriers to Accumulation and the Spectre of Protracted Crisis", *Historical Materialism*, Vol. 7, No. 4, 2009.
29. M Cogoy, "The Falling Rate of Profit and the Theory of Accumulation", *International Journal of Political Economy*, Vol. 17, No. 2, 1987.
30. M. J. Webber, D. L. Rigby, "The Rate of Profit in Canadian Manufacturing, 1950 – 1981", *Review of Radical Political Economics*, Vol. 18, No. 1&2, 1986.
31. Michael Funke, "Influences on the Profitability of the Manufacturing Sector in the UK—An Empirical Study", *Oxford Bulletin of Economics and Statistics*, Vol. 48, No. 2, 1986.
32. Okishio, Nobuo, "Technical Changes and the Rate of Profit", *Kobe*

University Economic Review, No. 7, 1961.

33. Patrick Clawson, "A Comment on Van Panrjs' Obituary", *Review of Radical Political Economics*, Vol. 15, No. 2, 1983, p. 108.

34. Paul Cockshott, Allin Cottrell, Greg Michaelson, "Testing Marx: Some new results from UK data", *Capital and Class*, No. 52, 1995.

35. Paul Zarembka ed., *Economic Theory of Capitalism and Its Crises*, JAI Press Inc., 1999, pp. 133 - 203.

36. Philippe Van Parijs, "The Falling - Rate - of Profit Theory of Crisis: A Rational Reconstruction by Way of Obituary", *Review of Radical Political Economics*, Vol. 12, No. 1, 1980.

37. P. M. Sweezy, "Some Problems in the Theory of Capital Accumulation", *International Journal of Political Economy*, Vol. 17, No. 2, 1987.

38. Raford Boddy and James Crotty, "Class Conflict and Macro - Policy: The Political Business Cycle", *Review of Radical Political Economics*, Vol. 7, No. 1, 1975.

39. Robert Brenner, "The Economics of Global Turbulence", *New Left Review*, No. 229, 1998.

40. Robert E. Hall and Charles I. Jones, "Why Do Some Countries Produce So Much More Output Per Worker Than Other", *Quarterly Journal of Economics*, Vol. 114, No1, 1999.

41. Robert Cherry ed., *The Imperiled Economy*, New York: Union for Radical Political Economics, 1987.

42. Simon Mohun, "Aggregate Capital Productivity in the US Economy, 1964 - 2001", *Cambridge Journal of Economics*, Vol. 33, No. 5, 2009.

43. Simon Mohun, "Distributive Shares in the US Economy, 1964 - 2001", *Cambridge Journal of Economics*, Vol. 30, No. 3, 2006.

44. Simon Mohun, "The Australian Rate of Profit 1965 - 2001", *Journal of Australian Political Economy*, No. 52, 2004.

45. Stephen D. Oliner and Daniel E. Sichel, "The Resurgence of Growth in the Late 1990s: Is Information Technology the Story", *Journal of Economic Perspectives*, Vol. 14, No. 4, 2000.

46. Thanasis Maniatis, "Marxian Macroeconomic Categories in the Greek Econ-

omy", *Review of Radical Political Economics*, Vol. 37, No. 4, 2005.
47. Thanasis Maniatis, "Marxist Theories of Crisis and the Current Economic Crisis", *Forum for Social Economics*, Vol. 41, No. 1, 2012.
48. Thomas E. Weisskopf, "Marxian Crisis Theory and the Rate of Profit in the Postwar U. S. Economy", *Cambridge Journal of Economics*, Vol. 3, No. 4, 1979.
49. Thomas R. Michl, "The Two – Stage Decline in U. S. Nonfinancial Corporate Profitability, 1948 – 1986", *Review of Radical Political Economics*, Vol. 20, No. 4, 1988.
50. Union for Radical Political Economics ed. , *US Capitalism in Crisis*, New York: Economics Education Project of the Union for Radical Political Economics, 1978.

后 记

"生活中往往会有这样的时机,它好像是表示过去一段时间结束的界标,但同时又明确地指出生活的新方向。"自2009年追随西南财经大学赵磊教授攻读博士学位伊始,我便与马克思主义经济学结下了不解之缘,同时开启了人生新的航向。赵老师深厚的马克思主义理论功底以及对共产主义的忠诚信仰和不懈追求让我深深感动和震撼。本书的完成离不开恩师的悉心指导和帮助。

本书的初稿,也就是我的博士学位论文,完成于2012年春。从选题的确定、提纲的制定到章节的写作,从反复修改润色到最后定稿,期间经历了喜悦、痛苦和彷徨。在写作过程中,当某些"路障"被成功清除时,往往会感到异常兴奋。不过,在更多时候感到的是焦虑,甚至是痛苦、无助和彻夜难眠。写作过程让我体会到做学问非常不容易,不仅要心如止水,更要做好忍受孤独、失眠和"板凳需做十年冷"的准备。

本书选题来自阅读《资本论》得到的启发和赵磊教授的点拨。2006年起,我已经开始读《资本论》的一些解读本,并且阅读《政治经济学》各种版本教材,但一直未读原著。后来,在赵老师的鼓励和督促下,从2009年秋开始就一头扎在图书馆里,参考陈征教授的《〈资本论〉解说》,阅读了《资本论》第一卷、第二卷和第三卷的部分章节。阅读原著让我真正体会到什么是经典著作的魅力,遂萌生了阅读《马克思恩格斯全集》的想法。当然,由于时间和精力有限,对马克思和恩格斯的其他著作只能采取快速阅读的办法。因此在写作初稿时,我常常感到心有余而力不足。"书到用时方恨少",非常后悔没有从读硕士研究生开始就认认真真地研读《资本论》原著。

尽管初稿三年前就完成了,但一直觉得初稿在文字表述、框架设计以及结构安排方面存在种种不足,对某些问题的探讨仍然不够深入,因此一直没有出版。博士毕业三年来,我又阅读了大量的国内外文献,并对初稿作了扩展、补充和改进，才使得本书得以最终完成。

在本书即将付梓之际，我要衷心感谢西南财经大学赵磊教授和西华师范大学孙益全副教授无私的学术支持！衷心感谢各位对本书研究工作给予文献支持的中外学者！没有他们的前期研究成果就没有本书的成形！衷心感谢所有关心、支持和帮助本书研究和出版的人们！尤其要感谢贵州财经大学经济学院院长常明明教授，贵州财经大学刘明国教授，西南财经大学张谊明博士，西南财经大学《经济学家》编辑部肖磊博士和李俭国博士，攀枝花学院李博讲师，郑州轻工业学院学报编辑部黄莉伟编辑，重庆工商大学易淼讲师，深圳市房地产研究中心博士后肖斌，中国科学技术大学博士后秦正发，以及贵州财经大学胡玲俐、张克克等，他们为本书的完成提供了莫大的帮助。中国社会科学出版社卢小生编审为本书的出版付出了辛勤劳动，在此一并致谢。

由于本人资质愚钝且学识有限，在写作本书过程中难免心有余而力不足。恳切期盼学界同人批评指正；同时也希望有更多学者关注和投入马克思一般利润率下降规律的研究，共同推进这一研究主题的学术进展。

鲁保林

2015 年 8 月